आपको अपने जीवन
में क्या करना है

आपको अपने जीवन में क्या करना है

जे. कृष्णमूर्ति

अनुवादक
अचलेश चंद्र शर्मा

ISBN : 9788170287247

प्रथम संस्करण : 2007, नवम् आवृत्ति : 2017

Aapko Apne Jeevan Mein Kya Karna Hai
Hindi translation of *'What Are You Doing With Your Life'*
Author : J. Krishnamurti
Edited by Dale Bick Carlson & Kishore Khairnar

Translated by Achalesh Chandra Sharma

For the original English Text
© 2001 Krishnamurti Foundation of America
P.O. Box 1560, Ojai California-93024
E-mail: kfa@kfa.org

For the Hindi Translaiton
© Krishnamurti Foundation India
Vasant Vihar, 124-126, Greenways Road,
Chennai-600 028

राजपाल एण्ड सन्ज़

1590, मदरसा रोड, कश्मीरी गेट-दिल्ली-110006
फोन : 011-23869812, 23865483, 23867791
e-mail : sales@rajpalpublishing.com
www.rajpalpublishing.com
www.facebook.com/rajpalandsons

अनुक्रम

प्राक्कथन

जिड्डू कृष्णमूर्ति (1895-1986) का जन्म भारत में हुआ और उनकी शिक्षा इंग्लैंड में हुई। उन्होंने लगभग पूरे विश्व में वार्ताएं दीं। किसी जाति, राष्ट्रीयता अथवा धर्म में उन्होंने अपनी निष्ठा घोषित नहीं की। वह किसी भी परंपरा से आबद्ध नहीं रहे।

20,00,000 शब्दों से अधिक का उनका शिक्षण 75 से अधिक पुस्तकों, 700 से अधिक ऑडियो कैसटों व 1200 से अधिक वीडियो कैसटों में प्रकाशित हो चुका है। अब तक बाईस भाषाओं में उनकी पुस्तकों की 4,000,000 से अधिक प्रतियाँ बिक चुकी हैं। दलाई लामा व मदर टेरेसा के साथ-साथ कृष्णमूर्ति को 'टाइम' पत्रिका द्वारा बीसवीं शताब्दी के पांच संतों में एक घोषित किया गया था।

अपने नब्बे वर्ष के जीवन में बाद के पैंसठ वर्षों में कृष्णमूर्ति विश्व-यात्रा करते हुए विपुल श्रोता-समूहों के समक्ष बिना किसी पूर्वनिर्धारित विषय या तैयारी के सहज-स्वाभाविक रूप से वार्ताएं देते रहे। हर तरह की आध्यात्मिक तथा मनोवैज्ञानिक दावेदारी को खारिज कर देना और साथ ही, उन्हें भी कोई ऑथोरिटी न बना डाले, इससे आगाह करना उनका आधारभूत विषय रहा। उन्होंने कहा कि मनुष्य को स्वबोध के ज़रिये, अपने-आपसे परिचय करते हुए स्वयं को भय, पूर्व-संस्कारों, सत्ता-प्रामाण्य और रूढ़िवादिता से मुक्त कर लेना होगा। उनके अनुसार इससे व्यक्ति में व्यवस्था और वास्तविक मनोवैज्ञानिक परिवर्तन आएंगे। संघर्ष-आरूढ़ इस हिंसक संसार को किसी भी राजनीतिक, सामाजिक या आर्थिक रणनीति द्वारा भलाई, प्रेम और करुणा संपन्न जीवन प्रदान नहीं किया जा सकता। किसी भी गुरु अथवा संगठित धर्म के बिना ही व्यक्ति द्वारा स्वयं को अवलोकन किये जाने से उसमें यह आमूल परिवर्तन आ सकेगा।

एक मौलिक दार्शनिक के रूप में कृष्णमूर्ति की महत्ता ने परंपरावादी व

गैर-परंपरावादी विचारकों और दार्शनिकों को समान रूप से आकर्षित किया है। विभिन्न राष्ट्राध्यक्ष, डेविड बोम जैसे प्रमुख भौतिक विज्ञानी, मनोचिकित्सक, मनोवैज्ञानिक, धार्मिक नेतागण और प्रोफेसर कृष्णमूर्ति के साथ संवाद करने के लिए उनसे जुड़े रहे। छात्र, अध्यापक और प्रत्येक क्षेत्र के लाखों लोग उन्हें सुनने आते रहे और उनकी पुस्तकें भी पढ़ते रहे हैं। बिना किसी प्रकार की जटिलता के कृष्णमूर्ति ने विज्ञान और धर्म के बीच सेतु-निर्माण किया। इसीलिए वैज्ञानिक और सामान्यजन दोनों ही, समय, विचार, अंतर्दृष्टि और मृत्यु संबंधी उनकी वार्ताओं को समझ पाये हैं।

उन्होंने स्वयं अपने को और अपनी शिक्षाओं की महिमा-मंडित करने का व शिक्षाओं की व्याख्या करने का अधिकार दिये बिना उन्हें विकृत होने से बचाने और उन्हें उपलब्ध कराते रहने की निश्चित भूमिका के साथ यू.एस.ए., भारत, इंग्लैंड, कनाडा, और स्पेन में फाउंडेशन स्थापित किये।

भारत, इंग्लैंड और यू.एस.ए. में अनेक स्कूल स्थापित करते समय कृष्णमूर्ति का दृष्टिबोध था कि शिक्षा में केवल शास्त्रीय बौद्धिक कौशल पर ही नहीं, अपितु मन-मस्तिष्क को समझे जाने पर भी बल दिया जाना चाहिए, तथा इसमें केवल जीवन-यापन हेतु तकनीकी कुशलता ही न सिखायी जाए अपितु जीने की कला में कुशलता भी सीखने को मिले।

कृष्णमूर्ति ने कहा है, 'निश्चय ही, स्कूल एक ऐसा स्थान है जहां हम जीवन की संपूर्णता और समग्रता के बारे में सीखते हैं। ज्ञान-विज्ञान संबंधी उत्कृष्टता नितांत आवश्यक है, परंतु एक स्कूल इससे कहीं अधिक कुछ और भी होता है। यह वह स्थल है जहां शिक्षक और शिक्षार्थी केवल बाह्य जगत और जानकारी की दुनिया का ही अन्वेषण नहीं करते वन् वहां वे अपनी विचारणा और व्यवहार का भी अन्वेषण करते हैं।''

अपने कार्य के विषय में उन्होंने कहा, ''यहां किसी विश्वास की कोई मांग या अपेक्षा नहीं है, यहां अनुयायी नहीं हैं, पंथ-संप्रदाय नहीं हैं, व किसी भी दिशा में उन्मुख करने के लिए किसी तरह का फुसलाना-प्रेरित करना नहीं है, और इसलिए हम एक ही तल पर, एक ही आधार पर और एक ही स्तर पर मिल पाते हैं, क्योंकि तभी हम सब एक साथ मिलकर मानव जीवन के अद्भुत घटनाक्रम का अवलोकन कर सकते हैं।''

—किशोर खैरनार

निदेशक, सह्याद्रि स्टडी सेंटर

कृष्णमूर्ति फाउंडेशन इंडिया

प्रस्तावना

जिस तरीके से आप और मैं अपने-अपने मस्तिष्क से जुड़े हैं, आपस में जुड़े हैं, निजी आधिपत्य की अपनी वस्तुओं से जुड़े हैं, धन, कर्म और सेक्स से जुड़े हैं—यह जुड़ाव, यह सन्निकट संबंध ही समाज का निर्माण करते हैं। स्वयं अपने से संबंध और पारस्परिक संबंधों को छह अरब से गुणा कर देते ही यह संसार बन जाता है। हम ही संसार हैं—हममें से प्रत्येक के पूर्वाग्रहों का संचयन, हममें से प्रत्येक के पृथक अकेलेपन का एकत्रीकरण, प्रत्येक की लोभी महत्त्वाकांक्षा, प्रत्येक की शारीरिक और भावनात्मक भूख, हममें से प्रत्येक में विद्यमान क्रोध और उदासी—यही हम हैं और यही संसार।

संसार हमसे कुछ भिन्न नहीं है। हम ही संसार हैं, तो सीधी-सी बात है कि यदि हम बदलें, हममें से प्रत्येक स्वयं में परिवर्तन करे, तो हम संसार को परिवर्तित कर सकते हैं। यदि हममें से केवल एक भी परिवर्तित होता है तो समाज में कुछ छिड़ता है। भलाई दूसरों को छूती है, फैलती है।

स्कूल में हमें अपने अभिभावकों व अध्यापकों को सुनना सिखाया जाता है। तकनीकी तौर पर यह सार्थक है, परंतु मनोवैज्ञानिक तौर पर हज़ारों पीढ़ियों

बाद भी हम यह नहीं सीख पाये हैं कि स्वयं दुखी होना और दूसरों को दुख देना—इसे कैसे रोका जाये। अपने भौतिक और वैज्ञानिक विकास के अनुपात में मनोवैज्ञानिक विकास हम नहीं कर पाये हैं। स्कूल में हम सब यह तो सीख सकते हैं कि जीवन-यापन कैसे किया जाए, परंतु जिया कैसे जाए—यह तो हर एक को स्वयं ही सीखना होता है।

यह जीवन हम सभी को बहुत आहत करता है—अकेलेपन द्वारा, भ्रम, असफलता की अनुभूति और हताशा द्वारा। यह हमें निर्धन और भावनात्मक रूप से रुग्ण होने के द्वारा, घर और बाहर व्याप्त हिंसा द्वारा आहत करता रहता है। हमें अनेकानेक बातें सिखाई जाती हैं परंतु जीवन के आघातों से निपटना शायद ही सिखाया जाता हो। एक बात जो हमें नहीं सिखाई जाती वह है कि यह जीवन नहीं, अपितु हमारे साथ जो कुछ घटित होता है उसके प्रति हमारी प्रतिक्रिया ही है जो हमारे विषाद का कारण बनती है। शरीर की सुरक्षा तो नैसर्गिक है परंतु क्या उसे भी सुरक्षा देना नैसर्गिक है जिसे हम 'अहं' कहते हैं? यह अहं, यह स्व है क्या चीज़ जो हमारे सभी दुख-क्लेशों का मूल है, उस मानसिक पीड़ा का मूल है जो इसकी संरक्षा करते हुए हम महसूस करते हैं?

नशीले पदार्थों के सेवन, मनोरंजन, सेक्स और व्यस्तता द्वारा हम अपनी मानसिक पीड़ा तथा भय से केवल पलायन करते हैं। पीड़ाप्रद समस्या तो तब भी बनी ही रहती है, बल्कि थकान और व्यसन के कारण यह कई गुना बढ़ जाती है। अहं की गतिविधियों पर नज़र रखना, यह जान लेना कि भय, इच्छा व क्रोध नैसर्गिक तो होते हैं परंतु उनके प्रवाह में बह जाना आवश्यक नहीं है और न ही यह आवश्यक है कि जो कुछ आप चाहें वह आपको मिले ही, यह अंतर्दृष्टि मानसिक संताप को हवा दिये बिना उसे बुझा देती है।

हमें अपने स्व को समझने की आवश्यकता है ताकि हम यह जान लें कि यही हमारी समस्याओं का उद्गम स्रोत है। अपने आप में ही तल्लीन न रहना, अपितु अपने विचारों, भावनाओं और अहं की गतिविधियों पर नज़र रखना, उसके जैविक, वैयक्तिक, लैंगिक और सांस्कृतिक संस्कारों पर नज़र रखना, यही ध्यान है।

ये वार्ताएं और लेखन एक ऐसे व्यक्ति द्वारा किये गये हैं जो उसी प्रकार जिया जैसे समाज के अन्य विलक्षण व्यक्ति, विद्रोही, घुमक्कड़ कवि, धार्मिक दर्शनशास्त्री, परंपराभंजक संत, महान अन्वेषी वैज्ञानिक तथा मनोवैज्ञानिक और सहस्त्राब्दियों से होते आये परिव्राजक शिक्षक। पैंसठ वर्ष तक कृष्णमूर्ति हर उस

व्यक्ति से, जो उन्हें सुनने को तैयार था, मानसिक स्वतंत्रता की बात करते रहे। उन्होंने बालकों, किशोरों और युवाओं के लिये ऐसे स्कूल स्थापित किये जहां ये लोग सभी सामान्य विषयों का अध्ययन कर सकें, और साथ-साथ स्वयं का भी। अपनी वार्ताओं और लेखन की तरह ही वे इन स्कूलों में भी इस बात की ओर इंगित करते रहे कि यह हमारे भीतर और बाहर चलने वाला युद्ध हमें स्वतंत्रता नहीं दिला पाएगा बल्कि हमारे भीतर का जो भी सच है वही हमें स्वतंत्र कर पाएगा।

आप अपने जीवन, अपने संबंधों और कार्य के साथ क्या कर रहे हैं—यह खोज निकालने की क्षमता स्वयं आप में ही है, किसी पथ, किसी ऑथोरिटी, किसी गुरु का अनुसरण करते हुए आप यहां नहीं पहुंच सकते। इस पुस्तक में जो कुछ प्रस्तुत किया गया है उसका आप प्रयोग-परीक्षण कीजिये। जब तक आप स्वयं न परख लें तब तक किसी अन्य द्वारा व्यक्त सत्य केवल एक अभिमत ही प्रतीत होता है। इसे आप सूक्ष्मदर्शी बन कर ही देखिए अन्यथा आप के हाथ शब्द-धूलि ही आएगी, जीवन का वास्तविक अवबोध नहीं।

सामान्यतः हमें सिखाया जाता है कि हम 'क्या' सोचें, न कि 'कैसे' सोचें। हम सीखते हैं कि अकेलेपन और मानसिक संताप से पलायन कैसे करें, न कि उसका समापन कैसे करें।

इस पुस्तक में संकलित अंश तथा इनकी अन्य पुस्तकों की पाठ्य-सामग्री के साथ प्रयोग करके स्वयं देखिये कि क्या होता है।

—डेल कार्लसन
संपादक

प्रथम अनुभाग

आपका अहं और आपका जीवन

आप क्या हैं?

— 1 —

मन को समझना

मुझे लगता है कि यह समझे बिना कि हमारा अपना मन किस प्रकार कार्य करता है, हम जीवन की जटिल समस्याओं को न तो समझ सकते हैं और न ही उनका निराकरण कर सकते हैं। यह समझ किताबी ज्ञान से नहीं आती। मन स्वयं में एक जटिल समस्या है। जिन विकट परिस्थितियों का, चुनौतियों का सामना हम सभी को अपने जीवन में करना होता है, मन को समझने की प्रक्रिया में ही उनका भी राज़ खुल-सा जाता है और उनके पार जाना संभव हो पाता है।

मुझे लगता है कि अपने मन की गतिविधि को समझना अत्यंत महत्त्वपूर्ण है...

— 3 —

मन क्या है?

स्वयं अपने ही मन की कार्यविधि को हम नहीं जानते—मन, जैसा कि वह है, न कि जैसा उसे होना चाहिए, या कि जैसा हम उसे बनाना चाहते हैं। हमारे पास मन ही वह तंत्र है जिससे हम सोचते हैं, कार्य करते हैं और जिसमें हमें अपने होने की अनुभूति रहती है। हम सभी में यह मन क्रियाशील रहता है और जब तक हम इस सक्रिय मन को समझ न लें, तब तक हमारे सामने आने वाली प्रत्येक समस्या अधिक जटिल और अधिक विध्वंसक होती रहेगी। इसलिये मुझे लगता है कि अपने ही मन को समझना किसी भी शिक्षा का प्रथम और परमावश्यक पाठ है।

हमारा मन है क्या? आपका और मेरा मन?, किसी और के कथनानुसार नहीं। जब आप मेरे द्वारा बताये गये मन के विवरण का अनुसरण न करते हुए, मुझे सुनते हुए स्वयं अपने मन की गतिविधि का अवलोकन करेंगे, तभी शायद विचार के पूरे प्रसंग में प्रवेश करना अधिक उपयुक्त और लाभकर रहेगा। हमारा मन क्या है? जलवायु, शताब्दियों की परंपरा, तथाकथित संस्कृति, सामाजिक व आर्थिक प्रभाव, वातावरण, विचार, समाज द्वारा धर्म के, तथाकथित ज्ञान के तथा ईश्वरीय संदेश के नाम पर थोपे गये हठीले धार्मिक सिद्धांत—क्या इन सबका परिणाम नहीं है यह मन? कृपया अपने स्वयं के मन का अवलोकन करें। मेरे द्वारा वर्णित विवरण का अनुसरण न करें क्योंकि विवरण का महत्त्व नगण्य है। यदि हम अपने मन की गतिविधि का सजग अवलोकन कर सकें तभी शायद हम जीवन की समस्याओं का तत्काल निराकरण कर पाएं।

यह मन दो भागों में विभक्त किया गया है, चेतन और अचेतन। यदि हम इन दो शब्दों का प्रयोग न करना चाहें तो इनके लिए अन्य शब्दावलियों का प्रयोग कर सकते हैं—सतही और प्रच्छन्न—मन के सतही भाग और उसकी गहन परतें। चेतन व अचेतन को एक समूचे रूप में, सतह से तह तक, अपनी संपूर्ण

विचार-प्रक्रिया को, अर्थात अपने मन के उस इकलौते भाग को जिसके प्रति हम सचेत रहते हैं तथा उस शेष भाग को भी, जो कि हमारे मन का बृहत्तर भाग है और जिसके प्रति हम सचेत नहीं रहते, इस सबको मिलाकर ही हम चेतना कहते हैं। यह चेतना काल है, शताब्दियों से मानव जो कुछ करता आया है उसका परिणाम है यह।

कुछ विचारों में विश्वास करना हममें बचपन से ही कूट-कूट कर भर दिया जाता है। हठीले धर्मसिद्धांतों, विश्वासों और पद्धतियों के अनुकूल हमें ढाल दिया जाता है। हममें से प्रत्येक व्यक्ति विभिन्न प्रकार के प्रभावों के अनुसार ढला हुआ है और इस प्रकार ढाले जाने से, सीमाबद्ध व अनजाने ही ग्रहण कर लिये गये इन प्रभावों से ही हमारे विचार उपजते हैं जो एक कम्यूनिस्ट, एक हिंदू, एक मुस्लिम या एक वैज्ञानिक का रूप ले लेते हैं। यह स्पष्ट है कि विचार स्मृति और परंपराओं की पृष्ठभूमि से जन्म लेते हैं और इसी पृष्ठभूमि के साथ हम जीवन का सामना करते हैं फिर यह पृष्ठभूमि चेतन मन की हो या अचेतन मन की, इसके सतही भाग की हो या इसकी गहन परतों की, जीवन सदैव गतिशील रहता है, यह कभी स्थिर नहीं रहता परंतु हमारा मन स्थैतिक है, गतिहीन है। यह सांचागत है, कैदी है और हठीले धर्म सिद्धांतों, विश्वासों, अनुभवों व ज्ञान के खूंटों से बंधा हुआ है। इस खूंटों से बंधे हुए, किसी सांचे में ढले हुए, बेड़ियों से आबद्ध मन के साथ हम उस जीवन का सामना करते हैं जो निरंतर गतिशील है। जीवन अपनी अनेक जटिल और पलक झपकते परिवर्तित हो जाने वाली समस्याओं के साथ कभी कहीं ठहरता नहीं है। अतः इसे प्रतिदिन व प्रतिपल एक नये दृष्टिकोण से देखने की आवश्यकता है। तो, जब हमारा सामना इस जीवन से होता है, तब इस निरंतर चलायमान जीवन और हमारे अतीत से आबद्ध और अचल मन के बीच एक अनवरत द्वंद्व चलने लगता है। यही कुछ तो हो रहा है, है न?

जीवन एवं सांचे में ढले हुए मन के बीच केवल द्वंद्व ही नहीं रहता, अपितु ऐसा मन जीवन का सामना करते हुए अधिकाधिक समस्याओं का कारक भी बनता जाता है। हम सतही जानकारी प्राप्त करते रहते हैं, प्रकृति और विज्ञान को जीत लेने की नयी-नयी विद्या एवं विधि सीखते रहते हैं, परंतु मन तो ज्ञान-विज्ञान प्राप्त करने के बावजूद एक निश्चित सांचे में ही जकड़ा हुआ है, एक विश्वास विशेष से आबद्ध।

तो, हमारी समस्या यह नहीं है कि हम जीवन का सामना कैसे करें, अपितु यह है कि हमारा मन जो हठीले धर्म-सिद्धांतों और विश्वासों के सांचे में जकड़ा

हुआ है, वह स्वयं को स्वतंत्र कैसे करे। केवल वही मन जीवन का सामना करने में सफल हो सकता है जो स्वतंत्र है, वह मन नहीं जो किसी मत, किसी विश्वास या किसी ज्ञान विशेष के सांचे से बंधा है। तो, यदि हमें अपनी समस्याएं बढ़ानी नहीं हैं, यदि हमें अपने दुख और अपनी दुर्दशा का अंत करना है तो क्या अपने ही मन के कार्यकलापों को समझना हमारे लिये महत्त्वपूर्ण नहीं हो जाता?

— 4 —

अहं क्या है?

क्या हम जानते हैं कि इस अहं से, स्व से हमारा अभिप्राय क्या है? मेरी समझ में, इसमें शामिल हैं विचार, स्मृति, निष्कर्ष, अनुभव, अभिज्ञात व अनभिज्ञात प्रयोजन, कुछ बनने या कुछ न बनने हेतु आयास-प्रयास, अपने अचेतन मन, जाति, वर्ग, निजी या वंश की संचयित स्मृति और इस सब का गड़बड़झाला—भले ही यह सब बाहरी तौर पर कर्मशीलता के रूप में किया जा रहा हो या आध्यात्मिक तौर पर गुणों के रूप में—परंतु इस सब के पीछे लालसामय दौड़ लगाने वाला अहं ही तो है। इस स्पर्धा में और कुछ बनने की चाहत भी सम्मिलित रहती है। इस सब की संपूर्ण क्रिया-प्रक्रिया यही अहं है। जब यह हमारे सम्मुख आता है तब हम यथार्थतः जानते हैं कि यह एक बुरी चीज़ है। मैं 'बुरा' शब्द जानबूझ कर प्रयोग कर रहा हूं क्योंकि यह अहं विभाजक होता है, स्वकेंद्रित रहता है, इसकी गतिविधि कितनी भी श्रेष्ठ क्यों न लगे, यह विभक्त और विलग करने वाली ही होती है। हम सब यह जानते हैं। हम उन असाधारण पलों को भी जानते हैं जब यह अहं नहीं रहता, जब प्रयास करने या जूझने का भाव नहीं रहता और ऐसा प्रेम की स्थिति में होता है।

— 5 —

स्वबोध तो एक अनवरत प्रक्रिया है

तो हम सभी के समक्ष जो असंख्य समस्याएं हैं उन्हें समझने के लिये क्या यह अत्यावश्यक नहीं है कि हम स्वयं को जानते हों, हमें स्वबोध हो? और यह कठिनतम

चीज़ों में से एक है स्व-जागरूकता—जिसका तात्पर्य विलगाव नहीं है और न ही विरक्ति है। यह बात तो स्पष्ट है कि स्वयं को जानना अत्यावश्यक है परंतु इसका अर्थ स्वयं को संबंधों से अलग कर लेना नहीं है। और यह सोच लेना निश्चय ही एक भूल है कि विलगाव द्वारा, वर्जना द्वारा, अथवा किसी मनोचिकित्सक या किसी पुरोहित के पास जाकर या कोई पुस्तक पढ़कर कोई व्यक्ति स्वयं को भली-भांति और संपूर्णतः जान सकता है। निस्संदेह स्वबोध, स्वयं को जानना एक अनवरत प्रक्रिया है वह कोई अंतिम लक्ष्य नहीं है और इसके लिये आवश्यक है कि व्यक्ति स्वयं के प्रति तब सजग रहे जब वह कर्मरत हो अर्थात जब वह संबंधों में संव्यवहार कर रहा हो। आप विलग रह कर, समाज से दूर हटकर अपना वास्तविक स्वरूप नहीं जान सकते। यह तो आप केवल संबंधों में रहते हुए अर्थात समाज, अपनी पत्नी, अपने पति, अपने बंधु-बांधव व जनसामान्य के साथ अपने संबंधों के माध्यम से ही जान सकते हैं। परंतु अपनी प्रतिक्रियाओं, अपनी अनुक्रियाओं के सत्य-स्वरूप को जानने के लिये मन में असाधारण सजगता और अवलोकन की अत्यधिक उत्सुकता चाहिये।

– 6 –

जैसे आप, वैसा संसार

आपके और संसार के बीच, आपके और विभ्रम के बीच क्या संबंध है, आपके भीतर व बाहर के बीच क्या संबंध है? निश्चय ही यह उलझन, यह संताप यूं ही नहीं उपज आये। आपने और मैंने इनका निर्माण किया है। किसी पूंजीवादी, साम्यवादी या किसी फासिस्ट समाज ने नहीं बल्कि आपने और मैंने अपने पारस्परिक संबंधों में इन्हें निर्मित किया है। जो कुछ आपके भीतर है आप उसी को बाहर इस संसार में प्रक्षेपित करते हैं। जैसे आप हैं, जैसा आप सोचते हैं और जैसा महसूस करते हैं, जैसा कुछ आप अपने दिन-प्रतिदिन के जीवन में करते हैं वैसा ही बाहर प्रक्षेपित होता है और उस सबसे ही संसार बनता है। यदि हम भीतर से दुखी हैं, भ्रमित हैं, अव्यवस्थित हैं तो इन्हीं के बाहर प्रक्षेपित होते रहने से संसार भी वैसा ही बनता जाता है, समाज भी वैसा ही बनता चला जाता है क्योंकि आपके व मेरे बीच जो संबंध हैं, मेरे व औरों के बीच जो संबंध हैं, वही तो है समाज। समाज हमारे पारस्परिक संबंधों से ही उत्पन्न होता है और यदि हमारे

संबंध दुविधाग्रस्त हैं, अहं-केंद्रित हैं, संकीर्ण हैं, किसी सीमा में आबद्ध हैं, किसी राष्ट्र से जुड़े हैं तो हम बाहर वही प्रक्षेपित करते हैं और इस तरह संसार में अव्यवस्था फैलाते हैं।

जैसे आप होते हैं वैसा ही संसार हो जाता है। इसीलिये आपकी समस्या संसार की समस्या बन जाती है। निश्चित रूप से यह एक सरल और मौलिक तथ्य है, है न? परंतु किसी एक के साथ या अन्य अनेकों के साथ अपने संबंधों में हम हमेशा किसी न किसी तरह इस मर्म को उपेक्षित करते प्रतीत होते हैं। हम किसी प्रणाली द्वारा या किसी प्रणाली पर आधारित विचारों और मूल्यों में क्रांति लाने के द्वारा परिवर्तन तो लाना चाहते हैं परंतु यह भूल ही जाते हैं कि ये आप और मैं ही तो हैं जिन्होंने इस समाज को बनाया है, जिन्होंने अपने रहन-सहन के तौर-तरीकों से इसमें व्यवस्था या अव्यवस्था फैलाई है। तो, हमें बिल्कुल निकट से ही आरंभ करना होगा अर्थात हमें स्वयं के संदर्भ में ध्यान देना होगा, ध्यान देना होगा अपने दैनिक जीवन पर, अपने दैनंदिन विचारों पर, अपनी उन भावनाओं और क्रियाओं पर जो हमारे जीविकोपार्जन के तौर-तरीकों के ज़रिये उजागर होती हैं और इसी प्रकार विचारों तथा विश्वासों के साथ अपने संबंधों के दौरान ज़ाहिर हो जाया करती हैं।

— 7 —

आपका संघर्ष—मानव मात्र का संघर्ष

जब तक मैं और आप स्वयं को एक सकल प्रक्रिया के रूप में नहीं समझ लेते, तब तक एक संपूर्ण, एक संवर्धक क्रांति संभव नहीं हो सकती। आप और मैं कोई अलग-थलग व्यक्ति नहीं हैं अपितु इस संपूर्ण मानव जाति की अपनी भ्रांति, सनक, चाहत, अज्ञान, कलह, द्वंद्व और दुख के साथ संघर्ष के ही परिणाम हैं। कोई स्वयं को समझे बिना संसार की दशा बदलने की शुरुआत नहीं कर सकता। यदि आप इस बात को स्पष्ट देख पाएं तो आपके भीतर एक आमूल परिवर्तन आ जाता है, है न? तब किसी गुरु की आवश्यकता शेष नहीं रह जाती, क्योंकि स्वयं को जानना तो पल-प्रतिपल चलती रहने वाली एक ऐसी क्रिया है जिसमें न तो सुनी-सुनाई बातों का संग्रह करते रहना शामिल है और न ही धार्मिक शिक्षकों के उपदेश संचित करना। चूंकि तब आप दूसरों के साथ अपने संबंधों में पल-प्रतिपल

स्वयं के वास्तविक स्वरूप को जान रहे होते हैं, इसलिये संबंध का अर्थ ही बिलकुल बदल जाता है। तब संबंधों के ज़रिये असलियत का इज़हार होने लगता है, वे स्वबोध की अनवरत प्रक्रिया बन जाते हैं और अब इस आत्म-अन्वेषण के चलते सही कदम उठाये जा सकते हैं।

इस प्रकार, स्वबोध केवल संबंधों के माध्यम से ही संभव है, विलगाव द्वारा नहीं। संबंध ही कर्म है और इस कर्म में सजगता का परिणाम है स्वबोध, आत्म-परिचय।

— 8 —

स्वयं बदलें तो संसार बदले

स्वयं में बदलाव लाकर ही संसार को बदला जा सकता है, क्योंकि हम स्वयं मानव अस्तित्व की संपूर्ण प्रक्रिया की उपज हैं, उसी का एक अंश हैं। स्वयं को बदलने के लिए स्वयं को जानना अनिवार्य है। जब तक आप यह न जान लें कि आप क्या हैं, तब तक आपकी सम्यक सोच का आधार ही नहीं बनता—और जब तक आप स्वयं को जान नहीं लेते तब तक कोई बदलाव आ नहीं सकता।

— 9 —

परिवर्तन अभी ही क्यों?

किसी वृद्ध और किसी युवा में कोई मौलिक अंतर नहीं होता क्योंकि दोनों अपनी ही आकांक्षाओं और परितुष्टियों के दास होते हैं। परिपक्वता का आयु से कुछ लेना-देना नहीं होता, वह तो सूझबूझ से आती है। युवाओं में जिज्ञासा की उत्कट भावना शायद बहुत सहज रूप से होती है क्योंकि वयोवृद्ध लोगों को तो जीवन चूर-चूर कर चुका होता है, द्वंद्वों के कारण वे चुक गये होते हैं और मृत्यु किसी न किसी रूप में उनकी प्रतीक्षा कर रही होती है। इसका अर्थ यह नहीं है कि वे किसी अर्थपूर्ण जिज्ञासा के लायक नहीं रहते, परंतु उनके लिये यह कुछ अधिक दुरूह होती है। कितने ही वयस्क लोग अपरिपक्व, बल्कि बचकाने होते हैं और यह बात विश्वव्याप्त संभ्रम और दुख को बढ़ाने वाले कारणों में से एक है। ये

आप क्या हैं / 21

वयस्क लोग ही हैं जो आर्थिक और नैतिक अव्यवस्था के हावी रहने के लिए ज़िम्मेदार हैं। हमारी दुर्भाग्यपूर्ण दुर्बलताओं में से एक यह है कि हम चाहते हैं कि हमारे लिये कोई और उठे और हमारे जीवन की दिशा व दशा बदल दे। हम तो केवल प्रतीक्षारत रहते हैं कि कोई और हमारे लिये क्रांति करे, नवनिर्माण करे और जब तक उसकी फल-प्राप्ति सुनिश्चित न हो जाए, तब तक हम निष्क्रिय बने रहते हैं। ये सुरक्षा और सफलता ही हैं, जिनके पीछे हममें से अधिकतर लोग पड़े रहते हैं। वह मन जो सुरक्षा चाहता है, सफलता का दीवाना है, वह प्रज्ञाशील नहीं होता और इसीलिए वह कोई भी कर्म समग्र रूप से करने में अक्षम रहता है। समग्र कर्म तभी संभव है जब कर्ता अपनी मानसिकता के कारकों का सुविज्ञ हो, अपने जातीय, राष्ट्रीय, राजनीतिक और धार्मिक पूर्वाग्रहों का सुविज्ञ हो, अर्थात यदि किसी को यह बोध हो जाए कि अहं का अनुकरण सदैव विभाजनकारी होता है, तभी उसके द्वारा समग्र कर्म के लिए कदम उठाये जाने की संभावना बनती है।

जीवन तो गहरे जल वाला कुआं है। जो इसके पास एक छोटी-सी बाल्टी लेकर जाता है वह उतना ही जल इससे प्राप्त कर पाता है और जो इसके पास बड़ा पात्र लेकर जाता है, वह उतना भरपूर जल प्राप्त कर लेता है जो उसका पोषण कर सके। जब व्यक्ति युवावस्था में होता है तब उसके पास खोजबीन करने और प्रत्येक चीज़ के साथ प्रयोग कर पाने योग्य समय होता है। स्कूलों को चाहिए कि वे अपने युवाओं की अपनी योग्यता और अपने दायित्वों का अनावरण करने में सहायता करें, न कि उन्हें तथ्यों और तकनीकी ज्ञान का रटू तोता बनायें। स्कूल वह धरती होनी चाहिए जिसमें निर्भय रूप से वे अंकुरित हो सकें, जहां वे सहर्ष और समग्र रूप से विकसित हो सकें।

– 10 –

विचार अहं की समस्या को नहीं सुलझा सकता

हम किसी समस्या पर जितना अधिक विचार करते हैं, उसके लिए जितनी अधिक विवेचना, विश्लेषण और विमर्श करते हैं, वह उतनी ही अधिक जटिल होती जाती है। तो क्या किसी समस्या को उसके संपूर्ण और समग्र रूप में देखा जाना संभव है? कैसे संभव है यह? क्योंकि मुझे लगता है कि यही हमारी प्रमुख कठिनाई

है। हमारी समस्याएं दिन दूनी रात चौगुनी बढ़ती जा रही हैं। युद्ध का खतरा सिर पर मंडरा रहा है। हमारे संबंधों में हर प्रकार का विक्षोभ घुसपैठ कर रहा है। इस सबको हम संपूर्ण-समाविष्ट रूप में, समग्र रूप में कैसे समझ सकते हैं? यह तो स्पष्ट है कि किसी समस्या का समाधान तभी संभव है जब हम उसे संपूर्ण-समग्र रूप में देखें, न कि टुकड़ों-टुकड़ों में विभाजित करके। ऐसा कब संभव है? निश्चय ही, यह तभी संभव है जब अहं एवं परंपरा, संस्कार, पूर्वाग्रह, प्रत्याशा एवं हताशा की पृष्ठभूमि में अपनी जड़ें जमाये बैठी विचार-प्रक्रिया का अंत हो जाए। क्या हम इस अहं को समझ सकते हैं—वस्तुस्थिति का विश्लेषण करके नहीं बल्कि उसे प्रत्यक्ष देखकर, सिद्धांत रूप में स्वीकार करके नहीं बल्कि उसकी वास्तविकता के प्रति सजग रहकर, कोई परिणाम पा लेने हेतु इस अहं का अंत करने की चाहत से नहीं बल्कि इस सतत सक्रिय अहं की गतिविधियों का अवलोकन करते रहने से? क्या हम इसे पूरे ध्यान से देख सकते हैं—इसे ध्वस्त या प्रोत्साहित करने की कोई हरकत किये बिना? समस्या तो यही है, है न? यदि हम सभी में महत्त्व, प्रतिष्ठा, अधिकार, निरंतरता, आत्म-संरक्षण की लालसा वाले अहं का अस्तित्व ही शेष न रहे तो निश्चय ही हमारी समस्याओं का अवसान हो जायेगा।

यह अहं एक ऐसी समस्या है जिसका निदान विचार नहीं कर सकता। एक ऐसी सजगता चाहिए जो विचारजनित न हो। सजग रहना, इस अहं की गतिविधियों को उचित-अनुचित ठहराये बिना, केवल उनके प्रति जागरूक रहना, यही पर्याप्त है। यदि आप इस आशय से जागरूक हैं कि 'कैसे' समस्या का समाधान किया जाए, 'कैसे' इसे रूपांतरित किया जाए, 'कैसे' कोई परिणाम प्राप्त किया जाए, तब तो यह जागरूकता अहं की परिधि में ही रहेगी। जब हम कोई परिणाम प्राप्त कर लेना चाहते हैं, चाहे वह विश्लेषण द्वारा हो, सजगता द्वारा हो या प्रत्येक विचार की निरंतर जांच-परख द्वारा हो, तब भी हम विचार की परिधि में ही रहते हैं जो कि स्वयं 'मैं' की, अहं की परिधि में स्थित है।

जब तक मन की गतिविधि विद्यमान रहती है, तब तक प्रेम हो ही नहीं सकता। और जब प्रेम विद्यमान होगा तब हमारी कोई सामाजिक समस्या नहीं रह जाएगी।

आप चाहते क्या हैं?

– 1 –

सुरक्षा, प्रसन्नता, सुख-विलास

वह क्या है जिसकी लालसा में हममें से अधिकांश लोग रहते हैं? वह क्या है जिसे हममें से प्रत्येक व्यक्ति चाहता है? विशेष रूप से इस उद्विग्न संसार में जहां प्रत्येक व्यक्ति किसी प्रकार की शांति, किसी प्रकार की खुशी, किसी प्रकार का आश्रय पाने के प्रयास में लगा है, यह जान लेना बहुत महत्त्वपूर्ण है कि आखिर वह क्या है जिसकी लालसा में हम सब रत हैं, वह क्या है जिसकी तलाश में हम सब लगे हैं? शायद अधिकतर लोग ऐसे संसार में जो विक्षोभ, युद्ध, विवाद और कलह से त्रस्त है किसी-न-किसी प्रकार के सुख-चैन, किसी प्रकार की शांति की चाहत में हैं । हम इसमें कोई ऐसा शरणस्थल चाहते हैं जहां कुछ तो शांति मिल सके। मैं समझता हूं कि हममें से अधिकांश लोग यही चाहते हैं। इसीलिये हम इसकी तलाश में भटकते रहते हैं। एक नेता से दूसरे नेता के पास, एक धार्मिक संगठन

से दूसरे संगठन के पास, एक गुरु से दूसरे गुरु के पास।

तो क्या हम इस खुशी, इस सुख-चैन को खोज रहे हैं या एक ऐसी परितुष्टि चाह रहे हैं जिससे हमें खुशी मिल पाने की आशा है? खुशी और परितोष में अंतर है। भला क्या खुशी को, सुख-शांति को भला खोजा जा सकता है? हो सकता है कि आपको परितोष प्राप्त हो जाये, परंतु प्रसन्नता कदापि नहीं। प्रसन्नता, सुख-शांति तो परोक्ष होती है, किसी अन्य चीज़ का उपजात होती है। तो इससे पहले कि हम अपना दिल-और-दिमाग किसी ऐसी चीज़ में लगा दें जिसमें अत्यधिक लगन, पूरे ध्यान, विचारशीलता और सावधानी की दरकार हो, क्या हमें यह जान नहीं लेना चाहिए कि आखिर वह है क्या जिसके पीछे हम दौड़ पड़े हैं? वह खुशी है या परितुष्टि है? मुझे यह कहने में अफसोस होता है कि अधिकतर लोग परितोष चाहते हैं। हम परितुष्ट होना चाहते हैं, अपनी तलाश के अंत में एक तृप्ति-भाव चाहते हैं।

यदि कोई शांति चाहे तो उसे यह बड़ी सरलता से मिल सकती है। वह किसी प्रकार के हेतु या किसी मत-विचार के प्रति स्वयं को समर्पित कर दे, उसकी शरण में चला जाए। परंतु निश्चित ही इससे समस्या का समाधान नहीं होगा। किसी परिबद्ध मत-विचार की चारदीवारी में एकांतवास कोई द्वंद्व से मुक्ति नहीं है। इसलिये क्या हमें यह नहीं जान लेना चाहिए कि आंतरिक रूप से और बाहरी रूप से भी, वह क्या है जिसे प्रत्येक व्यक्ति चाहता है? यदि हम इस विषय में स्पष्ट हो जाएं तो फिर हमें कहीं जाने की आवश्यकता नहीं पड़ेगी, न किसी गुरु के पास, न किसी पूजास्थल में, न किसी संगठन में। तो हमारी कठिनाई है—अपने ही आशय के बारे में स्वयं स्पष्ट न हो पाना—यही है न? क्या हम स्पष्ट हो सकते हैं? और क्या यह स्पष्टता किसी तलाश द्वारा या दूसरों की कही गई बातों द्वारा या किसी साधारण प्रवचनकर्ता से लेकर किसी पहुंचे हुए गुरु को सुनकर प्राप्त की जा सकती है? इस स्पष्टता को जानने के लिए क्या आपको किसी के पास जाने की आवश्यकता है? परंतु फिर भी हम यही कुछ किये जा रहे हैं। हम अनगिनत पुस्तकें पढ़ते हैं, अनेक गोष्ठियों में जाते हैं, विचार-विमर्श करते हैं, हम अपने जीवन के द्वंद्व और दुख से छुटकारे के निदान हेतु विभिन्न संगठनों में शामिल हो जाते हैं। अथवा यदि हम यह सब नहीं कर रहे हैं तो हम सोच रहे होते हैं कि हमने पा लिया है अर्थात हम कहने लगते हैं कि अमुक संगठन या अमुक गुरु या अमुक पुस्तक से मैं संतुष्ट हूं, जो कुछ मैं चाहता था मुझे उसमें मिल गया है। फिर हम उसी में जमे रहते हैं, घनीभूत होकर,

चारदीवारी में कैद।

इस सारी भ्रांति में, उलझन में क्या हम एक ऐसी चीज़ की तलाश में नहीं होते हैं जो स्थायी हो, सदा विद्यमान रहने वाली हो, एक ऐसी चीज़, जिसे हम यथार्थ, ईश्वर, सत्य या ऐसा ही कोई नाम दे सकें। निश्चय ही, नाम का महत्त्व नगण्य होता है, शब्द यथार्थ नहीं होते। इसलिये शब्दों में मत उलझ जाइए। यह कार्य पेशेवर प्रवक्ताओं के लिये छोड़ दीजिये। अधिकतर लोग ऐसी चीज़ की तलाश में रहते हैं जो स्थायी हो, एक ऐसी चीज़ की तलाश में जिससे हम जुड़े रह सकें, हमें आश्वासन, आशा, दृढ़ उत्साह और एक टिकाऊ निश्चितता देती रहे क्योंकि हम स्वयं में बहुत अधिक अनिश्चित हैं, हम स्वयं को जानते ही नहीं हैं। हम दुनिया भर के तथ्य जानते हैं, पुस्तकों में क्या कहा गया है यह हम जानते हैं, परंतु यह सब हमने स्वयं प्रत्यक्षतः नहीं सीखा जिसकी चाह हो उसका मिल जाना है।

और वह क्या है जिसे हम स्थायी कहते हैं? और वह क्या है जिसकी लालसा में हम इसलिये लगे हैं या इस आशा से लगे हैं कि वह हमें स्थायित्व प्रदान कर देगा? क्या हम स्थायी सुख-चैन, स्थायी परितोष, स्थायी निश्चितता की लालसा में नहीं लगे हुए हैं? हम कोई ऐसी चीज़ चाहते हैं जो सदा-सर्वदा के लिये टिकी रहे, जो हमें परितोष देती रहे। यदि हम अपनी चाहना पर चढ़े सारे शब्द-आडंबरों को उतार दें और फिर वस्तुतः उसे देखें तो पाएंगे कि सचमुच यही तो है जो हम चाह रहे हैं। हम सदा-सर्वदा रहने वाला सुख-विलास चाहते हैं....

– 2 –

खुशी के पीछे दौड़ना व्यर्थ है

खुशी से आपका तात्पर्य क्या है? कुछ लोग कहेंगे कि जो चाहें वह मिल जाए यही खुशी है। आपको एक कार चाहिए और वह आपको मिल जाती है तो आप खुश हो जाते हैं। मुझे एक साड़ी या कुछ वस्त्र चाहिए या मैं यूरोप जाना चाहता हूं और यदि मैं जा सका तो सुखी हो गया। मैं एक शीर्षस्थ राजनेता बनना चाहता हूं। यदि मैं बन गया तो खुश, और नहीं बन पाया तो नाखुश हो जाता हूं। तो आप जिसे खुशी कहते हैं, वह है चाहना का मिल जाना—उपलब्धि, सफलता, महानता—जो कुछ भी चाहना वह पा लेना। जब तक आप जो चाहते हैं वह आपको

मिलता रहता है आप स्वयं को पूरी तरह प्रसन्नचित्त महसूस करते हैं, आप खिन्न नहीं होते। परंतु जब आप जो चाहते हैं वह आपको मिल नहीं पाता, तब दुख शुरू हो जाता है। हम सब ऐसे दुख से दुखित रहते हैं–क्या धनी और क्या निर्धन। धनी और निर्धन सभी कुछ न कुछ पाना चाहते हैं–अपने लिए, अपने परिवार के लिए, अपने समाज के लिए और यदि उन्हें उससे वंचित रखा जाए, रोक दिया जाए, तो वे नाखुश हो जाते हैं। यहां हमारी चर्चा का विषय या हमारा कहना यह नहीं है कि निर्धन जो चाहता है उसे वह न मिले। मुद्दा यह नहीं है। हम तो यह जानने का प्रयास कर रहे हैं कि सुख-चैन, खुशी क्या है और क्या वह कोई ऐसी चीज़ है जिसके प्रति आप सचेत रह सकें? जिस पल आप सचेत होते हैं कि आप खुश हैं, आपके पास बहुत कुछ है, तो क्या वह खुशी होती है? जिस पल आप सचेत हो जाते हैं कि आप सुख-चैन से हैं तब वह सुख-चैन नहीं रह जाता, है न? तो आप सुख-चैन के पीछे पड़कर उसे नहीं पा सकते। जिस पल आप सचेत हो जाते हैं कि आप विनम्र हैं, तब आप विनम्र नहीं रह जाते। तो प्रसन्नता कोई वस्तु नहीं है जिसके पीछे दौड़कर आप उसे पकड़ लें, उसका आगमन तो स्वतः होता है। परंतु यदि आप उसे पाने के लिये उसके पीछे दौड़ेंगे तो वह आप से आंख-मिचौली खेलती रहेगी।

– 3 –

सुख-विलास, हर्षोल्लास अंततः निर्भरता
और खोने के भय में बदल जाते हैं

हम किसी भी चीज़ का वास्तविक आनंद नहीं ले पाते। जब हम किसी चीज़ को देखते हैं तब ऊपरी तौर पर उस पर रीझ जाते हैं या उद्दीप्त हो उठते हैं, हमारे अंदर एक मनोवेग उत्पन्न हो जाता है जिसे हम आनंद कह देते हैं। परंतु आनंद की अनुभूति तो कहीं गहरी बात है जिसे समझा जाना चाहिए, जिसमें पैठना चाहिए।

युवावस्था में हम अनेक चीज़ों में आनंद और आह्लाद महसूस करते हैं–खेलों में, वेशभूषा में, कोई पुस्तक पढ़ने में, या कविता करने में, चित्र बनाने में, या एक-दूसरे से धक्का-मुक्की करने में... जब हम बड़े हो जाते हैं, यद्यपि तब भी हममें आनंद उठाने की चाहना बनी रहती है, परंतु तब तक हमारे अंदर जो कुछ

बहुत बढ़िया था वह जा चुका होता है, तब हम अन्य प्रकार के मनोवेगों को अधिक महत्त्व देने लगते हैं—कामुकता, वासना, शक्ति, प्रतिष्ठा।

— 4 —

आनंद को पकड़ेंगे, तो खो देंगे

ज्यों-ज्यों हम बड़े होते जाते हैं जीवन की अनेक चीज़ें अपना अर्थ खोती जाती हैं। हमारा मन कुंद और संवेदनशून्य होता जाता है, और तब हम आनंदित होना चाहते हैं; हम चित्र देखने, वृक्षों को निहारने, छोटे-छोटे बच्चों को खेलते देखने जैसे कार्यों में स्वयं को लगा देते हैं। कोई पवित्र पुस्तक या कुछ और पढ़ने लगते हैं और उसका अर्थ, उसकी गहनता, उसका महत्त्व जानने का प्रयास करते हैं। परंतु यह सब हाथ-पैर मारना है, परिश्रम है, किसी चीज़ से जूझना है।

मेरे विचार से, यह आनंद क्या है, वस्तुगत प्रसन्नता क्या है, चीज़ों में आनंद लेना क्या होता है, इसे समझना बहुत महत्त्वपूर्ण है। आप जब कोई ऐसी चीज़ देखते हैं जो अत्यंत सुंदर है तो आप उसका स्वामित्व चाहते हैं, आप उसे हासिल कर लेना चाहते हैं, आप चाहते हैं कि आप उसे अपना कह सकें, मेरा वृक्ष, मेरा मकान, मेरी पत्नी, मेरा पति। हम उसे अपने धारणाधिकार में, अपने कब्ज़े में ले लेना चाहते हैं। और इसी धारणाधिकार की प्रक्रिया में वह चीज़, जिससे कभी आपको खुशी मिली थी, तिरोहित हो जाती है क्योंकि इस धारणाधिकार से ही निर्भरता आ जाती है, भय आ जाता है भेदभाव या अलग-थलग होने का भाव आ जाता है और जिस चीज़ ने आपको आह्लाद की, आंतरिक सौंदर्य की एक अनुभूति दी थी, वह कहीं खो जाती है और जीवन परिबद्ध होकर रह जाता है।

वास्तविक आनंद को जानने के लिये हमें कहीं अधिक गहरे पैठना होगा।

— 5 —

चाहने-मांगने वाले 'अहं' का अभाव ही आनंद है

हम एक परिष्कार से दूसरे परिष्कार, एक सूक्ष्मता से दूसरी सूक्ष्मता, एक मनबहलाव से दूसरे मनबहलाव की ओर भले ही आवागमन कर लें, परंतु इस सब के केंद्र

में रहता अहं ही है—वह अहं जो मन बहला रहा है, जो और अधिक सुख-चैन चाह रहा है, वह अहं जो खुशी तलाश रहा है, खोज रहा है, मांग रहा है, वह अहं जो जूझ रहा है, वह अहं जो अधिकाधिक 'परिष्कृत' तो हो रहा है परंतु कभी थमना नहीं चाहता। जब यह अहं अपनी संपूर्ण सूक्ष्मताओं सहित समापन पर आ जाए, केवल तभी उस दिव्यानंद की स्थिति आ पाती है जिसे दौड़ कर नहीं पकड़ा जा सकता, जो एक परम आह्लाद है, वास्तविक आनंद है जिसमें न कोई पीड़ा है और न प्रदूषण। अभी तो हमारी हर खुशी, हर आनंद में प्रदूषण है क्योंकि उसके पीछे पीड़ा भी रहती है और भय भी।

जब मन अहं की, अनुभवकर्ता, अवलोकनकर्ता और विचारकर्ता की स्थिति से परे पहुंच जाता है तब उस खुशी की संभावना बनती है जिसे प्रदूषित नहीं किया जा सकता। यह सुख-चैन उस अर्थ में स्थायी नहीं हो सकता जिस अर्थ में हम इस शब्द का प्रयोग करते हैं। परंतु हमारा मन स्थायी सुख-शांति के लिये ललकता रहता है ऐसी खुशी जो सदा-सर्वदा बनी रहे, अनवरत रहे। निरंतरता की यही इच्छा प्रदूषक होती है, परंतु जब मन इस 'अहं' से मुक्त हो जाता है तब ऐसी प्रसन्नता आती है जो पल-प्रतिपल रहती है—जो आपकी चाहना के बिना आ जाती है। ऐसे में, खुशी को न तो बटोरना होता है, न उसका भंडारण करना और न ही उसे कल के लिये बचा रखना। यह ऐसी चीज़ नहीं होती जिसे आप थामे रख सकें।

— 6 —

हम सुरक्षा चाहते हैं

हममें सुरक्षा की इच्छा रहती है। आप इस इच्छा को तब समझ सकते हैं जब आपका सामना किसी वन्य पशु या सर्प से हो जाता है या सड़क पार करते हुए जब आप एकदम चौकस हो जाते हैं। परंतु सुरक्षा का कोई अन्य स्वरूप नहीं होता। आप अपनी पत्नी के साथ, बच्चों के साथ संबंधों में—यदि आपके संबंध हैं तो—सुरक्षा पाना चाहते हैं, परंतु आपको वह मिल नहीं पाती। आपके माता या पिता आपके साथ हो सकते हैं परंतु साथ होते हुए भी आप उनके साथ नहीं होते, आप पूरी तरह अकेले होते हैं। आगे हम इस पर और चर्चा करेंगे। सुरक्षा जैसी, मनोवैज्ञानिक सुरक्षा जैसी कोई चीज़ नहीं होती, कभी नहीं होती, किसी भी

स्तर पर नहीं होती, न ही किसी के साथ होती है—इस बात को सचमुच महसूस कर पाना अत्यधिक कठिन है। किसी और के साथ आपकी मनोवैज्ञानिक सुरक्षा संभव नहीं हो सकती। क्योंकि जैसे मानव आप हैं वैसा ही वह भी है, जितने स्वतंत्र आप हैं उतना ही वह भी है। फिर भी, हम अपने संबंधों में सुरक्षा चाहते हैं। विवाह द्वारा, वचनों द्वारा। हम अपने साथ व दूसरों के साथ भी कैसी-कैसी चाल चलते हैं यह आप जानते ही हैं। यह एक सुस्पष्ट तथ्य है और इसके अधिक विश्लेषण की आवश्यकता नहीं है।

— 7 —

असुरक्षा के यथार्थ को समझना

हम इस असुरक्षा के संपर्क में कभी नहीं आते हैं। पूर्णतया असुरक्षित हो जाने की आशंका से हम भयभीत रहते हैं। इस असुरक्षा को समझने के लिये अत्यधिक प्रज्ञा की आवश्यकता होती है। जब कोई स्वयं को पूरी तरह असुरक्षित महसूस करता है तो वह पलायन करता है। अथवा किसी भी चीज़ में सुरक्षा न पाकर वह असंतुलित हो जाता है, आत्महत्या के प्रति प्रवृत्त हो जाता है, पागलखाने पहुंच जाता है या एकदम धार्मिक भक्त बन जाता है। ये सभी स्थितियां एक जैसी ही हैं, ये सब असंतुलन के ही विभिन्न स्वरूप हैं। बौद्धिक या शाब्दिक रूप से नहीं, और न ही किसी निश्चय की, वचनबद्धता की मनोवृत्ति के रूप में, बल्कि यथार्थतः इस तथ्य को समझ लेने के लिए कि सुरक्षा कुछ होती ही नहीं, हमें असाधारण रूप से सरल, सुस्पष्ट और सुसंगत जीवन जीने की आवश्यकता है।

— 8 —

हम कुछ क्यों चाहते हैं?

हम अनंत रूप से चाहते रहते हैं और कभी यह नहीं पूछते कि हम चाह क्यों रहे हैं। इस प्रश्न का स्पष्ट उत्तर यही होगा कि हम असंतुष्ट हैं, अप्रसन्न हैं, अभागे हैं, अकेले हैं, हमें प्रेम नहीं मिला है, हम भयाक्रांत हैं। हम किसी चीज़ से जुड़ जाना चाहते हैं, हम चाहते हैं कि कोई हो जो हमें संरक्षण दे—माता, पिता इत्यादि,

और इसीलिए हम चाहते रहते हैं। जब हम चाहना में होते हैं तब हम कुछ-न-कुछ तलाश रहे होते हैं। दुर्भाग्य से हम जो कुछ ढूंढ़ रहे होते हैं वह हमें मिल ही जाता है।

तो पहली बात तो यह है कि हम चाहें-तलाशें नहीं। आप समझे? आप सभी को सिखाया जाता है कि आपको खोजना चाहिए, सत्य के साथ नये प्रयोग करने चाहिएं, सत्य को ढूंढ़ लेना चाहिए, उसका अनुसरण करना चाहिए, उसके पीछे चलना चाहिए, उसके पीछे दौड़ते रहना चाहिए, और यह भी कि आपको अनुशासन में रहना चाहिए, स्वयं पर नियंत्रण रखना चाहिए। और ऐसे में आकर कोई यदि यह कहे ''यह सब मत करो। चाहत ही न करो'' तो स्वाभाविक रूप से आपकी प्रतिक्रिया होगी कि या तो आप उसे चले जाने को कहेंगे या उसकी ओर पीठ फेर लेंगे, या आप स्वयं यह पता लगाएंगे कि वह ऐसी बात कह क्यों रहा है—न स्वीकार कीजिए, न अस्वीकार, बल्कि प्रश्न कीजिए। अच्छा तो, आप चाह क्या रहे हैं?

स्वयं के बारे में प्रश्न कीजिए। आप कुछ खोज रहे हैं; आप कहते हैं कि आप कुछ अभाव महसूस कर रहे हैं—तकनीकी तौर पर या काम-धंधे या अधिक धन के लिए नहीं बल्कि अपने जीवन में आंतरिक रूप से। वह क्या है जिसे हम चाह रहे हैं? हम चाह रहे हैं क्योंकि हममें अपने परिवार, समाज, संस्कृति और स्वयं अपने प्रति भी गहरा असंतोष है; और हम संतुष्टि चाहते हैं, कुतर-कुतर कर हमें नष्ट कर रहे इस असंतोष से परे चले जाना चाहते हैं। और हम असंतुष्ट क्यों है? मैं जानता हूं कि असंतोष को बड़ी सरलता से संतुष्टि में बदला जा सकता है। एक ऐसे नवयुवक को जो असंतुष्ट है—चाहे वह साम्यवादी हो या क्रांतिकारी—उसे एक अच्छी नौकरी दे दीजिए और वह सब कुछ भूल जाएगा। उसे एक अच्छा घर, एक बढ़िया कार, सुंदर बगीचा, अच्छी प्रतिष्ठा दे दीजिए और फिर देखिएगा कि कैसे उसका असंतोष गायब हो जाता है। यदि उसे एक वैचारिक सफलता यानी अपने खास नज़रिये से जुड़ी कामयाबी मिल जाए तो भी उसका असंतोष गायब हो जाएगा। परंतु आप कभी यह नहीं पूछते कि आप असंतुष्ट हैं क्यों?—बात उनकी नहीं हो रही जिनके पास नौकरी है और जो बेहतर नौकरी चाहते हैं। सुख और उसके साथ-साथ ही दुख की संपूर्ण संरचना और इनके निहितार्थ की जांच-परख करने से पहले हमें असंतोष के मूल कारण को समझ लेना होगा।

विचार, विचारकर्ता और अहं का कारागार

— 1 —

विचार और विचारकर्ता

क्या विचारकर्ता और विचार के बीच कोई संबंध होता है या केवल विचार होता है न कि विचारकर्ता? यदि कोई विचार नहीं है तो विचारकर्ता भी नहीं होगा। जब आपको विचार आते हैं तो क्या तब कोई विचारकर्ता भी होता है? विचारों के अस्थायित्व को समझते हुए विचार स्वयं विचारकर्ता का निर्माण करता है जो स्वयं को स्थायित्व प्रदान करता है। इस प्रकार विचार ही विचारकर्ता को निर्मित करता है और तब विचारकर्ता स्वयं को विचारों से पृथक एक अस्तित्व के रूप में प्रतिष्ठित कर लेता है और वे विचार तो सदैव गति की, परिवर्तन की अवस्था में रहते हैं। इस प्रकार विचार ही विचारक का निर्माणकर्ता है न कि विचारकर्ता विचार का। विचारक विचार का निर्माता नहीं है क्योंकि यदि विचार नहीं हैं, तो विचारक भी नहीं है। विचारक स्वयं को अपने निर्माता से पृथक कर लेता है और

एक संबंध स्थापित करने का प्रयास करता है—एक तथाकथित स्थायी अर्थात विचारनिर्मित विचारक और अस्थायी व अस्थिर विचार के बीच संबंध। अतः वास्तव में दोनों ही अस्थिर हैं।

किसी विचार का उसके अंतिम छोर तक अनुसरण कीजिए। उसके बिलकुल पूरा होने तक सोचते रहिए, उसकी पूरी यात्रा को महसूस कीजिए और स्वयं जानिए कि क्या होता है। आप पाएंगे कि विचारकर्ता है ही नहीं। क्योंकि जब विचार का अवसान हो जाता है तब विचारकर्ता का अस्तित्व भी नहीं रह जाता। हम समझते हैं कि ये दो स्थितियां हैं, विचार के रूप में और विचारकर्ता के रूप में। ये दोनों ही स्थितियां कल्पित हैं, अवास्तविक हैं। जो है वह केवल विचार है, और विचारों का समूह ला खड़ा करता है 'अहं' को अर्थात विचारकर्ता को।

— 2 —

विचार है : जाति, वर्ग और वंश की संगृहीत स्मृति की प्रतिक्रिया

विचार से आपका क्या तात्पर्य है? आप विचार कब करते हैं? स्पष्टतः विचार किसी प्रतिक्रिया का परिणाम होता है, चाहे वह तंत्रिकीय प्रतिक्रिया हो या मनोवैज्ञानिक—है वह संगृहीत स्मृति की प्रतिक्रिया ही। किसी अनुभूति के प्रति तंत्रिकाओं में तत्काल प्रतिक्रिया होती है और संचित स्मृति मनोवैज्ञानिक प्रतिक्रिया करती है जो जाति, वर्ग, गुरु, परिवार, परंपरा आदि-आदि से प्रभावित रहती है—और आप इस सब को विचार कह देते हैं। इस प्रकार विचार-प्रक्रिया स्मृति की प्रतिक्रिया है, है न? यदि आपकी कोई स्मृति नहीं है तो विचार भी नहीं होंगे। किसी परिस्थिति के प्रति स्मृति की प्रतिक्रिया ही विचार-प्रक्रिया को गति प्रदान करती है।

— 3 —

विचारणा का उद्गम क्या है?

यह बात बिलकुल साफ है कि सारी विचारणा अतीत के प्रति होने वाली प्रतिक्रिया ही है—अतीत अर्थात स्मृति, ज्ञान, अनुभव। सारी विचारणा अतीत का परिणाम होती

है। अतीत अर्थात काल, बीता हुआ कल। बीता हुआ कल जो अतीत में अनंत छोर तक विस्तार पा गया है—उसी को काल मान लिया गया है, काल अतीत के रूप में, काल वर्तमान के रूप में, काल भविष्य के रूप में, काल को इन तीन खंडों में विभाजित कर दिया गया है लेकिन काल तो नदी की तरह है—प्रवाहमान। इसे इन खंडों में हमने बांटा है और विचार इन खंडों में अटकता-भटकता रहता है।

— 4 —

विचार के रूप में स्मृति का अपना स्थान है

हम यह नहीं कह रहे हैं कि विचार करना रोक देना चाहिए। विचार का एक निश्चित प्रयोजन है। विचार के बिना हम कार्यालय नहीं जा सकते, यह नहीं जान सकते कि हम कहां रहते हैं, इसके बिना हम कोई भी कार्यकलाप करने में समर्थ नहीं रह जाते।

परंतु यदि हमें संपूर्ण चेतना में, विचारणा के मूल ढांचे में आमूल परिवर्तन लाना है तो हमें यह बात भली-भांति समझ लेनी चाहिए कि अपने तमाम जंजाल से इस समाज का निर्माण करने वाले विचार द्वारा इसका समाधान किया जाना संभव नहीं है।

— 5 —

विचार सुरक्षा चाहता है

विचार का तो पूरा का पूरा सरोकार सुरक्षा से ही है और पुरातनवादी मानसिकता वाले लोग यही चाहते हैं—सुरक्षा और वह भी हरेक स्तर पर। मानव चेतना में संपूर्ण परिवर्तन लाने के लिये विचार एक स्तर पर अपना कार्यकलाप करे, परंतु अन्य स्तर पर नहीं। वह अपना कार्य एक स्तर पर अर्थात दिन-प्रतिदिन के भौतिक व तकनीकी स्तर पर तत्संबंधी जानकारी के साथ सहज व स्वाभाविक रूप से करे, परंतु उसे उस अन्य क्षेत्र में घुसपैठ नहीं करनी चाहिए, जहां उसके लिये वास्तव में कोई स्थान है ही नहीं। यदि मुझमें कोई विचार नहीं है तो मैं बोल भी

नहीं पाऊंगा। परंतु, मानव के तौर पर मेरे भीतर कोई आमूल परिवर्तन विचार के माध्यम से नहीं लाया जा सकता क्योंकि विचार तो द्वंद्व की स्थिति में ही कार्य करता है। वह केवल द्वंद्व को ही जन्म दे सकता है।

— 6 —

परिवर्तन क्यों?

मानव बीस लाख या इससे भी अधिक वर्ष बिता चुका है परंतु दुख की समस्या को नहीं सुलझा पाया है। वह सदैव दुखी ही रहता है। दुख उसकी छाया की तरह, उसके साथी की तरह उसके साथ बना रहता है। किसी को खो देने का दुख, अपनी इच्छाओं, अपने लोभ, अपनी शक्ति की पूर्ति न कर पाने का दुख, शारीरिक पीड़ा व मानसिक चिंता का दुख, अपराध बोध का दुख, आशा-निराशा का दुख, यह मनुष्य का—पूरी मानव जाति का—भाग्य बन गया है। और वह चेतना की परिधि के अंदर दुख को समाप्त करने की इस समस्या के समाधान हेतु सदैव प्रयासरत रहा है। दुख को अनदेखा करके, इससे पलायन करके, इसका दमन करके, स्वयं का अपने से किसी महान के साथ तादात्म्य करके, सुरासेवन करके, स्त्रीरमण करके, जीवन में व्याप्त चिंता, पीड़ा, हताशा, भारी अकेलेपन और ऊब से बचने के लिए कुछ भी करके। यह सब चेतन मन की परिधि में हो रहा है जो कि काल का परिणाम है।

— 7 —

विचार के माध्यम से दुख का अंत संभव नहीं

मानव ने सदैव दुख से छुटकारा पाने के लिए विचार को साधन के रूप में प्रयोग करने का यत्न किया है। सम्यक प्रयास द्वारा, सम्यक विचारणा द्वारा, नैतिक जीवन यापन द्वारा, इत्यादि। विचार-अभ्यास उसका पथ-प्रदर्शक बना रहा है। बुद्धि के साथ विचार और इसी प्रकार के अन्य अभ्यास। परंतु विचार तो काल का परिणाम है और काल, समय ही चेतना है। इस चेतना की परिधि के भीतर आप कुछ भी कर लें दुख का अवसान नहीं हो सकता। चाहे आप मंदिर जाएं या सुरासेवन

करें–बात एक ही है। अतः यदि सीखना हो पाए तो व्यक्ति देख पाता है कि विचार के माध्यम से आमूल परिवर्तन की कोई संभावना नहीं होती बल्कि दुख की निरंतरता बनी रहती है। यदि कोई यह देख पाए तो वह एक भिन्न आयाम में जा सकता है। मैं यहां देखना शब्द का प्रयोग बौद्धिक या शाब्दिक अर्थ में नहीं कर रहा हूं बल्कि इस तथ्य को पूरी तरह समझ लेने के रूप में प्रयोग कर रहा हूं। इस तथ्य को कि दुख को विचार के माध्यम से समाप्त नहीं किया जा सकता।

— 8 —

'जो है' उसके साथ जीना

तो क्या इसे बिना किसी विचार के देख पाना संभव है? इसका अर्थ यह नहीं कि आप तटस्थ व उदासीन हो जाएं बल्कि आप इसे ध्यानपूर्वक देखें। और यह देखना तभी संभव है जब आपका 'मैं' लेशमात्र भी इस देखने में हस्तक्षेप न कर रहा हो। जैसे यह एक तथ्य है कि मैं हिंसक हूं और हिंसक न होने के नासमझी भरे विचार को मैंने स्वयं से दूर कर दिया है क्योंकि यह बहुत बचकाना है, असंगत है और इसका कोई अर्थ नहीं है 'जो है' वही तथ्य है और वह तथ्य है कि मैं हिंसक हूं और मैं यह भी देखता हूं कि इस तथ्य से बचने के लिये संघर्ष करने में, इसमें बदलाव लाने में प्रयास की दरकार होगी पर सायास किये जाने वाला यह प्रयत्न हिंसा का ही तो एक हिस्सा होगा। तब भी मैं यह महसूस करता हूं कि हिंसा को संपूर्णतः परिवर्तित और रूपांतरित कर देना होगा, इसमें बुनियादी बदलाव लाना होगा।

तो यह सब हो कैसे? यदि आप यह सोचकर इसे एक तरफ कर देंगे कि यह विषय तो बहुत कठिन है तो आप जीवन की एक अनोखी स्थिति से वंचित रह जायेंगे, उस स्थिति से जिसमें जीवन बिना प्रयास चलता है, इसीलिए वह सर्वाधिक संवेदनशीलता की स्थिति होती है और सर्वोच्च प्रज्ञा की भी। यह उच्च प्रज्ञा ही है जो काल की सीमाओं और उसके आकार-प्रकार को पूरी तरह से देख सकती है और उसके पार जा सकती है। आप इस प्रसंग और समस्या को समझ रहे हैं न? अभी तक हम 'जो है' से पिंड छुड़ाने के लिये किसी आदर्श को एक माध्यम या लुभाव के रूप में प्रयुक्त करते आये हैं और इसी से विरोध, पाखंड, निर्दयता और बर्बरता उपजते रहे हैं। यदि हम आदर्श को एक तरफ रख दें तब

हमारे समक्ष केवल तथ्य रह जायेगा। तब हम देखेंगे कि इस तथ्य को परिवर्तित किया जाना चाहिए और यह परिवर्तन भी बिना किसी द्वंद्व या टकराव के होना चाहिए। कोई भी टकराव, संघर्ष, कोई भी आयास मन-मस्तिष्क की संवेदनशीलता को कुंद कर देता है।

तो कोई क्या करे? उसे जो करना है, वह है तथ्य को देखना। तथ्य का स्वरूप बदले बिना, उसका कोई अर्थ निकाले बिना। न तादात्म्य, न निंदा, न आकलन, बस उसे देखना।

— 9 —

अवलोकन की प्रकृति

मुझे बताया गया है कि जब किसी इलैक्ट्रान की माप-जोख किसी उपकरण द्वारा की जाती है तब वह एक तरह से व्यवहार करता है जिसे ग्राफ पर दर्शाया नहीं जा सकता। परंतु जब उसी इलैक्ट्रान का अवलोकन सूक्ष्मदर्शी यंत्र के माध्यम से किसी मानव नेत्र द्वारा किया जाता है तब मानव मन द्वारा किया गया वही अवलोकन उस इलैक्ट्रान के व्यवहार को बदल देता है। अर्थात मानव द्वारा किये जा रहे अवलोकन के दौरान इलैक्ट्रान अलग तरह से व्यवहार करने लगता है और यह व्यवहार उस व्यवहार से भिन्न होता है जब कि उसका अवलोकन मानव-मस्तिष्क द्वारा नहीं किया जा रहा था।

जब आप किसी तथ्य का मात्र अवलोकन करते हैं तब आप पायेंगे कि आपका व्यवहार भिन्न होता है जैसा कि इलैक्ट्रान का उसके अवलोकन के समय होता है। जब आप किसी तथ्य को बिना किसी दबाव के देखते हैं, तब उसके स्वरूप में संपूर्ण परिवर्तन आ जाता है, उसमें पूरा बदलाव आ जाता है और वह भी बिना किसी प्रयास के।

— 10 —

अकेलापन : केवल 'अहं' के कारागार में जीना

हममें अकेलेपन का दुख है। मैं नहीं जानता कि आप कभी अकेले हुए हैं या नहीं।

कभी आपको अचानक ऐसा लगा हो कि किसी से आपके संबंध हैं ही नहीं . .. यह अकेलापन मृत्यु का एक रूप है। जैसा मैंने कहा कि जीवन का अवसान ही मृत्यु नहीं है बल्कि जब कोई निदान न हो, बाहर निकलने का कोई मार्ग न हो, वह भी मृत्यु है और अपनी ही आत्मकेंद्रित गतिविधियों के कारागार में रहना, वहीं अनंततः रहना भी मृत्यु का ही एक रूप है। केवल देहावसान ही मृत्यु नहीं है, मृत्यु वह भी है जब आप अपने ही विचारों, अपने ही संताप, अपने ही अंधविश्वासों की गिरफ्त में रह रहे हों, अपनी ही नासमझी और आदतों के निर्जीव दैनंदिन ढर्रों में पड़े हों।

और इसका अंत कैसे हो यह भी हमें खोजना है... दुख का अंत संभव है।

— 11 —
सजगता

अतः मैं सोचता हूं कि हमारी जिज्ञासा, खोज अपनी तात्कालिक समस्याओं के निराकरण के लिये ही न होकर यह जानने के लिये हो कि क्या हम अपने मन को, चेतन मन को भी और उस गहन अचेतन मन को भी जो तमाम परंपराओं, स्मृतियों और वंशानुगत प्राप्त जातीय ज्ञान से भरा हुआ है, इस सबको क्या हम दरकिनार कर सकते हैं। मैं समझता हूं कि यह तभी हो सकता है जब मन सजग होने में सक्षम हो। किसी भी चाहत, किसी भी दबाव की अनुभूति के बिना केवल सजग रहने में सक्षम हो। इस प्रकार की सजगता में रहना कोई आसान काम नहीं है क्योंकि हम तो तात्कालिक समस्याओं और उनके तत्काल समाधानों में ही उलझे रहते हैं। और इसीलिए हमारा जीवन बहुत छिछला बना रहता है।

— 12 —
सम्यक विचारणा और सजगता

सम्यक विचार और सम्यक विचारणा दो भिन्न स्थितियां हैं। सम्यक विचार, सही विचार तो किसी चले आ रहे ढर्रे और ढंग की अविरोध अनुवृत्ति है। सम्यक विचार स्थैतिक है, गतिहीन है और इसमें चयन का संघर्ष सदैव बना रहता है,

जब कि सम्यक विचारणा अथवा तथ्यनिष्ठ रूप से सोचना खोज की प्रक्रिया है। यह सीखी नहीं जा सकती। इसका अभ्यास नहीं किया जा सकता। यह तो स्वबोध में पल-प्रतिपल चलना है। आत्म परिचय की यह प्रक्रिया संबंधों की सजगता में विद्यमान रहती है...

सम्यक विचारणा तभी आ सकती है, सही सोच पाना तभी संभव है, जब अपने प्रत्येक विचार और भाव के प्रति हममें सजगता बनी रहे। विचारों और भावों के किसी वर्ग विशेष के प्रति नहीं अपितु समस्त विचारों और भावों के प्रति सजगता।

– 13 –

विचार कभी स्वतंत्र नहीं हो सकता

अतः हमको यह स्पष्टतः समझ लेना चाहिए कि हमारे विचार स्मृति का प्रत्युत्तर होते हैं और स्मृति यंत्रवत् होती है। ज्ञान सदैव अपूर्ण रहता है और इसीलिए इससे उपजी सारी विचारणा सीमित व आंशिक रहती है, कभी स्वतंत्र नहीं होती। अतः विचार की कोई स्वतंत्रता नहीं होती। परंतु हम ऐसी स्वतंत्रता का अन्वेषण आरंभ कर सकते हैं जो विचार की प्रक्रिया न हो और जिसमें मन अपने समस्त द्वंद्वों और अतिक्रमण कर रहे समस्त प्रभावों के प्रति केवल सजग रहे।

अंतर्दृष्टि, प्रज्ञा एवं जीवन में क्रांति

— 1 —
बौद्धिकता प्रज्ञा नहीं होती

बौद्धिकता को दिया गया प्रशिक्षण उसे प्रज्ञा नहीं बना देता। बल्कि प्रज्ञा तब आती है जब व्यक्ति परिपूर्ण सामंजस्य में जीता है—बौद्धिक और भावनात्मक दोनों रूप से। बौद्धिकता और प्रज्ञा में बड़ा अंतर है। बौद्धिकता तो भावनात्मकता से पृथक केवल विचार का कार्यकलाप है। भावना की उपेक्षा करके बौद्धिकता को किसी दिशा विशेष के लिये प्रशिक्षित किये जाने पर किसी के पास अत्यधिक बुद्धि तो आ सकती है परंतु प्रज्ञा नहीं, क्योंकि प्रज्ञा में अनुभूति की क्षमता और बौद्धिक-तार्किक क्षमता दोनों अंतर्निहित होती हैं, उसमें ये दोनों क्षमताएं प्रबलतः, सामंजस्यपूर्ण ढंग से व समान रूप से विद्यमान रहती हैं।

अब आधुनिक शिक्षा बुद्धि का विकास कर रही है, जीवन की अनेकानेक व्याख्याएं, अधिकाधिक मत-सिद्धांत प्रस्तुत कर रही है, परंतु इस सब में प्रेम का

सामंजस्यमूलक गुण नदारद है। इसलिए हमने द्वंद्व से बचने के लिये चालाक मन बना लिये हैं और इस तरह, वैज्ञानिकों व दार्शनिकों द्वारा दी गई व्याख्याओं से स्वयं को संतुष्ट कर लिया है। यह मन, यह बुद्धि इन असंख्य व्याख्याओं से संतुष्ट है परंतु प्रज्ञा संतुष्ट नहीं है, क्योंकि समझ के लिए आवश्यक है कि कार्य-व्यवहार के दौरान मन और हृदय पूर्णतया एकाकार रहें ...

जब तक संपूर्ण जीवन को हम वास्तव में बुद्धि मात्र के बजाय प्रज्ञा से नहीं देखेंगे तब तक संसार की कोई भी पद्धति-प्रणाली मानव को सिर्फ रोटी के लिये कोल्हू का बैल बने रहने से बचा नहीं सकती।

— 2 —

प्रज्ञा से और जागरूकता से समस्याओं का अवसान हो सकता है

यह स्पष्ट है कि सारा सोच सापेक्ष है। स्वतंत्र सोच जैसी कोई चीज़ नहीं होती। सोचना कभी स्वतंत्र नहीं हो सकता। यह वातावरण के अनुसार हमारे ढल जाने, हमारी पृष्ठभूमि, हमारी संस्कृति, जलवायु, हमारी सामाजिक, आर्थिक और राजनीतिक पृष्ठभूमि की उपज होता है। वे पुस्तकें जो आपने पढ़ी हैं, वे आचरण जिन पर आप चले हैं आपकी पृष्ठभूमि के आधार हैं और आपका प्रत्येक सोच इसी पृष्ठभूमि का परिणाम होती है। तो यदि हम सजग हो जाएं और तत्काल यह भी समझ लें कि इस सजग होने का अभिप्राय क्या है, अर्थ क्या है—तो शायद हम मन को पूर्वप्रभावों से मुक्त कर सकते हैं और वह भी इसकी इच्छा या संकल्प के प्रपंच में पड़े बिना। क्योंकि जिस पल आप यह संकल्प लेंगे तभी एक सत्ता अस्तित्व में आ जाएगी और कहेगी ''मुझे अपने मन को पूर्वप्रभावों से मुक्त करना चाहिये।'' और यह सत्ता कुछ परिणाम पा लेने की हमारी इच्छा की ही उपज होती है। इस प्रकार एक द्वंद्व तो पहले ही बीच में आ कूदता है। तो अपने पूर्वप्रभावों के प्रति सजग हो जाना, केवल सजग हो जाना क्या संभव है? जिसमें किसी प्रकार का कोई द्वंद्व न हो। यही सजगता, यदि इसे आने दिया जाए, संभवतः समस्याओं को ध्वस्त कर सके।

जब मस्तिष्क शांत हो तब आती है समझ

आप कब समझ पाते हैं, समझ कब आती है? मैं नहीं जानता कि आप लोगों ने इस पर कभी ध्यान दिया है या नहीं कि समझ तभी आती है जब मन बहुत शांत होता है चाहे वह पल भर के लिए ही हो। जब विचारों का कोलाहल न हो, तब समझ की कौंध होती है। तनिक यह प्रयोग करके देखें और आप स्वयं पाएंगे कि जब मन एकदम निश्चल हो, जब उसमें विचारों की विद्यमानता न हो, उनके कोलाहल से मन बोझिल न हो, तब समझ की एक दमक, अंतर्दृष्टि की एक असाधारण द्रुतगति आपको अनुभूत होगी। इस प्रकार किसी के भी बारे में समझ, चाहे वह आधुनिक चित्रकला के बारे में हो, किसी बालक, अपनी पत्नी, अपने पड़ोसी के बारे में हो या प्रत्येक वस्तु में विद्यमान सत्य के बारे में हो, यह समझ तभी आ सकती है जब मन बिल्कुल शांत हो। परंतु मन की इस मौन, निश्चलता का संवर्धन नहीं किया जा सकता क्योंकि यदि आप निश्चल मन को संवर्धित करेंगे, तब वह संवर्धित मन निश्चल मन नहीं होगा, वह तो मृत मन होगा।

जिन लोगों ने इस सब पर प्रयोग किये हैं उन लोगों को यह बात पर्याप्त स्पष्ट हो गयी है कि समझ के लिये एक शांत मन, एक निश्चल मन अनिवार्य है। जिस चीज़ में आप जितनी अधिक रुचि लेते हैं, उतनी ही अधिक उसे समझ लेने की आपकी दत्तचित्तता बढ़ती जाती है, मन उतना ही सरल, स्पष्ट और मुक्त होता जाता है। तब शब्दों का कोलाहल थम जाता है। आखिर विचार शब्द ही तो हैं और यह शब्द ही है जो हस्तक्षेप करता है। स्मृति रूप में यह शब्द-पट ही है जो किसी चुनौती और उसके प्रत्युत्तर में की जा रही क्रिया के बीच आ कूदता है। यह शब्द ही है जो चुनौती का प्रत्युत्तर देता है जिसे हम बौद्धिक-प्रक्रिया कहते हैं। इस प्रकार वह मन जो अनर्गल प्रलाप कर रहा है, जो शब्दों का कोलाहल कर रहा है, वह सत्य को नहीं समझ सकता, सैद्धांतिक सत्य नहीं बल्कि संबंधों के सत्य को। सैद्धांतिक सत्य जैसी कोई चीज़ नहीं होती। सत्य तो अत्यंत सूक्ष्म होता है, उसकी यह सूक्ष्मता ही है जिसका अनुसरण कठिन है। यह सैद्धांतिक नहीं है। यह इतनी द्रुत गति से, इतने गुपचुप तरीके से आता है कि मन इसे पकड़ नहीं पाता। रात में किसी चोर की तरह यह चुपके से आता है न कि तब, जब आप इसका स्वागत करने को तैयार बैठे हों। आपके द्वारा किया जाने वाला स्वागत तो केवल लोभमय निमंत्रण है।

तो वह मन जो शब्दजंजाल में उलझा हुआ हो, सत्य को नहीं समझ सकता।

विश्लेषण प्रज्ञा को अपंग बना देता है।

सबसे पहले तो मुझे लगता है यह पता लगाया जाए कि आप एक खास तरीके से क्यों सोच रहे हैं और एक खास ढंग से क्यों महसूस कर रहे हैं। उसे बदलने का प्रयास मत करें, अपने विचारों और भावों का विश्लेषण करने का प्रयास भी न करें, केवल सजग हों कि क्यों तो आप एक विशेष ढर्रे में सोचते हैं और कोई भी कार्य किस प्रयोजन से करते हैं। यद्यपि विश्लेषण करके आप प्रयोजन ढूंढ़ सकते हैं परंतु वह वास्तविक प्रयोजन नहीं होगा। वास्तविक प्रयोजन का तभी पता चलेगा जब किसी विचार या भावना के चलते आप अत्यंत सजग बने रहें। तब आप उनकी असाधारण सूक्ष्मता, उनकी असाधारण सुकुमारता को देख पाएंगे। जब तक आपमें 'यह करना चाहिए' और 'यह नहीं करना चाहिए' की धारणा विद्यमान है, तब तक इस बाध्यता के कारण आप विचारों और भावनाओं के उस द्रुत आवागमन को जान नहीं सकते। और निश्चित ही आपका लालन-पालन इसे 'करना चाहिए' और 'नहीं करना चाहिए' की शिक्षा-दीक्षा में हुआ है। इसीलिए आपने विचार और भावना का गला घोंट दिया है। रीति-रिवाजों, तौर-तरीकों और अपने गुरुओं द्वारा आप बेड़ियों में जकड़ दिये गये हैं, पंगु बना दिये गये हैं। इसलिए इन तमाम 'करना चाहिए' और 'नहीं करना चाहिए' के सारे बखेड़ों को बिदा कर दें। इसका अर्थ यह नहीं है कि आप में स्वेच्छाचारिता आ जाए, बल्कि ज़रूरी यह है कि उस मन के प्रति सजगता रहे जो कहता रहता है कि ''मुझे यह करना चाहिए'', ''मुझे यह नहीं करना चाहिए''। तब प्रज्ञा का प्रस्फुटन ऐसे होता है जैसे प्रभात की बेला में फूल खिल जाता है, तब प्रज्ञा विराजित होकर अपना कार्य करती है, सूझबूझ विकसित करती जाती है।

— 5 —

अहं से मुक्ति

मन को इसके समस्त पूर्वप्रभावों से मुक्त करने के लिये आप निर्विचार होकर इसे संपूर्णतः देखिए। यह कोई पहेली नहीं है। इसे आप प्रयोग रूप में करके ही जान पाएंगे। क्या आप किसी भी चीज़ को बिना किसी विचार के कभी देख पाते हैं?

प्रतिक्रिया करने की इस सारी प्रक्रिया को बीच में लाये बिना क्या आपने कुछ सुना या देखा है। आप कहेंगे कि निर्विचार होकर देखना असंभव है, आप यह भी कहेंगे कि कोई भी मन पूर्वप्रभावों से, संस्कारों से ग्रस्त हुए बिना नहीं रह सकता। जब आप ऐसा कहते हैं तब आप विचार द्वारा स्वयं को पहले ही अवरुद्ध कर चुके होते हैं, क्योंकि तथ्य यह है कि आप जानते ही नहीं।

तो क्या मैं यह देख सकता हूं, क्या मन अपने पूर्वप्रभावों के प्रति भिज्ञ हो सकता है? मेरे विचार से ऐसा हो सकता है। कृपया इस पर प्रयोग करके देखें। इसे सही या गलत ठहराए बिना कि आप एक हिंदू हैं या एक समाजवादी हैं, कम्यूनिस्ट हैं, यह या वह हैं—क्या आप इसके प्रति केवल सजग हो सकते हैं? चूंकि मात्र देखना इतना कठिन कार्य है कि हम कह देते हैं कि यह असंभव है। मेरा यह कहना है कि जब आप बिना किसी प्रतिक्रिया के अपने अस्तित्व की संपूर्णता को देखते हैं, केवल तभी आपके पूर्वप्रभावों का, संस्कारबद्धता का विलय होता है, पूरी तरह और गहराई तक, और वास्तव में यही है अहं से मुक्ति।

— 6 —

आत्म परिचय का अभाव ही अज्ञान है

अपने अहं की गतिविधियों से अनभिज्ञ होना ही अज्ञान है। यह अज्ञान सतही कार्यकलापों और सुधारों से दूर नहीं किया जा सकता। इसे तो अपने सभी संबंधों में अहं की गतिविधियों और प्रतिक्रियाओं के प्रति अनवरत सजगता द्वारा ही दूर किया जा सकता है।

यह बात समझ लेने की है कि हम अपने परिवेश द्वारा न केवल संस्कारबद्ध किये जाते हैं अपितु हम ही परिवेश हैं। हम इससे पृथक कुछ और चीज़ नहीं हैं। जिस समाज के हम अंश है उस समाज द्वारा हम पर थोपे गये मूल्यों से हमारे विचार और हमारे प्रत्युत्तर प्रभावित होते हैं।

स्व और अन्य के बीच विभाजन को देखकर हमारे मन-मस्तिष्क ने एक गलत मोड़ ले लिया

स्वयं में विद्यमान उन विभिन्न स्वरूपों, अनगिनत वजूदों के चलते, जो 'मैं' के, इस अहं के, इस स्व के चारों ओर मंडराते रहते हैं, हम कभी यह देख ही नहीं पाते कि यह सारा वातावरण हम ही तो हैं। यह अहं इन्हीं स्वरूपों से बना है और ये विभिन्न स्वरूप हमारी इच्छाएं ही हैं। इच्छाओं के इस गुच्छे से ही केंद्रीभूत रूपाकृति का, इस विचारकर्ता का, 'मैं' और 'मेरे' की एषणा का उद्गम होता है और इस प्रकार अहं और दूसरे के बीच, 'मैं' और परिवेश अथवा समाज के बीच एक विभाजन खड़ा हो जाता है। यह पृथकता ही द्वंद्व का प्रथम चरण है—आंतरिक द्वंद्व का भी और बाह्य द्वंद्व का भी।

चेतन और प्रच्छन्न यानी अचेतन दोनों की संपूर्ण प्रक्रिया के प्रति सजग रहना। यही ध्यान है, और इसी ध्यान के माध्यम से अहं और उसकी इच्छाओं व द्वंद्वों से ऊपर उठना हो पाता है। अहं को शरण देने वाले प्रभावों और मान्यताओं से यदि कोई मुक्त होना चाहता है तो स्वबोध, स्वयं को जानना अत्यावश्यक है, और इस मुक्ति में ही आता है सर्जन, सत्य, ईश्वर या आप उसे जो भी नाम दें।

सुकोमल आयु से ही परंपरा और दूसरों के मत-अभिमत हमारे विचारों और भावनाओं को ढालते रहते हैं। उनके तात्कालिक प्रभाव और उनके संस्कार बहुत सशक्त और दीर्घकालीन होते हैं और ये ही हमारे सचेतन और अचेतन जीवन का दिशा-निर्देशन करते हैं। शिक्षा व समाज के प्रभाव द्वारा अनुसरण बचपन से ही शुरू हो जाता है।

अनुकरण की इच्छा हमारे जीवन में सतही स्तर पर ही नहीं बल्कि गहराई तक भी एक प्रबल कारक बनी रहती है। हमारे अंदर शायद ही कोई स्वतंत्र विचार या भाव रहता हो। यदि कभी कोई आता भी है तो वह प्रतिक्रिया मात्र होता है, और इसीलिये वह स्थापित प्रतिमान से मुक्त नहीं हो पाता क्योंकि प्रतिक्रिया में कभी स्वतंत्रता नहीं होती ...

जब हम आंतरिक रूप से आत्म-निर्भर नहीं रहते तब परंपराएं हम पर अत्यधिक हावी रहती हैं, और परंपरागत लीक पर चलने वाला कभी कुछ नया नहीं सीख सकता। अंधानुकरण करते-करते हम एक घटिया दर्जे के नकलची या एक क्रूर सामाजिक यंत्र-चक्र का दांता मात्र रह जाते हैं। जो हम सोचते हैं वह महत्त्वपूर्ण है, न कि वह जो दूसरे हमसे सोचवाना चाहते हैं। जब हम परंपराओं

का अनुसरण करते हैं तब हम शीघ्र ही उनकी अपेक्षाओं के अनुरूप बन जाते हैं।

उनकी अपेक्षाओं का यह अनुसरण भय को जन्म देता है और भय रचनात्मक विचारणा का गला घोंट देता है। भय मन-मस्तिष्क को कुंद कर देता है जिससे हम जीवन के समग्र महत्त्व के प्रति सचेत नहीं रह पाते। हम अपने दुखों के प्रति, पक्षियों की गतिविधियों के प्रति, दूसरों के दुख और मुस्कान के प्रति असंवेदनशील हो जाते हैं।

– 8 –

ज्ञान, समझ और प्रज्ञा

ज्ञान की तुलना प्रज्ञा से नहीं की जा सकती। जानकारी समझ, सूझ-बूझ नहीं है। समझ विक्रय की चीज़ नहीं होती। यह कोई ऐसी खरीद-फरोख्त की वस्तु नहीं है जो सीखने या अनुशासन के विनिमय से खरीदी जा सके। समझ, बुद्धिमत्ता ग्रंथों में नहीं ढूंढी जा सकती। न तो इसका संचय किया जा सकता है, न इसे रटा जा सकता है और न ही इसका भंडारण किया जा सकता है। इसका आगमन तो अहं के, स्व के निषेध से होता है। ज्ञान प्राप्त कर लेने की अपेक्षा अपने पास एक मुक्त मन का होना अधिक महत्त्वपूर्ण होता है। तमाम जानकारियों को अपने में भर लेने से हमें मुक्त मन नहीं मिल सकता। वह तो अपने ही विचारों और भावों के प्रति सजग रहने से, स्वयं का और स्वयं पर पड़ रहे प्रभावों का सावधानीपूर्वक अवलोकन करने से, दूसरों को सुनने से, धनवान और निर्धन को, सशक्त व अशक्त को ध्यानपूर्वक देखने से मिलता है। समझ भय अथवा दमन से नहीं आती बल्कि मानवीय संबंधों में दिन-प्रतिदिन की घटनाओं का सचेत अवलोकन करने और उनके बोध से आती है ....

प्रज्ञा बौद्धिकता से कहीं अधिक विराट होती है क्योंकि इसमें विवेक और प्रेम का समन्वय रहता है। परंतु प्रज्ञा आती तभी है जब हमें स्वबोध हो, अपने भीतर की तमाम गतिविधियों की गहरी समझ हो... यह निहायत ज़रूरी है कि हम अपने व्यक्तिगत और समूहगत पूर्वप्रभावों और उनकी प्रतिक्रियाओं से पूर्ण परिचित हों। कोई स्व से केवल तभी पार जा सकता है जब वह इसकी गतिविधियों के प्रति, इसकी विरोधाभासी इच्छाओं और भाग-दौड़, इसकी अपेक्षाओं और भय के प्रति पूरी तरह सजग हो। केवल प्रेम और सम्यक विचारणा ही हममें वास्तविक क्रांति, आंतरिक क्रांति ला सकते हैं।

पलायन, मनोरंजन, विलास

— 1 —

तकनीक दे रही है फुरसत ही फुरसत

स्वचालित यंत्रों के माध्यम से, संचार क्रांति व कम्प्यूटर इत्यादि के माध्यम से मनुष्य को अधिकाधिक फुरसत मिलती जा रही है। इस फुरसत को वह या तो मनोरंजन में, धार्मिक मनोरंजन में, या आमोद-प्रमोद के विभिन्न साधनों से प्राप्त मनोरंजन में या आदमी और आदमी के बीच संबंधों को बिगाड़ने में व्यतीत कर रहा है, या फुरसत पाकर वह अपने भीतर सिमटता जा रहा है। इसमें केवल यही तीन संभावनाएं बन रही हैं। तकनीक द्वारा वह चांद पर पहुंच सकता है परंतु इससे मानवीय समस्याओं का समाधान नहीं हो सकता। न ही इस फुरसत को धार्मिक या अन्य प्रकार मनोरंजन में बिताने से यह समाधान संभव हो सकेगा। गिरजाघर या मंदिर जाना, मान्यताओं और धर्म-सिद्धांतों में समय बिताना, पवित्र ग्रंथ पढ़ना—वास्तव में ये सब एक प्रकार के मन बहलाव ही हैं। या, कोई स्वयं में

गहरा उतर जाता है और उस प्रत्येक मूल्य पर प्रश्न करता है जो मनुष्य ने शताब्दियों से स्थापित कर रखे हैं और यह पता लगाने का प्रयास करता है कि यह मस्तिष्क की उपज के अलावा क्या कुछ और भी है। पूरे विश्व में लोगों की बहुत सी मंडलियां हैं जो भिन्न-भिन्न प्रकार के नशे करके, समाज के किसी भी प्रकार के कार्यकलाप को नकार के, स्थापित व्यवस्था के विरुद्ध विद्रोह कर रही हैं।

ऐसा नहीं है कि मैंने किसी नशीले पदार्थ का सेवन करके देखा है क्योंकि मेरे लिये किसी भी प्रकार का कोई भी नशा, जैसे किसी वक्ता को सुनना और उससे उद्दीप्त हो जाना या मदिरा सेवन करना या यौनाचार या ड्रग का सहारा लेना या लोगों की भीड़ में जाना और एक प्रकार की भावनात्मक उत्तेजना पाना—ये सब नितांत अहितकर हैं क्योंकि किसी भी प्रकार का उद्दीपक चाहे वह कितना भी सूक्ष्म क्यों न हो, वह मन को मंद ही बनाता है क्योंकि मन उस उद्दीपक पर निर्भर करने लगता है। उद्दीपक एक प्रकार की लत डाल देता है, जिससे मन कुंद हो जाता है।

— 2 —

पलायन आत्म-विस्मरण की लालसा है

हमारे सभी द्वंद्व, हमारी सभी आकांक्षाएं बहुत छोटी, बहुत क्षुद्र होती हैं। इसीलिए हम अन्य किसी न किसी चीज़ के साथ अपना तादात्म्य स्थापित कर लेना चाहते हैं। वह चीज़ या तो ईश्वर होती है, नहीं तो वह राज्य, सरकार, जो लोग शासन चलाते हैं वे, समाज—इनमें से कुछ भी हो सकती है। कुछ और नहीं तो वह कोई काल्पनिक आदर्शवाद हो सकती है, कोई ऐसी चीज़ जो कहीं बहुत दूर हो, एक अनोखा समाज बनाने की योजना। और इसको बनाने के लिए आप व्यापक जन-संहार कर देते हैं परंतु आपके लिए वास्तव में इसका कोई अर्थ नहीं होता। आप का यदि इनमें से किसी में विश्वास नहीं है तो आप अपना जीवन मज़े में काटना चाहेंगे और भौतिक सुखों में स्वयं को भुला देंगे। ऐसे व्यक्ति को भौतिकवादी कहा जाता है और जो स्वयं को आध्यात्मिक संसार में भुला देता है उसे आध्यात्मिक कहा जाता है। दोनों के आशय एक समान हैं—एक सिनेमा में बैठकर स्वयं को भुला रहा है तो दूसरा ग्रंथों में, कर्मकांड में, किसी नदी तट

पर ध्यानमग्न बैठकर, संन्यास में कोई भार-बंधन न रखते हुए, किसी कर्म में स्वयं को खोकर, किसी की पूजा में स्वयं को खोकर। तो इन सबमें स्वयं को खो देने की लालसा रहती है क्योंकि व्यक्ति स्वयं को बहुत क्षुद्र समझता है। छुटपन में आप स्वयं को क्षुद्र नहीं समझते, परंतु जैसे-जैसे आप बड़े होते जाते हैं तो आपको लगने लगता है कि आपका स्वयं में कोई सार नहीं है, कोई मूल्य नहीं है, यह तो बस एक छाया की तरह है जिसका अपना कोई गुण नहीं है, यह तो संघर्षों, पीड़ाओं और दुखों से ओतप्रोत है बस। इसीलिए आप इससे शीघ्र ऊब जाते हैं और स्वयं को भुलाने के लिए किसी के पीछे चल पड़ते हैं। हम सब यही तो कर रहे हैं। धनी व्यक्ति स्वयं को नाइट क्लबों में, आमोद-प्रमोद में, कारों में, या सैर-सपाटे में भुला देना चाहता है। चतुर लोग भी स्वयं को भुलाना चाहते हैं और इसीलिए वे कुछ नया गढ़ने लगते हैं—कोई विशेष विश्वास। मंदबुद्धि लोग भी स्वयं को भुलाना चाहते हैं और इसीलिए वे अन्य लोगों के अनुयायी बन जाते हैं, उनके कुछ गुरु बन जाते हैं जो उन्हें बताते हैं कि उन्हें क्या करना है। महत्त्वाकांक्षी लोग भी कुछ न कुछ करके स्वयं को भुलाना चाहते हैं। इस प्रकार हम जैसे-जैसे बड़े होते हैं, वयस्क होते जाते हैं, हम स्वयं को भुलाना चाहते हैं और इसलिए हम किसी ऐसी विशालतर चीज़ की तलाश में लग जाते हैं जिसके साथ स्वयं का तादात्म्य कर सकें।

— 3 —

'जो है' से पलायन दासता का कारक होता है

सामूहिक रूप से पलायन करना सुरक्षा का ज़बरदस्त तरीका होता है। 'जो है' उसका सामना करने में हम तत्संबंधी कुछ कर सकते हैं, परंतु उससे पलायन निश्चित रूप से हमें जड़मति और कुंद बना देता है, संवेग और विभ्रम का दास बना देता है।

निर्भरता हमारे जीवन की रिक्तता की प्रतीक है

यह संवेग-संवेदन की लालसा ही है जो हमें संगीत-पाश में बांधती है, सौंदर्य का स्वामित्व चाहती है, बाह्य रूप-आकार पर निर्भरता हमारे भीतरी स्वरूप की रिक्तता की प्रतीक है जिसे हम संगीत, कला या सुविचारित मौन से भरते हैं। चूंकि हममें 'जो है' अर्थात 'जो हम हैं' से एक सतत भय बना रहता है, अतः इस अविचल रिक्तता को हम संवेग से भरते या ढंकते रहते हैं। संवेग का आरंभ एक अंत तक पहुंचने के लिये होता है, उसकी पुनरावृत्ति की जा सकती है, उसका विस्तार किया जा सकता है परंतु अनुभूति समय की सीमा में नहीं होती। अनुभूत करना आवश्यक है परंतु यह संवेग की, संवेदन की ललक में भुला दिया जाता है। संवेग सीमित होते हैं, व्यक्तिगत होते हैं, ये द्वंद्व और दुख के कारण बन जाते हैं। अनुभूति किसी अनुभव की पुनरावृत्ति से भिन्न होती है और यह निरंतर नहीं होती। केवल अनुभूति में ही नवीकरण हो पाता है, परिवर्तन हो पाता है।

यौनाचार क्यों एक विश्वव्याप्त पलायन बन गया है?

ऐसा क्यों है कि यौनाचार हमारे जीवन में इतनी समस्या बन बैठा है? आइए बिना किसी प्रतिबंध के, बिना व्यग्रता, भय और निंदा के इसे जानने का प्रयत्न करें। यह एक समस्या क्यों बन गया है? निश्चय ही आपमें से अधिकांश के लिये यह एक समस्या ही है। क्यों? शायद आपने कभी स्वयं से यह प्रश्न नहीं किया है कि यह एक समस्या क्यों है। आइए इसे जानने का प्रयास करें।

यौनाचार इसलिये एक समस्या बन गया है क्योंकि ऐसा प्रतीत होता है कि इसमें अहं का सर्वथा अभाव हो जाता है, उस पल आप सुखमय हो जाते हैं क्योंकि तब स्व-चेतना अर्थात अहं रह नहीं पाता। स्वाभाविक है कि वे पल महत्त्वपूर्ण हो उठते हैं और उनकी चाहत भी—और अधिक अहं की अनुपस्थिति जिसमें पूरा सुख है, जिसमें न अतीत होता है न भविष्य, पूर्ण विलय और एकत्व के कारण यह चाहत बढ़ती जाती है, ऐसा ही है न? चूंकि इसमें ऐसा कुछ होता है जो मुझे विशुद्ध आनंद देता है जिसमें मैं स्वयं को भूल जाता हूं और इसीलिए

मैं इसे और और चाहता हूं। तो मैं इसे और अधिक क्यों चाहता हूं? क्योंकि इसके अतिरिक्त अन्यत्र सर्वत्र मैं द्वंद्वग्रस्त रहता हूं। जीवन के प्रत्येक स्तर पर अहं की सशक्तता बनी रहती है, आर्थिक, सामाजिक, धार्मिक सभी क्षेत्रों में अहं-चेतना निरंतर प्रबल होती जाती है और यही है द्वंद्व।

आपमें अहं-चेतना तभी तो आती है जब आप द्वंद्व की अवस्था में होते हैं। अहं-चेतना स्वभावतः द्वंद्व का ही परिणाम होती है इसलिए अन्यत्र सर्वत्र हम द्वंद्व में रहते हैं। वस्तु, व्यक्ति और विचारों के साथ हमारे सभी संबंधों में द्वंद्व रहता है, पीड़ा, संघर्ष और क्लेश रहता है, लेकिन इस एक क्रिया में इन सभी पर विराम लग जाता है। स्वाभाविक है कि आप इसे अधिक और अधिक चाहेंगे क्योंकि यह आपको सुख देती है, जबकि अन्य सभी कुछ आपको क्लेश, विक्षोभ, द्वंद्व, उलझन, वैरभाव, युद्ध और विध्वंस की ओर ले जाता है, इसीलिए यौनाचार इतना अभिप्रेत, इतना महत्त्वपूर्ण हो गया है। तो समस्या यौनाचार नहीं है बल्कि हम इस स्व से मुक्त कैसे हों, यह है। यदि आपने पल भर के लिए या दिनभर के लिए भी उस अवस्था में होने की अनुभूति कर ली है जिसमें अहं न हो तो फिर आप जो चाहे कर सकते हैं, परंतु जहां अहं होगा वहां द्वंद्व, दुख, कलह तो रहेंगे ही। इसलिए अहं-विमुक्त अवस्था की चाहत बनी रहती है। परंतु मूल समस्या है द्वंद्व की व्याप्तता और अहं को, स्व को नकारने की सूझबूझ। आप प्रसन्नता चाहते हैं, वह अवस्था चाहते हैं जिसमें अहं अपने तमाम द्वंद्वों सहित तिरोहित हो जाये जैसी अवस्था में आप कुछ पलों के लिये उस दौरान पहुंच गये थे, अथवा आप स्वयं को अनुशासनबद्ध कर लेते हैं, स्वयं से जूझने लगते हैं, स्वयं पर नियंत्रण करने लगते हैं, यहां तक कि आत्मदमन द्वारा स्वयं को बरबाद कर लेते हैं, जिसका अर्थ हुआ कि आप द्वंद्व से मुक्ति चाहते हैं क्योंकि द्वंद्व के अवसान के बाद ही आनंद का आगमन होता है। यदि द्वंद्व से मुक्त हो जाएं तो जीवन के प्रत्येक स्तर पर खुशी ही खुशी है।

— 6 —

सुख-विलास में बुरा क्या है?

तो... सुख, आनंद क्यों न लिया जाए? आप एक सुंदर सूर्यास्त देखते हैं, कोई मनोहर वृक्ष देखते हैं, एक चौड़ी नदी या एक सुंदर चेहरा देखते हैं और यह देखना

आपको सुहाता है, आपको खुशी देता है। इसमें बुरा क्या है? मुझे लगता है कि उलझाव और संताप तब शुरू होते हैं जब वह चेहरा, वह नदी, वह बादल, वह पर्वत स्मृति में बस जाते हैं और यह स्मृति तब उस सुख की लंबी निरंतरता की मांग करने लगती है, तब हम उस सब की पुनरावृत्ति चाहने लगते हैं। हम सब यह जानते हैं। मैंने कोई सुख उठाया हो या आपको किसी चीज़ से हर्ष की अनुभूति हुई हो तो हम उसे बार-बार पाना चाहते हैं। चाहे वह यौनाचार हो, कोई कलात्मक या बौद्धिक उपलब्धि हो या इन सबसे अलग कुछ और हो, हम उसे बार-बार पाना चाहते हैं, और मैं समझता हूं कि यहीं से वह सुख-विलास मन को कलुषित करना आरंभ कर देता है और ऐसे मूल्यों की रचना करने लगता है जो झूठे और अवास्तविक होते हैं।

महत्त्वपूर्ण है उस सुख-विलास को समझना, न कि उससे पीछा छुड़ाना—ऐसा करना तो एकदम मूर्खता है। सुख-विलास से कोई भी बच नहीं सकता परंतु अत्यावश्यक है इस सुख की प्रकृति और संरचना को समझना क्योंकि जीवन यदि केवल सुख-विलास रहता है और हम उसी को चाहते रहते हैं तो इस सुख के साथ-साथ क्लेश, भ्रम, भ्रांति, हमारे ही द्वारा गढ़े गये झूठे और अवास्तविक मूल्य—ये सब भी चले आते हैं और इसीलिए जीवन में स्पष्टता नहीं रह जाती।

— 7 —

जब सुख की पूर्ति न हो

क्या आप अहं-संपन्नता, आत्मपूर्ति के सुख को समझते हैं, कुछ बनने का सुख, लेखक, चित्रकार या महान व्यक्ति के रूप में विश्व में मान्यता प्राप्त करने का सुख—इन सुखों को आप समझते हैं? उच्च-अधिकार प्राप्ति का सुख, धन-धान्य त्यागने का व्रत लेने का सुख, अनेकानेक चीज़ों को अनुभव करने का सुख—क्या आप इन सुखों को समझते हैं और क्या आप यह भी देख पाते हैं कि जब ऐसा सुख प्राप्त नहीं हो पाता है तब कैसी खिन्नता, कड़वाहट, चिड़चिड़ाहट शुरू हो जाती है? तो शारीरिक स्तर पर ही नहीं बल्कि मानसिक स्तर पर भी इस सबके प्रति सजग-सचेत रहने की आवश्यकता है, और तभी यह प्रश्न मन में उठने लगता है : सुख-विलास के संबंध में इच्छा की क्या भूमिका है?

सुख-विलास क्या अकेलेपन से पलायन है?

रिक्तता दो प्रकार की होती है। एक रिक्तता तो वह होती है जिसमें मन स्वयं को देखता है और कहता है ''मैं रिक्त हूं'' और एक है वास्तविक रिक्तता। तो एक वह रिक्तता है जिसे मैं भरना चाहता हूं क्योंकि वह रिक्तता, वह अकेलापन, वह अलग-थलग रहना, हर चीज़ से पूरी तरह विलग हो जाने का वह भाव मुझे पसंद नहीं है। हम सभी को यह एहसास अवश्य हुआ होगा—चाहे सतही तौर पर, हल्के-फुल्के ढंग से हुआ हो या प्रबलता से। और इस एहसास के आते ही निश्चित रूप से हम उससे पलायन करने लगते हैं, इसे ढांपने का प्रयास करते हैं या तो ज्ञान द्वारा या संबंधों के माध्यम से—पुरुष व स्त्री के बीच एक आदर्श मिलन की चाहत और इसी प्रकार के अन्यान्य माध्यमों से। वास्तव में यही कुछ तो हो रहा है, है न? मैं कोई नयी बात बनाकर नहीं बता रहा हूं। यदि किसी ने स्वयं का अवलोकन किया हो, स्वयं में थोड़ा-बहुत झांका हो—बहुत गहराई से नहीं क्योंकि वह तो बाद की बात है—तो वह जान गया होगा कि यह एक तथ्य है। उसे यह बात भी स्पष्ट हो गयी होगी कि जहां अनंत अकेलेपन का भाव होता है, मन द्वारा रचित रिक्तता का यह भाव होता है जिसे मन रिक्तता के तौर पर जानता है, वहां इसे भरने के लिये कुछ पा लेने की, आत्मपूर्ति की भीषण ललक और प्रबल इच्छा का वास भी होता है।

तो सचेतन या अचेतन रूप से व्यक्ति इस रिक्तता से अवगत रहता है। यहां मैं रिक्तता शब्द का प्रयोग करना नहीं चाहता क्योंकि यह एक सुंदर शब्द है। प्याले या कमरे जैसी कोई चीज़ तभी उपयोगी होती है जब वह रिक्त हो, परंतु यदि प्याला भरा हो या कमरे में फर्नीचर की भीड़-भाड़ हो, तो वह अनुपयोगी हो जाता है। हममें से अधिकतर लोग रिक्त होने पर स्वयं को तमाम तरह के कोलाहल से, सुख-विलास से और हर प्रकार के पलायन से भरने लगते हैं।

सुख को समझना उसका परित्याग करना नहीं होता

सुख-विलास को समझे बिना दुख का कभी अंत नहीं होगा...

सुख-विलास को समझना उसका परित्याग करना नहीं होता क्योंकि आनंद और लुत्फ की तरह यह भी जीवन की आधारभूत मांग है। जब आप किसी सुंदर वृक्ष को देखते हैं, मनमोहक सूर्यास्त को देखते हैं, किसी चेहरे पर भली सी मुस्कान को देखते हैं, किसी पत्ती पर पड़े प्रकाश को देखते हैं, तब आप उसका आनंद लेते हैं, उससे आप प्रसन्न हो उठते हैं।

— 10 —

विचार को इसमें न लाएं

जब आप असाधारण रूप से सुंदर ऐसा कुछ देखें जो जीवन और सौंदर्य से परिपूर्ण हो तब आप विचार को कभी न आने दें, क्योंकि ज्यों ही विचार उसे स्पर्श करेगा त्यों ही पुरातन होने के कारण वह इसे मनोसुख में बदल देगा, और तब इस सुख की मांग उठने लगेगी—अधिक और अधिक मात्रा में। और जब वह प्राप्त नहीं हो सकेगा तब द्वंद्व कूद पड़ेगा, भय आ डटेगा। तो क्या कुछ भी, बिना विचार के देख पाना संभव है?

हम परिवर्तित क्यों हों?

– 1 –

स्वयं बदलो और तब तुम दुनिया को बदल दोगे

स्वयं को समझने के लिये स्वयं की तमाम प्रक्रियाओं को समझना आवश्यक है, क्योंकि स्व की यह समझ ही आमूल परिवर्तन ला सकती है, एक नया जीवन दे सकती है। किसी व्यक्ति की परिवर्तन-प्रक्रिया विश्व के विरुद्ध नहीं होती, जन-समूह के विरुद्ध नहीं होती क्योंकि आपसे पृथक कोई जन-समूह नहीं होता। आप ही जन-समूह हैं।

– 2 –

हम परिवर्तन करना क्यों चाहते हैं?

हम 'जो है' उसे बदलना या उसका रूपांतरण करना क्यों चाहते हैं? क्यों? क्योंकि हम जो हैं, वह हमें असंतुष्ट करता है इससे द्वंद्व और विक्षोभ उत्पन्न होता है, और इस स्थिति को नापसंद करते हुए हम कुछ बेहतर, कुछ श्रेष्ठतर, कुछ अधिक आदर्शपूर्ण स्थिति चाहते हैं। अब क्योंकि 'जो है' में पीड़ा है, बेचैनी है, द्वंद्व है, अतः हम परिवर्तन चाहते हैं।

– 3 –

यह आवश्यक है

जब आप मौलिक रूप से बदलते हैं तब आप समाज के कारण नहीं बदल रहे होते और न ही इसलिए कि आप भलाई के काम करना चाहते हैं या स्वर्ग अथवा ईश्वर इत्यादि तक पहुंचना चाहते हैं। आप इसलिए बदलते हैं क्योंकि यह अपने आप में आवश्यक है। जब आप किसी चीज़ को स्वयं उसके लिए प्रेम करते हैं, तब उससे जीवन में अत्यधिक स्पष्टता आती है और यही स्पष्टता मानव का उद्धार करने वाली है, न कि सुधार और भलाई के कार्यकलाप।

– 4 –

बाह्य नहीं, आंतरिक परिवर्तन समाज को बदलता है

बातें करने, तर्क करने और व्याख्या करने का कोई छोर नहीं होता, वास्तविकता तो यह है कि व्याख्याएं, तर्क और बातें सीधी कार्रवाई की ओर नहीं जाते, क्योंकि उसके लिए तो हमें ही आमूल और आधारभूत रूप से बदलना होता है। उसके लिए किसी तर्क की आवश्यकता नहीं होती। कोई विश्वास दिलाने से, किसी सूत्र-सिद्धांत से, किसी दूसरे के द्वारा डाले जाने वाले किसी प्रभाव से हममें वास्तविक अर्थ में, आधारभूत परिवर्तन नहीं आ सकता। हममें परिवर्तन की आवश्यकता तो है परंतु वह किसी अन्य के विशेष विचार, सूत्र या धारणा के अनुसार नहीं

होना चाहिए, क्योंकि कुछ करते समय जब हममें दूसरे के विचार विद्यमान रहते हैं तब वह करना हमारा करना नहीं रह जाता। इस करने और इस विचार के बीच समय का अंतराल रहता है, एक विलंबन होता है और इस समय-अंतराल में उस विचार के प्रति, उस सूत्र के प्रति या तो प्रतिरोध होता है या अनुसरण या फिर अनुकरण—और होता है इसे कार्य रूप में ले आने का प्रयास। यही तो है जिसे हम सभी अधिकांशतः हर समय करते रहते हैं। हम जानते हैं कि हमें बदलना है, न केवल बाहरी तौर पर बल्कि गहरे तक—मनोवैज्ञानिक रूप से।

बाह्य परिवर्तन तो बहुत से हैं। वे हमें किसी कार्य प्रणाली के किसी तौर तरीके का अनुसरण करने के लिये बाध्य करते हैं, परंतु दिन-प्रतिदिन के जीवन की चुनौतियों का सामना करने के लिए गहन क्रांति की आवश्यकता होती है। हममें से अधिकांश लोगों के पास कोई न कोई पूर्वनिर्धारित विचार या धारणा होती है कि हमें क्या होना चाहिए, परंतु हम कभी बुनियादी तौर से नहीं बदल पाते। हमें क्या होना चाहिए, तत्संबंधी विचार और मनोभाव हममें कोई परिवर्तन नहीं ला पाते। हम तभी बदलते हैं जब यह नितांत आवश्यक हो जाता है, क्योंकि हम परिवर्तन की आवश्यकता को कभी प्रत्यक्षतः नहीं देख पाते। हम कभी बदलना भी चाहते हैं, तो हममें भारी द्वंद्व और प्रतिरोध खड़ा हो जाता है और हम प्रतिरोध करने में, अवरोध खड़े करने में अपनी विपुल ऊर्जा व्यर्थ कर देते हैं।

एक भला समाज बनाने के लिये मानव जाति को स्वयं में बदलाव लाना होगा। मन के इस आमूल परिवर्तन के लिये मुझे ऊर्जा, संवेग और जीवन-शक्ति प्राप्त करनी होगी। पर्याप्त ऊर्जा के बिना यह संभव नहीं है। स्वयं में बदलाव लाने के लिये हमें विपुल ऊर्जा चाहिए, परंतु हम अपनी यह ऊर्जा द्वंद्व, प्रतिरोध, अनुकरण, स्वीकरण और अनुपालन में व्यर्थ गवांते हैं, किसी ढर्रे का अनुकरण करना अपनी ऊर्जा व्यर्थ गवांना है। अपनी ऊर्जा को अक्षुण्ण बनाये रखने के लिये हमें स्वयं के प्रति सजग रहना होगा, अपनी ऊर्जा का हम कैसे-कैसे अपव्यय करते हैं इसके प्रति सजग रहना होगा। यह युग-युगांतकारी समस्या है, क्योंकि अधिकांशतः मनुष्य अकर्मण्य होते हैं। वे स्वीकार करने, अनुपालन करने और अनुसरण करने को प्राथमिकता देते हैं। यदि हम इस अकर्मण्यता और गहराई तक अपनी जड़ें जमाये हुए आलस्य का भान होने पर अपने मन-मस्तिष्क में प्रयासपूर्वक स्फूर्ति लाने लगें तो इसकी प्रबलता पुनः एक द्वंद्व बन जाती है और यह भी ऊर्जा का अपव्यय ही है।

हमारी अनेक समस्याएं हैं और उनमें से एक है कि ऊर्जा का संरक्षण कैसे

किया जाए—उस ऊर्जा का संरक्षण जो चेतना के प्रस्फुटन के लिये आवश्यक होती है—वह प्रस्फुटन नहीं जो सुनियोजित होता है या जो विचार द्वारा रचित एक जुगाड़ होता है, बल्कि वह प्रस्फुटन जो इस ऊर्जा का अपव्यय न किये जाने पर स्वतः घटित हो जाता है...

स्वयं चेतना में एक आमूल क्रांति लाने के लिये संपूर्ण ऊर्जा को एकत्र करने की आवश्यकता पर हम बात कर रहे हैं, क्योंकि हमारे पास एक नूतन मन होना ज़रूरी है; तो, हमें जीवन को एक नितांत भिन्न दृष्टि से देखना होगा।

अध्याय सात

जीवन का प्रयोजन क्या है?

— 1 —

क्या है जीवन का प्रयोजन?

जीवन की सार्थकता जीने में है। जब हम भयग्रस्त रहते हैं, जब हमारा सारा जीवन अनुकरण करने के लिए, नकल करते रहने के लिए ढाल दिया गया हो तब हम क्या वास्तव में जी रहे होते हैं, तब क्या वह जीवन जीने योग्य रहता है? किसी प्रामाण्य रूप में स्थापित व्यक्ति का अनुगमन करते जाना क्या जीवन जीना है? जब हम किसी के पिछलग्गू बने हुए हों, चाहे वह बड़े से बड़ा संत हो, राजनेता हो या विद्वान हो, तब क्या हम जी रहे होते हैं?

यदि आप अपने तौर-तरीके को ध्यानपूर्वक देखें तो आप पाएंगे कि आप किसी न किसी का अनुगमन करने के अतिरिक्त कुछ और नहीं कर रहे हैं। अनुगमन के इसी सिलसिले को हम 'जीना' कह देते हैं और इसके अंत में पूछते हैं, ''जीवन

की सार्थकता क्या है?'' तब तक आपके जीवन की कोई सार्थकता शेष नहीं रह गयी होती है। इसमें सार्थकता तभी आ सकती है जब आप तमाम तरह की मान्यता और प्रामाण्य को एक तरफ हटा दें। लेकिन ऐसा करना आसान नहीं है।

सत्ता-प्रामाण्य से मुक्ति का क्या अर्थ है? आप कोई नियम तोड़ दे सकते हैं, परंतु यह सत्ता-प्रामाण्य से मुक्ति नहीं है। लेकिन इस संपूर्ण प्रक्रिया को समझ लेने से कि मन कैसे किसी प्रामाण्य को निर्मित कर लेता है, हम इसकी जकड़ से मुक्त हो जाते हैं। हममें से हर कोई कितना भ्रमित है और वह यह सुनिश्चित कर लेना चाहता है कि वह सही तरह का जीवन जी रहा है। चूंकि हम चाहते हैं कि कोई हमें बताए कि हम क्या करें, इसलिए गुरुओं द्वारा हमारा शोषण किया जाता है, वह गुरु चाहे आध्यात्मिक हो या वैज्ञानिक। जब तक हम अनुगमन, अनुकरण और अनुसरण करते रहते हैं, तब तक हम जीवन की सार्थकता को नहीं जान पाते हैं।

जब तक कोई सफलता के पीछे दौड़ रहा हो, तब तक वह जीवन की सार्थकता को कैसे जान सकता है? हमारा जीवन यही तो है—सफलता चाहना, बाहरी और भीतरी संपूर्ण सुरक्षा चाहना, यह चाहना कि कोई हमें यह बताए कि हम जो कर रहे हैं वह ठीक कर रहे हैं, जिधर जा रहे हैं वही मार्ग मुक्ति तक पहुंचाने वाला मार्ग है... हमारा संपूर्ण जीवन किसी परंपरा का पालन करना मात्र रह गया है—वह परंपरा कल की हो अथवा हजार वर्ष पुरानी। और हम कोई परिणाम पा लेने के लिए प्रत्येक अनुभव को प्रामाण्य बना लेते हैं। इस प्रकार हम जीवन की सार्थकता को नहीं जान पाते। जो हम जानते हैं वह है भय, कोई क्या कहेगा इसका भय, मृत्यु का भय, जो हम चाहते हैं उसके न मिल पाने का भय, गलती हो जाने का भय, भलाई करने में भय। हमारे मन इतने भ्रमित हैं, मत-सिद्धांतों में इतने उलझे हुए हैं कि हम यह भी नहीं बता सकते हैं कि हमारे लिए जीवन का अर्थ क्या है।

जीवन तो एक अद्भुत घटना है। जब प्रश्नकर्ता यह प्रश्न करता है कि ''जीवन की सार्थकता क्या है'' तब वह एक परिभाषा चाहता है। इससे वह केवल परिभाषा को ही जान पाएगा, केवल शब्दों को, न कि जीने के गहन अर्थ को, न ही इसकी असाधारण समृद्धि को, सौंदर्य के प्रति संवेदनशीलता को, इसकी असीमता को।

— 2 —

जीवन क्या है?

जीवन का प्रयोजन क्या है, इस संबंध में विचार विमर्श करने के लिये हमें यह जान लेना होगा कि 'जीवन' से हमारा तात्पर्य क्या है, साथ ही 'प्रयोजन' से हमारा तात्पर्य क्या है। इसका अर्थ है हम शब्दकोश के अनुसार ही न जानें बल्कि यह भी जानें कि हमारे लिए इन शब्दों की सार्थकता क्या है। निश्चय ही जीवन में प्रतिदिन के कार्यकलाप, प्रतिदिन के विचार और भावनाएं निहित रहती हैं, है न? इसमें संघर्ष, पीड़ा, व्याकुलता, छल, चिंता, कार्यालय, व्यवसाय या अधिकारीतंत्र का दैनिक ढर्रा आदि आदि शामिल है। यही सब जीवन है, है न? जीवन से हमारा तात्पर्य चेतना की केवल एक परत से नहीं बल्कि हमारे अस्तित्व की संपूर्ण प्रक्रिया से है, अर्थात वस्तुओं, व्यक्तियों और विचारों के प्रति अपने संबंधों से। जीवन से हमारा यही अर्थ है—न कि कोई अमूर्तता।

तो यदि जीवन से हमारा यही तात्पर्य है तो क्या इसका कोई प्रयोजन है? या, चूंकि हम जीने के रंग-ढंग अर्थात प्रतिदिन की पीड़ा, व्याकुलता, भय, महत्त्वाकांक्षा, प्रलोभन को समझते नहीं हैं, चूंकि हम अपने अस्तित्व के दैनिक कार्यकलाप को समझते नहीं हैं, इसलिए हम इसका एक प्रयोजन चाहते हैं, चाहे वह कहीं दूर हो या आसपास। हम एक प्रयोजन चाहते हैं जिससे हम अपने दैनिक जीवन के समक्ष कोई लक्ष्य रख सकें। स्पष्ट है कि प्रयोजन से हमारा यही तात्पर्य होता है। परंतु यदि मैं यह समझ लूं कि जिया कैसे जाए तो जीना ही स्वयं में पर्याप्त हो जाता है, है न?...

आखिर, जीवन का प्रयोजन क्या है यह अपने पूर्वाग्रह, अपनी चाहना, अपनी इच्छा और अभिरुचि के अनुसार ही तो मैं निर्धारित करूंगा। इस प्रकार मेरी इच्छा ही इस प्रयोजन को पैदा करेगी। निश्चत ही वह जीवन का प्रयोजन नहीं होगा। क्या अधिक महत्त्वपूर्ण है : जीवन का प्रयोजन खोज निकालना, या अपने मन को संस्कारबद्धता से मुक्त कर लेना और तब अन्वेषण करना? और जब मन अपनी संस्कारबद्धता से मुक्त हो जाता है तब वह मुक्ति संभवतः स्वयं में इसका प्रयोजन बन जाती है। क्योंकि अंततोगत्वा स्वतंत्रता में ही सत्य का अन्वेषण हो सकता है।

अतः प्राथमिक आवश्यकता है स्वतंत्रता, न कि जीवन का प्रयोजन तलाशना।

— 3 —

जीवन का लक्ष्य क्या है?

जीवन की सार्थकता क्या है? जीवन का प्रयोजन क्या है? आप ऐसे प्रश्न क्यों पूछते हैं? आप ऐसे प्रश्न तब पूछते हैं जब आपके भीतर भारी अव्यवस्था व्याप्त होती है, और आपके इर्द-गिर्द विभ्रम और अनिश्चितता का घेरा होता है। अनिश्चितता में उलझे हुए आप कुछ निश्चितता चाहते हैं। तब आप जीवन का एक निश्चित प्रयोजन, एक निश्चित लक्ष्य ढूंढ़ते हैं, क्योंकि आप स्वयं में अनिश्चित होते हैं...

यह जानना महत्त्वपूर्ण नहीं है कि जीवन का लक्ष्य क्या है, बल्कि यह समझना महत्त्वपूर्ण है कि हम स्वयं में भ्रमित क्यों हैं। यह क्लेश, भ्रम और इसी प्रकार की अवस्थाएं क्यों हैं। हम विभ्रम को, उलझाव को समझते नहीं हैं, बस उससे पीछा छुड़ाना चाहते हैं। वास्तविकता तो यहां है, वहां नहीं। जो जीवन से संबंध और सरोकार रखता है वह नहीं पूछता कि जीवन का प्रयोजन क्या है। उसका सरोकार तो जीवन को जंजाल बना देने वाले उलझाव और दुख की गुत्थी को सुलझाने से रहता है।

— 4 —

रोज़ाना की ज़िंदगी के कष्ट और क्लेश को समझें,
न कि पलायन करें

अपने जीवन की संपूर्ण सार्थकता को समझने के लिए हमें इस जटिल जीवन की दिन-प्रति-दिन की यंत्रणाओं को समझना चाहिये। हम इनसे बचकर कहीं नहीं जा सकते। जिस समाज में हम रहते हैं उसे हममें से हरएक को समझना होगा—न कि किसी दार्शनिक, शिक्षक या किसी गुरु को—अपने जीने के ढंग को बदलना होगा, इसे पूर्णतया परिवर्तित होना होगा। मेरे विचार से यही सर्वाधिक महत्त्वपूर्ण कार्य है जो हमें करना है, अन्य कुछ भी नहीं।

हम जीवित क्यों है?

प्रश्नकर्ता : हम जीते तो हैं, परंतु नहीं जानते कि क्यों। हममें से बहुतों के लिये जीवन का कोई अर्थ नहीं है। क्या आप हमें हमारे जीने का अर्थ और प्रयोजन बता सकते हैं।

कृष्णमूर्ति : आप यह प्रश्न पूछ क्यों रहे हैं? आप मुझसे जीवन का अर्थ, उसका प्रयोजन बताने के लिये क्यों कह रहे हैं? आपका जीवन से तात्पर्य क्या है? क्या जीवन का कोई अर्थ, कोई प्रयोजन है? क्या जीना स्वयं में अपना अर्थ, स्वयं में अपना प्रयोजन नहीं है? इससे अधिक हम क्यों चाहते हैं? क्योंकि हम अपने जीवन से इतने असंतुष्ट हैं, हमारा जीवन इतना खोखला, इतना दिखावटी है, एक ही चीज़ बारंबार करते-करते यह इतना नीरस हो गया है कि हम कुछ अधिक चाहते हैं, जो हम करते आये हैं हम उससे कुछ हटकर चाहते हैं। चूंकि हमारा दैनिक जीवन इतना खोखला, इतना उदास, इतना निरर्थक, इतना उबाऊ, असहनीय रूप से इतना जड़ है कि हम कहने लगते हैं कि जीवन कुछ अधिक अर्थपूर्ण होना चाहिए और इसीलिए यह प्रश्न उठाते हैं।

निश्चय ही, जो व्यक्ति समग्र रूप से जी रहा है, जो वास्तविकता को यथावत् देख रहा है, जो उसके पास है उससे वह संतुष्ट है, जो भ्रमित नहीं रहता, वह नहीं पूछता कि जीवन का प्रयोजन क्या है। उसके लिए वह जीना ही आदि है और वही अंत। हमारी परेशानी यह है कि चूंकि हमारा जीवन खोखला है, इसलिए हम उसका प्रयोजन जानना चाहते हैं और इसी बात के लिए जूझने लग जाते हैं। जीवन का ऐसा प्रयोजन तो केवल बौद्धिक अटकल ही होगा, जिसमें कोई वास्तविकता नहीं होगी। जब जीवन के प्रयोजन की तलाश एक कुंद व मंद मन और खोखले दिल से की जाती है तब वह प्रयोजन भी खोखला ही होगा। अतः हमारा उद्देश्य हो कि अपने जीवन को कैसे समृद्ध बनाया जाए, धन इत्यादि से नहीं बल्कि आंतरिक संपन्नता से समृद्ध—और यह कोई रहस्यमय बात नहीं है। जब आप कहते हैं कि जीवन का प्रयोजन सुख-चैन है, जीवन का प्रयोजन ईश्वर को पाना है तब ईश्वर को पा लेने की आपकी इच्छा जीवन से एक पलायन ही है, क्योंकि आपका ईश्वर तो बस एक सुनी-सुनायी चीज़ है। आप केवल उसी चीज़ को पाने के लिए उसकी ओर जा सकते हैं जिसे आप जानते हैं। यदि आप ऐसा सोपान बनाते हैं जो उस चीज़ की ओर जाता हो जिसे आप ईश्वर कहते

हैं, तो निश्चय ही वह तो ईश्वर नहीं है। वास्तविकता को केवल जी कर समझा जा सकता है, पलायन करके नहीं। जब आप जीवन के प्रयोजन की तलाश करने लगते हैं तब जीवन क्या है—उसे समझ नहीं रहे होते, बल्कि उससे पलायन कर होते हैं। जीवन संबंध है, यह संबंधों में होने वाला कर्म है। मैं जब संबंधों को समझ नहीं पाता या संबंध जब गड्डमड्ड हो जाते हैं, तब 'मैं' कुछ अधिक अर्थपूर्ण चाहने लगता है। हमारा जीवन इतना खोखला क्यों है? हम इतने अकेले, इतने खिन्न क्यों हैं? क्योंकि हमने कभी अपने अंदर झांक कर नहीं देखा है, कभी अपने आप को नहीं समझा है। हम स्वयं से यह कभी स्वीकार नहीं करते कि हम जीवन को केवल इतना ही जानते हैं। इसलिए, इस जीवन को सर्वथा और संपूर्णतया समझा जाना चाहिए। हम स्वयं से पलायन करने को प्राथमिकता देते हैं और इसलिए संबंधों से कहीं दूर जीवन के प्रयोजन की तलाश करने लगते हैं। यदि हम अपनी क्रियाओं को समझना शुरू कर दें—उन क्रियाओं को समझना जो हम व्यक्तियों, वस्तुओं, विश्वासों और विचारों के साथ अपने संबंधों के दौरान करते हैं, तब हम जान पाएंगे कि संबंध तो स्वयं में अपना पुरस्कार होता है, उसकी आपको तलाश नहीं करनी पड़ती। यह तो प्रेम को तलाशने जैसा हुआ। क्या प्रेम आपको ढूंढ़ने से मिल सकता है? प्रेम को उपजाया-पोसा नहीं जा सकता। उसे तो आप केवल संबंधों में पा सकते हैं, उनसे बाहर नहीं। और चूंकि हममें प्रेम का अभाव है इसलिए हम जीवन में कोई प्रयोजन चाहते हैं। जब प्रेम आ जाता है, जो अपनी शाश्वतता, अनंतता स्वयं है, तब ईश्वर की तलाश नहीं रहती क्योंकि प्रेम ही ईश्वर है।

चूंकि हमारा मन परिभाषाओं और अंधविश्वासपूर्ण प्रलापों से परिपूर्ण रहता है, और चूंकि हमारा जीवन बहुत खोखला है, इसलिए हम स्वयं से हटकर इसका प्रयोजन तलाशने लगते हैं। जीवन का प्रयोजन खोज पाने के लिए मुझे अपने आप का अन्वेषण करते जाना होगा। जाने-अनजाने हम चीज़ों को जैसी वे हैं वैसी ही देखने से कतराते हैं और इसलिए हम ईश्वर से चाहते हैं कि वह हमारे लिए कहीं दूर एक द्वार खोल दे। जीवन के विषय में यह प्रश्न वे ही पूछते हैं जो प्रेम नहीं करते। प्रेम को तो केवल क्रिया में अर्थात संबंध में ही पाया जा सकता है।

द्वितीय अनुभाग

स्वबोध : स्वातंत्र्य की कुंजी

भय

— 1 —

आंतरिक और बाह्य भय

हम भयग्रस्त रहते हैं, केवल बाह्य रूप से ही नहीं बल्कि आंतरिक रूप से भी। आजीविका छूट जाने, खाने के लिए पर्याप्त न मिल पाने, पद गंवा देने, उच्च-अधिकारियों द्वारा दुर्व्यवहार किये जाने जैसे बाहरी भय बने ही रहते हैं। हममें आंतरिक रूप से भी भय बहुत रहता है—हमेशा न रह पाने का भय, सफल न हो पाने का भय, मृत्यु का भय, अकेलेपन का, प्रेम न पा सकने का, नितांत ऊब का भय इत्यादि।

भय मानसिक स्वतंत्रता में बाधक होता है

अतः हमारी प्राथमिक समस्या, हमारी वास्तविक और अपरिहार्य समस्या है भय से मुक्त होना। क्या आप जानते हैं कि भय करता क्या है? यह मन को अंधकारमय कर देता है, उसे कुंद कर देता है। भय से हिंसा उपजती है। किसी की पूजा भय के कारण ही की जाती है।

– 3 –
शारीरिक भय पशुवत् प्रतिक्रिया है

तो प्रथमतः शारीरिक भय आता है जो कि एक पशुवत् प्रतिक्रिया है। चूंकि हमने बहुत कुछ पशु से विरासत में पाया है, अतः हमारी मस्तिष्क-संरचना का एक बड़ा भाग पशु की ही देन है। यह एक वैज्ञानिक तथ्य है। यह कोई मत-सिद्धांत नहीं, बल्कि एक तथ्य है। पशु लोलुप होता है, उसे पुचकारा जाना, थपथपाया जाना, चैन से रहना पसंद है—वैसा ही मनुष्य को अच्छा लगता है। पशु हड़पना, स्पर्धा करना पसंद करता है—वैसा ही मनुष्य करता है। पशु समूह में रहना पसंद करता है—वैसे ही मनुष्य ससमूह कार्य करना पसंद करता है। पशुओं की अपनी एक सामाजिक संरचना होती है—इसी प्रकार मनुष्य की भी होती है। हम और अधिक विस्तार में जा सकते हैं, परंतु यह देखने के लिए कि हममें बहुत कुछ अभी भी पशुवत् है, इतना पर्याप्त है।

– 4 –
क्या हम पाशविक और सांस्कृतिक—दोनों प्रभावों से मुक्त हो सकते हैं?

तो क्या हमारे लिए संभव है कि हम न केवल पशु-प्रभाव से मुक्त हों वरन इससे भी आगे जा पाएं और खोज पाएं—केवल मौखिक जिज्ञासा के रूप में नहीं बल्कि वास्तव में यह खोज पाएं कि क्या मन उस समाज के प्रभाव से, उस संस्कृति के प्रभाव से भी परे जा सकता है जिसमें वह पला-बढ़ा है। बिल्कुल भिन्न आयाम वाली किसी स्थिति की संभावना के लिए भयमुक्त होना आवश्यक है।

तन को सुरक्षा देने वाला शारीरिक भय बुद्धिसंगत है, हमारी समस्या है मानसिक भय

यह बात साफ है कि आत्मरक्षा हेतु की गई प्रतिक्रिया भय नहीं होती। भोजन, वस्त्र और आवास—यह हम सभी की आवश्यकता है, केवल धनी की नहीं, केवल ऊंचे लोगों की ही नहीं। यह हरएक की आवश्यकता है और इसका हल राजनेताओं के पास नहीं है। राजनेताओं ने विश्व को देशों में विभाजित कर दिया है, जैसे कि भारत। इन देशों की अपनी अलग प्रभुतासंपन्न सरकार होती है, अपनी अलग सेना होती है और राष्ट्रवाद जैसी तमाम विषाक्त मूर्खताएं होती हैं। राजनीतिक समस्या केवल एक है और वह है मानवीय एकता लाना। और वह तब तक नहीं लायी जा सकती जब तक आप अपने राष्ट्रीय या जातीय विभाजन से चिपके हुए हैं। महोदय, जब घर जल रहा हो तब आप यह नहीं पूछते कि पानी कौन ला रहा है, जिस व्यक्ति ने घर में आग लगायी उसके बालों का रंग आप नहीं पूछते, आप तो बस पानी लाते हैं। जैसे धर्मों ने मनुष्यों को विभाजित कर दिया है वैसे ही राष्ट्रीयता ने भी मनुष्यों को विभाजित कर दिया है। इस राष्ट्रभावना और इन धार्मिक विश्वासों ने मनुष्य से मनुष्य को अलग कर दिया है, एक दूसरे के विरुद्ध कर दिया है। और कोई भी यह देख सकता है कि यह क्यों हो रहा है। यह इसलिए हो रहा है क्योंकि हम कूपमंडूक बने रहना पसंद करते हैं।

इसलिए मनुष्य को भयमुक्त होना होगा, परंतु यह कठिनतम कार्यों में से एक है। अधिकांशतः तो हम जान ही नहीं पाते कि हम भयग्रस्त हैं, न हम यह जानते हैं कि हम किस बात से भयभीत हैं। हम यदि यह जान भी जाएं कि हम भयग्रस्त हैं, तो हम यह नहीं जानते कि तब किया क्या जाए। अतः हम जो हैं उससे दूर भागने लगते हैं, जबकि भय तो हम ही हैं, और भागकर हम जहां भी जाएं भय ही बढ़ा मिलता है। और दुर्भाग्यवश हमने पलायनों का एक जाल फैला लिया है।

भय का उद्गम

भय आता कैसे है—आगामी कल का भय, आजीविका छूट जाने का भय, मरने

का भय, रोगग्रस्त हो जाने का भय, पीड़ा का भय? भय में गत व अगत के विषय में विचारों की एक प्रक्रिया निहित रहती है। मैं भविष्य से, 'क्या होगा' इससे भयभीत रहता हूं। तो भय आता कैसे है? भय का सदैव किसी न किसी चीज़ से संबंध रहता है—अन्यथा भय होता ही नहीं। इसलिए, हम आने वाले कल से, या जो हो गया है उससे, या जो होने वाला है उससे भयभीत रहते हैं। इस भय को लाया कौन? इसे लाने वाला क्या विचार ही नहीं है?

– 7 –

विचार है भय का स्रोत

तो विचार है भय का जन्मदाता। मैं अपनी आजीविका के छूट जाने के बारे में या इसकी आशंका के बारे में सोचता हूं और यह सोचना, यह विचार भय उत्पन्न कर देता है। इस प्रकार विचार स्वयं को समय में विस्तार देता है, क्योंकि विचार समय ही है। जिस रोग से मैं ग्रस्त रहा था मैं उसके विषय में सोचता हूं। क्योंकि वह पीड़ा मुझे प्रिय नहीं है, अतः मैं भयभीत हो जाता हूं कि वह पीड़ा कहीं मुझे पुनः न हो जाए। पीड़ा का एक अनुभव मुझे हो चुका है। उसके विषय में विचारना और उसे न चाहना भय उत्पन्न कर देता है। भय का सुख-विलास से निकट का संबंध है। हममें से अधिकांश लोग सुख-विलास से प्रेरित रहते हैं। पशु के समान ही ऐंद्रिक सुख हमारे लिए सर्वोच्च महत्त्व रखता है। यह सुख विचार का ही एक भाग है। जिस चीज़ से मुझे सुख मिला हो उसके बारे में सोचने से वह सुख बढ़ जाता है, है न? क्या आपने इस सब पर ध्यान दिया है? आपको किसी ऐसे सुख का कोई अनुभव हुआ हो—एक सुंदर सूर्यास्त का या यौनाचार का, और आप उसके बारे में सोचते हैं। उसके बारे में सोचना उस सुख को बढ़ा देता है, जैसे आपके द्वारा अनुभूत किसी पीड़ा के बारे में सोचना भय उत्पन्न कर देता है। अतएव विचार ही मनोसुख का और भय का जनक है, है न? विचार ही सुख की मांग करने और उसकी निरंतरता चाहने के लिए ज़िम्मेदार है, वही भय को जन्म देने के लिए, भय का कारण बनने के लिए ज़िम्मेदार है। यह बात एकदम साफ है, प्रयोग करके देखा जा सकता है।

तब, मैं स्वयं से पूछता हूं, "क्या सुख और पीड़ा के बारे में न सोचा जाना संभव है? क्या यह संभव है कि विचारणा की जब आवश्यकता हो तभी सोचा

जाए, अन्यथा नहीं?'' महोदय, जब आप किसी कार्यालय में कार्यरत रहते हैं, अपनी आजीविका में कार्यरत रहते हैं, तब विचार आवश्यक होता है वरना आप कुछ नहीं कर पायेंगे। जब आप बोलते हैं, लिखते हैं, बात करते हैं, कार्यालय जाते हैं, तब विचार आवश्यक होता है। वहां विचार को ऐन सही ढंग से, निर्वैयक्तिक रूप से काम करना होता है। वहां उसे किसी अभिरुचि या प्रवृत्ति का अनुगमन नहीं करना होता। वहां विचार सार्थक है। परंतु, क्या किसी भी अन्य क्रिया के क्षेत्र में विचार आवश्यक है?

कृपया इसे समझें। हमारे लिए विचार अत्यंत महत्त्वपूर्ण है। हमारे पास यही तो एकमात्र उपकरण है। यह विचार उस स्मृति की प्रतिक्रिया है जो अनुभव, ज्ञान और परंपराओं द्वारा संचित कर ली गयी है; और स्मृति होती है समय का परिणाम, पशु से मिली विरासत। और इसी पृष्ठभूमि से हम प्रतिक्रिया करते हैं। यह प्रतिक्रिया विचारगत होती है। विचार कुछ निश्चित स्तरों पर तो आवश्यक होता है परंतु जब यह गत और अगत समय के रूप में, अतीत और भविष्य के रूप में स्वयं को मानसिक तौर पर विस्तार देने लगता है तब यह भय भी उत्पन्न करता है और सुख भी, परंतु इस प्रक्रिया में मन मंद हो जाता है और इसी कारण अपरिहार्य रूप से अकर्मण्यता आ जाती है। महोदय, जैसा हमने अभी कहा, भय विचार की उत्पत्ति है—अपनी आजीविका छूट जाने के विषय में सोचना, यह सोचना कि मेरी पत्नी किसी के साथ भाग जाएगी, मृत्यु के विषय में सोचना, जो हुआ उसके बारे में सोचना—आदि आदि। विचार क्या मनोवैज्ञानिक रूप से, आत्मरक्षात्मक रूप से या भविष्य के विषय में सोचना बंद कर सकता है?

— 8 —

बिना अहं-केंद्र के अवलोकन करना

अतः मैं स्वयं से पूछता हूं ''क्या यह संभव है कि विचार का अवसान हो जाए जिससे मैं भरपूर तरीके से जी सकूं?'' क्या आपने कभी ध्यान दिया है कि जब आप संपूर्णतः अवधान में होते हैं, जब आप किसी निरीक्षण में अपना पूरा ध्यान लगाते हैं तब कोई अवलोकनकर्ता नहीं रह जाता और इसीलिए कोई विचार भी नहीं रहता, तब आप किसी केंद्र में स्थित होकर निरीक्षण नहीं कर रहे होते।

अवधान भय का अंत कर देता है

जब आप ऐसा सर्वथा और संपूर्ण अवधान करते हैं, तब कोई भी अवलोकनकर्ता नहीं रह जाता। यह अवलोकनकर्ता ही है जो भय का जनक होता है, क्योंकि यही अवलोकनकर्ता विचार का केंद्र होता है—यही 'मेरा', 'मैं', स्व, अहं होता है। यह अवलोकनकर्ता दोषदर्शी होता है। जब कोई विचार नहीं रहता तब यह अवलोकनकर्ता भी नहीं होता। यह अवस्था एक शून्यता की अवस्था नहीं होती। इसके लिए बहुत जांच-परख की आवश्यकता होती है—यानी कभी भी किसी की बात को यों ही नहीं मान लेना होता।

— 10 —

सारे भय का मूल

वस्तुओं, व्यक्तियों और विचारों पर निर्भरता भय को जन्म देती है। निर्भरता उपजती है अज्ञान से, आत्म परिचय के अभाव से और आंतरिक विपन्नता से। भय मन-मस्तिष्क में अनिश्चितता का कारक बनता है और यह अनिश्चितता संप्रेषण और समझ-बूझ में बाधक बनती है। स्व के प्रति सजगता द्वारा हम खोजना शुरू करते हैं और इससे भय के कारण को समझ पाते हैं—केवल सतही भय को ही नहीं बल्कि गहरे कारणजात और संचयी भयों को भी। भय अंतर्जात भी होता है और बाहर से भी आता है। यह अतीत से संबद्ध होता है। अतः इससे विचार-भावना को मुक्त करने के लिए अतीत को समझा जाना आवश्यक है और वह भी वर्तमान के माध्यम से। अतीत सदैव वर्तमान को जन्म देने को आतुर रहता है जो 'मुझे', 'मेरे' और 'मैं' की तद्रूप स्मृति बन जाता है। यह सारे भय का मूल है।

क्रोध व हिंसा

— 1 —

क्रोध आत्म-महत्ता से संबंधित है

दुख की भांति क्रोध में भी अलग-थलग कर देने की वह विशेष क्षमता है जो व्यक्ति को सब से काट देती है, और कम से कम कुछ समय के लिए सभी संबंध समाप्त ही हो जाते हैं। यह क्रोध अलग-थलग व्यक्ति का अस्थायी शक्ति-स्रोत, उसका बल बन जाता है। क्रोध में एक विचित्र प्रकार की हताशा होती है, क्योंकि अलगाव हताशा ही तो होता है। हताशाजनित क्रोध, ईर्ष्याजनित क्रोध, चोट पहुंचाने की अदम्य लालसा वाला क्रोध एक ज़बरदस्त तनाव-मुक्ति देने वाला होता है और स्वयं को सही सिद्ध करने में इसे आनंद मिलता है। हम दूसरों की निंदा करते हैं और यह परनिंदा स्वयं को सिद्ध करना ही तो है। चाहे आत्माभिमान हो या आत्म-तिरस्कार—ऐसी किसी प्रवृत्ति के बिना हम क्या हैं? स्वयं को ऊंचा

दिखाने के लिए हम किसी न किसी साधन का प्रयोग करते रहते हैं, और घृणा की भांति क्रोध भी सरलतम साधनों में से एक है। कोई साधारण-सा क्रोध, क्रोध की अचानक लपट जो शीघ्र ही बुझ भी जाए—यह एक बात है, परंतु वह क्रोध जिसका बखेड़ा जानबूझकर खड़ा किया गया हो, जिसकी आग में बारंबार घी डाला जा रहा हो और जिस क्रोध में चोट पहुंचाने तथा विध्वंस करने की ललक हो—वह एक बिलकुल अलग बात है।

– 2 –

क्रोध के शारीरिक व मानसिक मूल कारण

साधारण क्रोध का कोई शारीरिक कारण हो सकता है जिसे देखा भी जा सकता है और जिसका निदान भी किया जा सकता है। परंतु, वह क्रोध जो किसी मनोवैज्ञानिक कारण से उत्पन्न हुआ हो, वह अधिक सूक्ष्म होता है और उससे निपटना कठिन होता है। अधिकतर हम क्रुद्ध होने में कोई बुराई नहीं मानते और इसके लिए बहाना भी ढूंढ़ लेते हैं। किसी के साथ या अपने साथ जब कुछ दुर्व्यवहार हो तब हम क्रोध क्यों न करें? इस प्रकार हम औचित्यपूर्ण रूप से क्रोधित होते हैं। हम कभी सरलता से यह स्वीकार नहीं करते कि हमें क्रोध आया है और न ही इतनी बात पर रुकते हैं, बल्कि हम उस क्रोध के औचित्य का बखान करने लगते हैं। हम कभी सरलतापूर्वक यह स्वीकार नहीं करते कि हम ईर्ष्यालु हैं या कटुभाषी हैं, बल्कि उसे सही सिद्ध करते हैं, उसका स्पष्टीकरण करते हैं। हम प्रश्न उठाते हैं कि ईर्ष्या के बिना प्रेम कैसे हो सकता है, या कहते हैं कि अमुक के कार्य-व्यवहार के कारण मुझे कड़वा बोलना पड़ा। हमारी यह मौन अथवा मुखर व्याख्या और हमारा यह शब्दजाल हमारे क्रोध को बल प्रदान करते हैं, उसे विस्तार देते हैं, गहराई देते हैं। हमारी यह मौन या मुखर व्याख्या हम जैसे हैं उसे ढांप देती है और हमें स्वयं का वास्तविक स्वरूप देखने नहीं देती। हम प्रशंसित होना, खुशामद कराना पसंद करते हैं, हम दूसरों से कुछ न कुछ अपेक्षा करते रहते हैं, और जब वह अपेक्षा पूरी नहीं होती तब हम हताश हो जाते हैं, कटु या ईर्ष्यालु हो उठते हैं। और तब उग्र होकर या शांत रहकर इसका दोष किसी अन्य के माथे मढ़ देते हैं और कह देते हैं कि अमुक मेरे इस कटु व्यवहार के लिए ज़िम्मेदार है।

— 3 —
निर्भरता में क्रोध रहता है

आप मेरे लिए बहुत महत्त्वपूर्ण हैं, क्योंकि मैं अपने सुख, अपनी स्थिति या प्रतिष्ठा के लिए आप पर निर्भर करता हूं। आपके माध्यम से ये मुझे प्राप्त होते हैं, अतः आप मेरे लिए महत्त्वपूर्ण हो जाते हैं। मुझे आपकी रक्षा करनी होगी, मुझे आपको अपने कब्ज़े में रखना होगा। आपके माध्यम से मैं स्वयं से पलायन कर पाता हूं और जब मैं वापस अपनी ही स्थिति में फेंक दिया जाता हूं तब उस अपनी ही स्थिति से भयग्रस्त हो जाने के कारण क्रोधित हो उठता हूं। क्रोध के अनेक रूप होते हैं : हताशा, अप्रसन्नता, कटुता, ईर्ष्या आदि-आदि।

— 4 —
संचयित क्रोध ही समस्या है

क्रोध का संचयन करने अर्थात नाराज़ बने रहने को क्षमा के विषहर की आवश्यकता होती है परंतु क्रोध का संचयन क्षमा की अपेक्षा कहीं अधिक महत्त्व रखता है। जहां क्रोध का संचयन नहीं है, वहां क्षमा अनावश्यक होती है। यदि अप्रसन्नता, नाराज़गी बनी हुई है तो क्षमा अत्यंत आवश्यक हो जाती है। परंतु, खुशामद से और आहत होने के एहसास से, बिना उपेक्षाभाव की कठोरता के मुक्त होना करुणा एवं सद्भाव है।

संकल्प द्वारा क्रोध से पीछा नहीं छुड़ाया जा सकता क्योंकि संकल्प हिंसा का ही एक हिस्सा होता है। संकल्प किसी इच्छा का, कुछ होने की उत्कट लालसा का परिणाम होता है। और, इच्छा अपने स्वभाव से ही आक्रामक और प्रभुत्वशील होती है। संकल्प के प्रयास से क्रोध का दमन करना क्रोध को एक भिन्न धरातल पर स्थानांतरित कर देना है, उसे एक भिन्न नाम दे देना है परंतु वह रहता है हिंसा का हिस्सा ही। हिंसा से मुक्त होने के लिए अहिंसा के संवर्धन-पोषण की नहीं, बल्कि इच्छा को समझने की आवश्यकता है।

अपेक्षाएं पीड़ा और क्रोध का कारण बनती हैं

आप क्रोध को दरकिनार न करके यदि इसकी गहराई में उतरें तो आप इसके तार किस से जुड़े पाएंगे? कोई क्रोधित क्यों होता है? क्योंकि किसी ने उसे कुछ अप्रिय कह दिया और और वह आहत हो गया। परंतु, जब कोई खुशामदी बात कह देता है तब आप प्रसन्न हो जाते हैं। आप आहत क्यों होते हैं? आत्म-महत्ता के कारण—स्वयं को ऊंचे धरातल पर रखने के कारण, है न? आप में आत्मश्लाघा की प्रवृत्ति क्यों हैं?

क्योंकि आपके मन में एक धारणा बनी हुई है, आपने अपना एक प्रतीक गढ़ लिया है, अपनी एक छवि बना रखी है कि आपको क्या होना चाहिए, आप क्या हैं या आपको क्या नहीं होना चाहिए। आप स्वयं के बारे में एक छवि को बना लेते हैं? क्योंकि आपने कभी यह मनन नहीं किया है कि आप सचमुच क्या हैं। हम सोच लेते हैं कि हमें ऐसा बनना चाहिए, वैसा बनना चाहिए, हमें एक आदर्श, एक नायक, एक उदाहरण बनना चाहिए। जो बात हममें क्रोध को जगाती है वह है स्वयं के बारे में गढ़ लिये गये किसी आदर्श या धारणा पर की गई चोट। परंतु, स्वयं के बारे में निर्मित धारणा तो जो हम हैं, इस तथ्य से पलायन करना हुआ। जब आप जो हैं, इस वास्तविक तथ्य का अवलोकन कर पाते हैं तब आपको कोई आहत नहीं कर सकता। तब, यदि कोई झूठा है और उसे बोल दिया जाए कि वह झूठा है तो आहत होने का कोई प्रश्न नहीं है, क्योंकि यह तो एक तथ्य है। पर यदि आप झूठा न होने का स्वांग करते हैं और आपको झूठा कह दिया जाता है तब आप क्रोधित हो जाते हैं, भड़क उठते हैं। इस प्रकार, हम सदैव एक वैचारिक संसार, एक काल्पनिक संसार में जीते हैं—वास्तविक संसार में कभी नहीं। 'जो है' उसे देख सकने के लिए, उसका अवलोकन करने के लिए, सचमुच उससे परिचित हों, उसे जानें। इसके लिए ज़रूरी है कि न कोई सम्मति, न कोई मूल्यांकन, न कोई धारणा, न कोई भय हो।

समझ क्रोध को विसर्जित कर देती है

निश्चय ही, जिस चीज़ के साथ आप संघर्षरत हो जाते हैं, आप भी वही बन

जाते हैं...यदि मैं क्रोधित हूं और आप भी मुझसे क्रुद्ध होकर मिलते हैं तो परिणाम क्या होगा? और अधिक क्रोध। आप भी वही हो गये जो मैं था। यदि मैं बुरा हूं और आप भी मुझसे बुरे तरीके से भिड़ते हैं तो आप बुरे बन गये होते हैं, भले ही आप स्वयं को कितना भी विवेकशील मानते रहें। यदि मैं क्रूर हूं और आप मुझे जीतने के लिए क्रूर तरीके अपनाते हैं तो आप भी मेरी तरह क्रूर बन जाते हैं। और, ऐसा हम हजारों वर्षों से करते आ रहे हैं। घृणा का मुकाबला घृणा से करने के अलावा निश्चय ही एक भिन्न दृष्टिकोण भी है। यदि मैं अपने भीतर के क्रोध को कुचलने के लिए क्रूर व कठोर उपाय अपनाता हूं, तो मैं उचित साध्य के लिए अनुचित साधनों का प्रयोग कर रहा होता हूं। परिणामस्वरूप उचित साध्य सध ही नहीं पाता है। इस तरह से न कोई समझ आ पाती है और न ही क्रोध से पार पाना संभव हो पाता है। क्रोध का धैर्यपूर्वक अध्ययन करना होगा, उसे समझना होगा। कोई आक्रामक उपाय अपनाकर उसे जीता नहीं जा सकता। क्रोध अनेक कारणों का परिणाम हो सकता है, और उन कारणों को समझे बिना आप क्रोध से बच नहीं सकते।

शत्रु हमने बनाये हैं, दस्यु हमने बनाये हैं। इसलिए, स्वयं को हर प्रकार से शत्रुतारहित किए बिना हम शत्रुता को नहीं मिटा सकते। हमें शत्रुता के कारणों को समझना होगा, अपने विचारों, भावनाओं और क्रियाओं से उनके पोषण पर विराम लगाना होगा। यह अत्यंत कठिन है और इसके लिए निरंतर स्वयं के प्रति सजग रहने और सूझबूझ भरे लचीलेपन की आवश्यकता है, क्योंकि जैसे हम होंगे, समाज और राज्य भी वैसा ही होगा। शत्रु और मित्र हमारे विचारों और क्रियाओं का परिणाम होते हैं। शत्रुता पैदा करने के लिए हम ही ज़िम्मेदार हैं, इसलिए, शत्रुता व मित्रता के विषय में चिंतित होने की अपेक्षा अपने विचारों और क्रियाओं के प्रति सजग-सचेत रहना अधिक महत्त्वपूर्ण हैं, क्योंकि सम्यक सोच ही अलगाव का अंत करती है। प्रेम आपको मित्रता और शत्रुता से ऊपर उठा देता हैं।

— 7 —

ऐतिहासिक चक्र की उपज है व्यक्तिगत क्रोध

हम देख रहे हैं कि घृणा के संसार की फसल खूब लहलहा रही है। इस घृणा-संसार का बीजारोपण हमारे पूर्वजों द्वारा और हमारे द्वारा किया गया था। इस प्रकार

यह अविद्या अतीत के अनिश्चित काल से चली आ रही है। यह अपने आप नहीं उपजी है। यह मानव-जाति के अज्ञान का परिणाम है, यह एक ऐतिहासिक प्रक्रिया है, है न? हमने अपने उन पूर्वजों का इसमें व्यक्तिगत सहयोग किया है जिन्होंने अपने पूर्वजों की घृणा, भय, लोभ इत्यादि की प्रक्रिया को आगे बढ़ाया था। अब हम सभी लोग तब तक इस घृणा-संसार के भागीदार रहेंगे जब तक हम व्यक्तिगत रूप से इसमें लिप्त बने रहेंगे।

— 8 —

जैसे होते हैं आप, वैसा ही हो जाता है संसार

इस तरह, संसार आपका ही तो एक विस्तार है। यदि आप व्यक्तिगत रूप से घृणा का अंत करने के इच्छुक हैं तो आप को व्यक्तिगत रूप से घृणा करना बंद करना होगा। घृणा का अंत करने के लिए यह ज़रूरी है कि इसके स्थूल या सूक्ष्म सभी स्वरूपों से आपका कोई नाता न रहे। जब तक आप इसके पाश में हैं, तब तक आप अज्ञान और भय के उसी संसार का हिस्सा बने रहेंगे। तब यह संसार आप ही का विस्तार है, आप की ही प्रतिलिपि है—वह भी कई गुणकों में। व्यक्ति से पृथक संसार का कोई अस्तित्व नहीं होता, हालांकि वैचारिक स्तर पर, किसी राज्य या सामाजिक संगठन के स्तर पर तो हो सकता है कि ऐसा हो, परंतु उस विचार को क्रियान्वित करने के लिए, उस सामाजिक या धार्मिक सगंठन को क्रियाशील बनाने के लिए तो व्यक्ति ही चाहिए। उसका अपना अज्ञान, लोभ और भय अज्ञान, लोभ और घृणा के खेमे को थामे रहेंगे। यदि व्यक्ति में बदलाव आता है तो क्या वह संसार को, घृणा, लोभ आदि के संसार को, बदल सकता है? यह संसार तब तक आप ही का एक विस्तार रहता है जब तक आप विचारहीन हैं, अचेत हैं, अज्ञान-अविद्या, घृणा और लोभ के पाश में आबद्ध हैं, परंतु जब आप गंभीर, विचारशील और सजग-सचेत हो जाते हैं, तब न केवल उन जघन्य कारणों से आपका कोई संबंध नहीं रहता जो पीड़ा और दुख के कारक होते हैं, बल्कि आपकी समझ में भी एक समग्रता और संपूर्णता आ जाती है।

क्रोध व हिंसा के कारण

विश्वव्याप्त भयावह, क्रूर और विध्वंसकारी इस हिंसा के कारण क्या हैं? मुझे नहीं मालूम आपने स्वयं से यह प्रश्न पूछा या नहीं; यह सब क्योंकर? या, आपने इसे अपरिहार्य समझकर जीवन के एक हिस्से की तरह स्वीकार कर लिया है?

अपने निजी जीवन में हममें से हरएक हिंसक भी है और आक्रामक भी। हम क्रोधित होते हैं, हमें अपनी जीवन-शैली में कोई हस्तक्षेप सहन नहीं होता, चूंकि हम अपना अधिकाधिक बचाव चाहते हैं इसलिए हमला करने को तैयार रहते हैं, विशेषकर तब, जब हम किसी विशेष विश्वास या किसी मत-सिद्धांत पर अड़े हुए हों या ध्वज कहे जाने वाले एक कपड़े के टुकड़े को लेकर अपनी विशेष राष्ट्रीयता की पूजा कर रहे हों। इस प्रकार, व्यक्तिगत रूप से अपने निजी और अप्रकट जीवन में तो हम आक्रामक और हिंसक हैं ही, साथ ही प्रकट रूप में, दूसरों के साथ संबंधों में भी हम ऐसे ही हैं। जब हम महत्त्वाकांक्षी, लोलुप और हड़पने को आतुर होते हैं, तब हम बाहरी तौर पर भी सामूहिक रूप से आक्रामक, हिंसक और विध्वंसक हो उठते हैं।

आश्चर्य है कि यह आज भी क्यों हो रहा है और अतीत में भी क्यों होता रहा है। इतने अधिक युद्ध हो चुके हैं, विघटनकारी और विध्वंसकारी इतनी सारी शक्तियां संसार को रौंदती रही हैं, क्यों? क्या है इसका कारण? ऐसा नहीं है कि इसका हेतु व कारण जान लेने से ही मन सदा के लिए मुक्त हो जाएगा, परंतु यह जानना-खोजना समीचीन है कि पुरातन काल से ही मनुष्य इतना हिंसक, निर्दयी, आक्रामक, क्रूर और विध्वंसक क्यों रहा है—और अपनी ही प्रजाति का नाश करता आया है? यदि आप पूछते हैं कि क्यों, आप इस सब का कारण क्या मानते हैं? तो यह ध्यान रखिये कि व्याख्याएं और निष्कर्ष मात्र से हिंसा का अंत नहीं हो पाएगा। हम हिंसा से मुक्ति के विषय पर विचार करेंगे परंतु पहले हमें यह जानना होगा कि आक्रामक प्रतिक्रियाओं का अस्तित्व क्यों है।

— 10 —
विरासत में प्राप्त जैविक कारण

मेरे विचार से इसका एक कारण वह मूल प्रवृत्ति है जो पुरातन काल से हमें विरासत

में मिलती आई है और जिसकी उत्पत्ति पशु प्रजाति से हुई है। आपने कुत्तों को या सांडों को लड़ते देखा होगा। सशक्त अशक्त से जा भिड़ते हैं। पशु स्वभावतः आक्रामक और हिंसक होते हैं। हम मनुष्य उन्हीं से विकसित होकर आये हैं और हमने उन्हीं से विरासत में यह आक्रामक हिंसा और घृणा पायी है, यह तब परिलक्षित हो जाती है जब हम किसी सीमा विवाद या किसी भूभाग के लिए या यौनाधिकार के लिए भिड़ जाते हैं, बिल्कुल पशुओं की तरह। इस प्रकार हिंसा के अनेक कारणों में से यह एक कारण है।

– 11 –
सामाजिक एवं परिवेशीय कारण

दूसरा कारण है परिवेश। वह समाज जिसमें हम रहते हैं, वह संस्कृति जिसमें हम पले-बढ़े हैं, वह शिक्षा जो हमें दी गयी है। जिस समाज में हम रहते हैं वह हमें आक्रामक होने के लिए विवश करता है। प्रत्येक व्यक्ति अपने लिए लड़ता नज़र आता है, प्रत्येक व्यक्ति कोई स्थिति, अधिकार और प्रतिष्ठा पाना चाहता है। उसकी चिंता व चाहना केवल अपने लिए है। यद्यपि वह अपने परिवार, अपने वर्ग, अपने देश इत्यादि के लिए भी चिंतित हो सकता है, परंतु मूल रूप से उसका सरोकार है अपने लिए ही। भले ही वह अपने परिवार के लिए, या अपने देश के माध्यम से कार्य करता हो परंतु वह स्वयं को सदैव प्राथमिकता देता है। अतः जिस समाज में हम रह रहे हैं वह उस हिंसा के योगदान का एक कारक है। वह इस व्यवहार को हम पर थोप रहा है। हमें यह बताया जाता है कि अपने अस्तित्व के लिए आपको आक्रामक होना चाहिए, संघर्ष करना चाहिए। अतः हिंसा के कारण के रूप में समाज का बहुत बड़ा हाथ है। और यह समाज, जिसमें हम रहते हैं, हम मनुष्यों का ही बनाया हुआ है, हम सब ने ही इसकी रचना की है।

– 12 –
क्रोध का मुख्य कारण है मानसिक स्तर पर सुरक्षा की मांग

परंतु मेरे विचार से हिंसा का मुख्य कारण यह है कि हम सब भीतर से मनोवैज्ञानिक

सुरक्षा चाहते हैं। हम सब में मनोवैज्ञानिक सुरक्षा की यह ललक, सुरक्षित रहने का यह भाव ही बाह्य सुरक्षा की मांग करता है। हम सब आंतरिक रूप से सुरक्षित, सुनियत और सुनिश्चत होना चाहते हैं। इसीलिए, विवाह संबंधों में विधि-विधान बनाये गये हैं, जिसमें हम एक स्त्री को या एक पुरुष को अपने अधिकार में रख सकें, ताकि हम अपने संबंधों में सुनिश्चित-सुरक्षित रह सकें। यदि इस संबंध पर आक्रमण होता है तो हम हिंसक हो उठते हैं जो कि अपने संबंधों में सुनिश्चित रहने की हमारी मनोवैज्ञानिक मांग होती है, हमारे अंतर्मन की ही मांग होती है। परंतु, किसी भी संबंध में सुनिश्चितता और सुरक्षा जैसी कोई चीज़ तो होती ही नहीं। आंतरिक रूप से, मानसिक स्तर पर हम सुरक्षित रहना चाहते हैं, परंतु स्थायी सुरक्षा जैसी कोई चीज़ नहीं होती। आपकी पत्नी, आपका पति आपके विरुद्ध हो सकते हैं, आपकी संपत्ति किसी क्रांति में आपसे छीन ली जा सकती है।

<h2 style="text-align:center">– 13 –
सार्वभौमिक बाहरी और भीतरी व्यवस्था</h2>

तो, सबसे पहले बाहरी व्यवस्था होना ज़रूरी है और यह व्यवस्था तब तक नहीं हो सकती जब तक संपूर्ण मानव जाति के लिए एक सार्वभौमिक भाषा और योजना न हो, अर्थात समस्त राष्ट्रीयताओं का विलय। तत्पश्चात, भीतरी तौर पर, सभी पलायनों से मन को मुक्त करना होगा जिससे वह 'जो है' के तथ्य से रू-ब-रू हो सके। क्या मैं स्वयं के हिंसक होने के तथ्य को देख सकता हूं? न तो यह कहते हुए कि मुझे हिंसक नहीं होना चाहिए, न इसकी निंदा करते हुए और न ही इसे सही ठहराते हुए क्या मैं स्वयं के हिंसक होने का तथ्य बस ध्यानपूर्वक देख सकता हूं?

<h2 style="text-align:center">– 14 –
विद्रोह व सेनाएं</h2>

समाज के स्वरूप के भीतर-भीतर विद्रोह साफ दिखता है। कुछ विद्रोह सम्मान के योग्य माने गये हैं, अन्य नहीं, परंतु ये सब होते समाज के क्षेत्र में, सामाजिक

'घेराबंदी' में ही हैं। और, जो समाज डाह, महत्त्वाकांक्षा, क्रूरता और युद्ध की नींव पर खड़ा हो, वह स्वयं के भीतर विद्रोह के अतिरिक्त और किस चीज़ की अपेक्षा कर सकता है। देखिए, जब आप सिनेमा देखने जाते हैं, तब उनमें आपको भीषण हिंसा देखने को मिलती है। दो विश्व युद्ध हो चुके हैं जो व्यापक हिंसा के प्रतीक रहे हैं। जो देश सेना रखता है वह अपने ही नागरिकों के लिए विनाशकारी होता है। कृपया इसे ध्यानपूर्वक सुनें। जब तक कोई देश सेना रखता है, चाहे वह सुरक्षा के लिए हो या आक्रमण के लिए, वहां शांति नहीं हो सकती। सेना तो सुरक्षात्मक और आक्रामक दोनों ही होती हैं, उसके द्वारा कोई भी शांतिपूर्ण राज्य नहीं बनाया जा सकता। जब भी कोई संस्कृति-सभ्यता सेना गठित करती है और उसका रख-रखाव करती है, वह स्वयं का विनाश करने पर उतारू हो गयी होती है। यह एक ऐतिहासिक तथ्य है।

— 15 —

किशोर अपराध

हर ओर से हमें स्पर्धात्मक होने, महत्त्वाकांक्षी होने और सफल होने के लिए उत्प्रेरित किया जाता है। स्पर्धा, महत्त्वाकांक्षा और सफलता आज के समृद्ध समाज के देवी-देवता बन बैठे हैं। और, आप क्या अपेक्षा करते हैं? आप चाहते हैं कि किशोर-अपराध एक प्रकार के भटकाव के रूप में मान्य हो जाए, बस? आप इस समस्या के मूल कारण का तो निवारण करते नहीं अर्थात युद्ध की तमाम प्रक्रिया, सेना पालना, महत्त्वाकांक्षी बनना, स्पर्धा के लिए उत्प्रेरित करना, यह सब तो आप रोकते नहीं। हमारे मन में गहराई तक जड़ पकड़े हुए ये बातें समाज की वह बाड़ हैं जिनके भीतर हर समय कोई न कोई विद्रोह चलता रहता है, युवाओं द्वारा भी और वयस्कों द्वारा भी। किशोर अपचार ही एकमेव समस्या नहीं है, इसमें हमारे संपूर्ण समाज का ताना-बाना शामिल है और, इसका कोई भी निदान तब तक नहीं हो सकता जब तक आप और मैं समाज के ढांचे से पूरी तरह बाहर नहीं निकल आते। उस समाज से जो महत्त्वाकांक्षा, क्रूरता, सफलता की लोलुपता, कुछ बनने की चाहत का और सर्वोच्च स्थिति को पा लेने की ललक का प्रतीक है। यह सारा प्रक्रम, निश्चय ही, आत्मपूर्ति के लिए की जा रही स्वकेंद्रित दौड़ है, बस अंतर इतना है कि इसे आदरयोग्य मान लिया गया है।

हम हत्यारे स्पर्धी को पूजते हैं, क्या इसीलिए क्रोध को जन्म देते हैं?

आप सफल की पूजा करते हैं, जिसने हजारों लोगों को मारा हो उसे पदक प्रदान करते हैं। विश्व में विश्वास और मत-सिद्धांतों के अनेक विभाजन खड़े हुए हैं—ईसाई, हिंदू, बौद्ध, मुस्लिम। ये सब ही द्वंद्व के कारण बने हुए हैं। आप जब बच्चों को केवल घर पर रखकर या उन्हें अनुशासित करके या उन्हें सेना में भर्ती करके या विभिन्न मनोवैज्ञानिक व समाज-सुधारकों द्वारा प्रस्तुत विभिन्न समाधानों का सहारा लेकर किशोर अपचार से निपटना चाहते हैं, तब निश्चय ही, आप एक बुनियादी सवाल को सतही तौर पर सुलझा रहे होते हैं। बुनियादी सवालों को सुलझाने में हम डरते हैं कि हम लोकप्रिय नहीं रह पायेंगे, हमें कम्यूनिस्ट कह दिया जाएगा और ईश्वर जाने क्या-क्या कहा जाएगा। और ठप्पे हम सब को अत्यधिक महत्त्वपूर्ण प्रतीत होते हैं। चाहे रूस में हो, या भारत में, अथवा यहां भी, समस्या मूलरूप से वही है। मन जब समाज की इस संपूर्ण संरचना को समझ लेगा, केवल तभी हम इस समस्या को पूरी तरह एक भिन्न दृष्टिकोण से देख पायेंगे और, संभवतः उसी के द्वारा वास्तविक शांति स्थापित कर पायेंगे, क्योंकि वर्तमान शांति तो राजनेताओं द्वारा गढ़ी गई भ्रांति है।

अध्याय तीन

ऊब व अभिरुचि

— 1 —

कारण क्या पलायन का दूसरा रूप नहीं है?

आप एक समाज-सेवी बन जाएं, या एक राजनैतिक अथवा धार्मिक कार्यकर्ता बन जाएं—तो क्या यही बाकी रह जाता है? क्योंकि आप के पास करने को कुछ नहीं हैं, इसलिए आप समाज सुधारक बन गये! यदि आप के पास करने को कुछ नहीं है, यदि आप ऊब रहे हैं तो ऊबन में रह क्यों नहीं पाते? आप वही क्यों नहीं रहते? यदि आप दुख में हैं तो दुखी रहिए। उससे निकलने का मार्ग मत ढूंढ़िए; क्योंकि, यदि आप इसे समझ सकें, तो आपके ऊबने का अत्यधिक महत्त्व है, आप उसी के साथ जिएं। जब आप कहते हैं "मैं ऊब गया हूं, अतः मैं कुछ और करना चाहता हूं" तब आप ऊब से पलायन करने का प्रयास ही करते हैं। चूंकि हमारी अधिकांश गतिविधियां पलायन ही हैं, अतः हम सामाजिक

स्तर पर और अन्य हर तरह से भी बहुत क्षति पहुंचा रहे हैं। अनिष्ट तब कहीं अधिक होता है जब कि आप पलायन करते हैं, न कि तब, जब आप जैसे हैं वैसे ही रहते हैं और उसी के साथ बने रहते हैं। कठिनाई यह है कि उसके साथ बना कैसे रहा जाए, उससे दूर न भागा जाए। चूंकि हमारे अधिकांश कार्यकलाप पलायन की ही पद्धतियां हैं, अतः हमारे लिए यह अत्यंत कठिन हो जाता है कि पलायन करने से स्वयं को रोकें और स्थिति का सामना करें; इसलिए मुझे खुशी है यदि आप वास्तव में ऊब रहे हैं और तब मेरा कहना होगा, ''बस ठहर जाइए, आइए इसके साथ रहकर इसे देखते हैं; आप कुछ भी और क्यों करें?''

– 2 –

हम क्यों ऊबते हैं?

यदि आप ऊब रहे हैं तो क्यों ऊब रहे हैं? वह क्या है जिसे हम ऊब कहते हैं? ऐसा क्यों है कि आप किसी बात में रुचि नहीं रखते? ऐसा होने का कोई कारण, कोई आधार तो होगा जिसने आपको मंद-कुंद बना दिया है। दुख, पलायन, विश्वास, अनवरत क्रियाकलाप ने आपके मन को मंद कर दिया है, आपके हृदय को कठोर कर दिया है। यदि आप यह जान पाएं कि आप ऊबते क्यों हैं, आप में क्यों रुचि का अभाव है, तो शायद आप इस समस्या का समाधान कर पाएंगे, है न? तब जाग्रत रुचि अपना कार्य करेगी। यदि यह जानने में आपकी रुचि नहीं है कि ऊब क्यों रहे हैं, तो आप स्वयं को जबरन किसी कार्य के प्रति रुचिपूर्ण नहीं बना सकते, तब आप केवल कुछ कर रहे होंगे—एक गिलहरी की तरह, जो पिंजरे में चक्कर लगाती रहती है। मैं समझता हूं हममें से अधिकतर लोग इसी प्रकार के कार्यकलाप में निमग्न रहते हैं। परंतु, आंतरिक और मनोवैज्ञानिक तौर पर हम यह पता लगा सकते हैं कि अधिकांशतः हम इस नितांत ऊब की अवस्था में क्यों हैं, हम देख सकते हैं कि अधिकांशतः हम लोग इसी अवस्था में हैं। भावनात्मक रूप से और मानसिक रूप से हम चुक गये हैं। हमने इतनी तरह की चीज़ों को, इतनी तरह की उत्तेजनाओं को, इतने तरह के आमोद-प्रमोद को, इतने तरह के प्रयोगों को आज़माया है कि अब हम थक-हार गये हैं। हम किसी एक समूह-समुदाय के साथ जुड़ जाते हैं, वहां बताया गया हर एक कार्य करते हैं और फिर उसे छोड़कर किसी अन्य से जुड़ जाते हैं और उसे आज़माने लगते

हैं। यदि हम किसी एक मनोचिकित्सक के साथ सफल नहीं हो पाते हैं तो हम किसी अन्य मनोचिकित्सक या किसी पुजारी के पास चले जाते हैं, यदि हम वहां भी सफलता नहीं पाते हैं तो किसी गुरु के पास चले जाते हैं। यह सब इसी तरह चलता रहता है। हम सदा यही करते रहते हैं। अनवरत खींच-तान और छोड़ने-छाड़ने की प्रक्रिया निश्चय ही बहुत थकाऊ होती है, है न? अन्य सभी उत्तेजनाओं की भांति यह भी शीघ्र ही मन को मंद-कुंद कर देती है।

— 3 —

ऊब थकान हो सकती है

हम यही करते आये हैं। एक संवेग और एक उत्तेजना से दूसरी उत्तेजना तक तब तक भागते रहते हैं जब तक हम सचमुच निढाल कर देने वाले बिंदु तक नहीं पहुंच जाते। इसे स्पष्ट समझ लेने के बाद, अभी और आगे मत जाइए, थोड़ा ठहरिए। शांत रहिए। मन को स्वतः ऊर्जा समेटने दीजिए, उस पर दबाव मत डालिए। जैसे शीत के दौरान मिट्टी स्वयं को तरो-ताज़ा कर लेती है, वैसे ही मन को भी जब शांत होने दिया जाता है, तब वह स्वयं को तरो-ताज़ा कर पाता है। परंतु मन को शांत होने देना, इस सब के उपरांत उसे अनछुआ छोड़ देना बहुत कठिन है, क्योंकि वह तो हर समय कुछ न कुछ करने को आतुर रहता है। जब आप उस बिंदु तक पहुंच जाएं, जहां वास्तव में आप स्वयं को वही होने देते हैं जो आप हैं—ऊबे हुए, बुरे, घिनौने या जैसे भी आप हैं—तभी उसके साथ कुछ हो पाने की संभावना बनती है।

क्या होता है जब आप कुछ स्वीकार कर लेते हैं, जब आप स्वयं को वैसा स्वीकार कर लेते हैं जैसे आप हैं? तब समस्या कहां रह जाती है? समस्या केवल तब आती है जब हम किसी चीज़ को वैसी स्वीकार नहीं करते जैसी वह है, बल्कि उसे परिवर्तित कर देना चाहते हैं—इसका अर्थ यह नहीं है कि मैं संतोष की वकालत कर रहा हूं, बल्कि बात इसके एकदम विपरीत है; यदि हम जैसे हैं, स्वयं को वैसा ही स्वीकार कर लें तो हम देखेंगे कि उन स्थितियों का जिनसे हम घबराते हैं, जिन्हें हम उबाऊ मानते हैं, जिन्हें हम उदासी और निराशा की श्रेणी में मानते हैं, जिन्हें हम भय कहते हैं—उन सबका एक संपूर्ण कायाकल्प हो जाता है। जिस अवस्था से हम भयभीत रहते थे, उस अवस्था का संपूर्ण रूपांतरण हो जाता है।

किसी चीज़ में हमारी रुचि क्या केवल पुरस्कार पर टिकी है?

आपका अभिरुचि से क्या अभिप्राय है? अभिरुचि ऊब में क्यों बदल जाती है? अभिरुचि का क्या अर्थ है? आपकी रुचि-अभिरुचि उस चीज़ में रहती हैं जिसमें आपको प्रसन्नता मिलती है, परितोष मिलता है, है न? क्या यह अभिरुचि अभिग्रहण का, कुछ हासिल कर लेने का प्रक्रम नहीं है? आप किसी ऐसी चीज़ में अभिरुचि नहीं रखते जिसमें आपको कुछ हासिल न होता हो, नहीं रखते न? किसी चीज़ में आपकी अभिरुचि तभी तक बनी रहती है जब तक आप उससे कुछ न कुछ हासिल करते रहते हैं, यह अर्जन ही अभिरुचि होता है, है न? अपने संपर्क में आने वाली प्रत्येक चीज़ से आपने तुष्ट होने का प्रयास किया है, और जब आप उसका पूरा-पूरा उपभोग कर लेते हैं तब स्वभावतः आप उससे ऊबने लगते हैं। प्रत्येक अर्जन ऊब का, क्लांति का ही रूप है। जैसे ही किसी खिलौने में हमारी अभिरुचि समाप्त हो जाती है, हम उसे बदल देना चाहते हैं, दूसरे खिलौने की ओर मुड़ जाते हैं, और इस तरह सदैव नये-नये खिलौनों की तलाश में लगे रहते हैं। हम किसी चीज़ को हासिल करने के लिए ही उसकी ओर उन्मुख होते हैं। विषय-सुख, ज्ञान, प्रसिद्धि, प्रतिष्ठा, अधिकार, परिवार—यह सब अर्जन ही तो है। किसी एक धर्म में, किसी एक उद्धारक में जब हासिल करने को हमें कुछ और नहीं मिलता तब उसमें हमारी दिलचस्पी नहीं रह जाती और हम किसी दूसरे की ओर मुड़ जाते हैं। कुछ लोग किसी संगठन में जाकर निद्रामग्न हो जाते हैं और फिर कभी नहीं जागते, और जो जाग भी जाते हैं वे उसे छोड़कर किसी अन्य में जाकर पुनः सो जाते हैं। हासिल करते रहने की इस प्रवृत्ति को विचारों का विकास और प्रगति की संज्ञा दे दी जाती है।

"क्या दिलचस्पी हमेशा कुछ हासिल करने के लिए ही होती है?"

क्या आप वास्तव में किसी भी ऐसी चीज़ में दिलचस्पी रखते हैं जिससे आपको कुछ भी हासिल होने वाला न हो? वह चाहे कोई नाटक हो, कोई खेल हो, कोई वार्तालाप, कोई ग्रंथ या कोई व्यक्ति हो। यदि कोई व्यक्ति आपको किसी भी तरह उद्दीप्त और उद्वेलित नहीं करता, किसी संबंध विशेष में यदि कोई मिठास या खटास नहीं रह जाती तो आपकी रुचि भी उसमें नहीं रह पाती, आप उससे ऊब जाते हैं। क्या आपकी नज़र में यह बात नहीं आयी?

"हां, परंतु मैंने पहले इसे इस दृष्टिकोण से नहीं देखा।"

यदि आप कुछ नहीं चाहते तो यहां नहीं आते। आप ऊब से मुक्ति चाहते

हैं। यदि मैं वह मुक्ति नहीं दे पाया तो आप पुनः ऊब जाएंगे। परंतु, हम साथ मिलकर अर्जन की, अभिरुचि की, ऊबन की संपूर्ण प्रक्रिया को समझ लें तो शायद वह मुक्ति संभव हो जाए। मुक्ति का, स्वतंत्रता का अर्जन नहीं किया जा सकता। यदि आप इसे हासिल कर लेंगे, तो शीघ्र ही इससे ऊब जाएंगे। क्या अर्जन मन को मंद-कुंद नहीं कर देता है? अर्जन चाहे सकारात्मक हो या नकारात्मक, यह एक भार ही होता है। ज्यों ही आप कुछ हासिल कर लेते हैं, त्यों ही आपकी अभिरुचि उतार पर आ जाती है। प्राप्त कर लेने के उद्यम में आप सजग-सचेत रहते हैं, परंतु प्राप्ति तो ऊब का रूप ले लेती है। आप कुछ और प्राप्त करना चाहते हैं, परंतु यह कुछ और की दौड़ भी ऊब की ओर जाने वाले मार्ग पर ही होती है। आप हासिल करने के अलग-अलग तरीके अपनाते हैं। जब तक अर्जन के लिए आपका उद्यम चलता रहता है, तब तक अभिरुचि भी बनी रहती है; परंतु हर अर्जन का अवसान होता ही है, और उसी के साथ अभिरुचि का भी समापन हो जाता है। क्या यही सब कुछ नहीं हो रहा है?

– 5 –

विचारों के अंतराल में बसती है नूतनता

मन के लिए शांत होना अत्यंत कठिन है क्योंकि वह सदैव किसी न किसी उधेड़-बुन में लगा रहता है, सदैव किसी चीज़ के पीछे दौड़ता रहता है, कुछ हासिल कर लेने को या छोड़ देने को, कुछ तलाश करने को व पा लेने को। यह कभी स्थिर नहीं रहता, निरंतर गतिमय रहता है। वर्तमान पर अपनी छाया डालते हुए अतीत अपना भविष्य स्वयं बनाता रहता है। यह समय में की जा रही गति होती है। परंतु, विचारों के बीच शायद ही कोई अंतराल आता हो। प्रत्येक विचार तनिक भी अंतराल दिये बिना गत विचार का पीछा करता चला आता है। मन स्वयं को हमेशा पैना बनाता रहता है और इस तरह थक-टूट कर चूर हो जाता है। यदि पेंसिल को लगातार छीलते रहेंगे तो उसका कुछ भी शेष नहीं बचेगा। इसी प्रकार मन स्वयं का अनवरत अपव्यय करता रहता है, और इसलिए श्रांत-क्लांत हो जाता है। मन अपना अंत आने के प्रति सदा घबराया रहता है। परंतु, हर दिन का पटाक्षेप कर देना जीवंत रहना है, यह अर्जन, स्मृति, अनुभव और अतीत—इन सबका अवसान कर देना है।

अपने आप पर तरस खाना, दुख, कष्ट

— 1 —

दुख क्या है?

मनुष्य ने दुख से उबरने के लिए तरह-तरह के प्रयास किए हैं—पूजा, पलायन, मदिरापान, मनोरंजन, परंतु दुख को भी उसी तरह समझे जाने की आवश्यकता है जिस तरह आप अन्य चीज़ों को समझते हैं। इसे नकारें नहीं, इसे दबाएं नहीं, इस पर काबू पाने का प्रयास न करें, बल्कि इसे समझें, इसे देखें कि यह है क्या? दुख क्या है? क्या आप जानते हैं कि दुख क्या होता है?

$$- \ 2 \ -$$

अकेलापन दुख होता है

दुख होता है जब आप किसी ऐसे को खो देते हैं जिसे आप समझते हैं कि आप प्रेम करते हैं, दुख होता है जब आप सर्वथा और पूर्णतया संतृप्त नहीं हो पाते, दुख होता है जब आप अवसर और सामर्थ्य से वंचित कर दिये जाते हैं, दुख होता है जब आप पूर्ति चाहते हैं परंतु वह हो नहीं पाती, दुख होता है जब आप अपने ही नितांत खोखलेपन, अकेलेपन से रू-ब-रू होते हैं और दुख होता है अपने आप पर तरस खाने का बोझ। क्या आप जानते हैं कि यह अपने आप पर तरस खाना क्या है?

$$- \ 3 \ -$$

अपने आप पर तरस खाना दुख का कारक होता है

अपने आप पर तरस तब आता है जब चेतन या अचेतन रूप से आप अपने आप से खुद के बारे में ही शिकायत कर रहे होते हैं, जब आपको स्वयं पर दया आ रही होती है, जब आप कह उठते हैं, ''जिन परिस्थितियों में, जिस स्थिति में मैं रह रहा हूं उसके विरुद्ध मैं कुछ भी नहीं कर सकता।'' जब आप स्वयं को एक कीड़ा मान रहे होते हैं; अपने भाग्य को कोस रहे होते हैं। इस प्रकार प्रवेश कर लेता है दुख।

दुख को समझने के लिए पहले हमें अपने आप पर तरस खाने के प्रति सचेत होना होगा क्योंकि यह दुख के कारकों में से एक है। जब किसी का देहांत हो जाए और आप रह जाएं तब आपको एहसास होता है कि आप कितने अकेले हैं, अथवा किसी का देहांत हो जाने से आपका आर्थिक सहारा छिन जाए तब आप असुरक्षित हो जाते हैं। चूंकि आप दूसरों पर निर्भर रहे हैं, अतः आप शिकायत शुरू कर देते हैं, अपने आप पर तरस खाना शुरू कर देते हैं। यह एक तथ्य है, जैसे कि यह तथ्य है कि आप अकेले हैं; यही है जो है। अपने आप पर तरस खाने के भाव को ध्यानपूर्वक देखिए, इस पर काबू पाने का प्रयास मत कीजिए, इसे नकारना और यह कहना, ''मुझे इससे क्या लेना-देना'' भी उतना ही बेमानी है जब कि तथ्य यही है कि आप स्वयं पर तरस खा रहे हैं, तथ्य यही है कि

आप अकेले पड़ गए हैं। परिस्थितियां चाहे कैसी भी हों, क्या आप यह सब बगैर कोई तुलना किये देख सकते हैं कि अमुक व्यक्ति या धन या सामर्थ्य के रहते कल तक आप किस कदर सुरक्षित महसूस करते थे? इसको केवल ध्यानपूर्वक देखें। तब आप देखेंगे कि अपने आप पर तरस खाने का आपके लिए कोई मतलब ही नहीं रह जाएगा।

— 4 —
अकेलेपन का दुख

दुख के कारणों में से एक होता है व्यक्ति का असाधारण अकेलापन। भले ही आप के पास संगी-साथी हों, देवी-देवता हों, आध्यात्मिक ज्ञान हो, भले ही आप सामाजिक रूप से बहुत सक्रिय रहते हों...तब भी यह अकेलापन रहता ही है। इसलिए व्यक्ति जीवन का अभिप्राय तलाशता है और उस अभिप्राय को, अर्थ को गढ़ लेता है। परंतु अकेलापन तब भी बना रहता है। तो आप इसे बिना किसी तुलना के देखें, इसे केवल देखें, बिना इससे बचने का प्रयास करते हुए, बिना इसे ढांपते हुए, बिना इससे पलायन करते हुए। तब आप देखेंगे कि अकेलापन एकदम कुछ और ही बन जाता है।

— 5 —
अकेलापन दुख है, एकाकीपन स्वतंत्रता

मनुष्य को एकाकी होना चाहिए। वह एकाकी है नहीं। हम आज के और अतीत के असंख्य प्रभावों, मनोवैज्ञानिक विरासतों, मत-प्रचारों और संस्कृति के परिणाम हैं। हम एकाकी नहीं हैं और इसलिए अमौलिक हैं। व्यक्ति जब एकाकी होता है, पूर्णतया एकाकी होता है, परिवार होते हुए भी वह उस परिवार मात्र का होकर नहीं रह जाता, न ही वह किसी देश विशेष का, संस्कृति विशेष का होकर रहता है और न ही किसी संकल्प से आबद्ध रहता है, तब उसमें इन सब के प्रति एक अलिप्तता का भाव बन जाता है। प्रत्येक धारणा, क्रिया, परिवार, देश—सब के प्रति। जो एकाकी है केवल वही निर्दोष रहता है। यह निर्दोषता ही मन को दुख से मुक्त करती है।

अपने आप पर तरस खाना, दुख, कष्ट / 91

यह विलाप स्वयं अपने लिए है या दिवगंत के लिए

क्या आप दुख को उतना ही प्रखर और चरम रूप से अनुभव करते हैं जितना दंतपीड़ा को? जब आप को दंतपीड़ा होती है तब आप उसके लिए कुछ न कुछ करते हैं, दंत चिकित्सक के पास जाते हैं। परंतु जब आपको दुख होता है तो आप उस से दूर भाग जाते हैं—किसी व्याख्यान, किसी विश्वास या सुरा का सहारा लेकर। आप कुछ करते तो हैं, परंतु ऐसा कुछ नहीं करते जो मन को दुख से मुक्त कर सके। है न?

"मैं नहीं जानता कि मुझे क्या करना चाहिए, इसीलिए मैं यहां आया हूं।"

इससे पहले कि आप यह जानें कि आपको क्या करना चाहिए, आपको क्या यह नहीं पता लगा लेना चाहिए कि दुख वास्तव में होता क्या है? दुख क्या है इस बारे में आपने कोई न कोई धारणा या राय ही तो बना रखी है। दुख का मानांकन करना, इससे भयभीत होना, इससे दूर भागना—यह सब निश्चय ही दुख को प्रत्यक्षतः अनुभव करने में आड़े आता है। जब आपको दंतपीड़ा हो रही होती है तब आप उसके बारे में कोई मत-अभिमत नहीं बनाते, आप बस दर्द महसूस करते हैं, और कुछ करते हैं। परंतु दुख में आपमें ऐसी क्रियाशीलता नहीं होती, न तत्काल, न उपरांत, क्योंकि वस्तुतः आप दुख से गुज़र ही नहीं रहे होते। दुख से गुज़रने और उसे समझने के लिए ज़रूरी है कि आप इसे देखें, इससे भागें नहीं।

"मेरे पिता का देहांत हो गया है और इसीलिए मैं दुखी हूं। इस दुख के चंगुल से निकलने के लिए मैं क्या करूं?"

हम इसलिए दुखमय हैं क्योंकि हम दुख का सत्य नहीं देखते। कोई तथ्य और उस तथ्य के बारे में बनाया गया हमारा मत—ये दोनों पूरी तरह भिन्न हैं; और दोनों भिन्न दिशाओं में ले जाते हैं। प्रश्न है कि आपका सरोकार तथ्य से, वास्तविकता से है, या केवल दुख के बारे में बनाये गये मत से?"

उसने जोर देकर कहा, "आपने मेरे प्रश्न का उत्तर तो दिया ही नहीं : मुझे करना क्या है?"

अपने पर तरस खाने के विष से विमुक्ति

आप दुख से पलायन करना चाहते हैं या इससे मुक्त होना चाहते हैं? यदि आप केवल पलायन करना चाहते हैं तो कोई दवा, कोई विश्वास, कोई व्याख्या, कोई मनोरंजन आपकी 'सहायता' कर सकता है; परंतु निर्भरता और भय जैसे अपरिहार्य परिणामों के साथ। लेकिन, यदि आप दुख से छुटकारा चाहते हैं तो आपको इससे दूर भागना बंद करना होगा और इसके बारे में बिना कोई राय बनाये, बिना कुछ चयन किए, इसके प्रति सजग होना होगा, इसका ध्यानपूर्वक अवलोकन करना होगा, इसके बारे में सीखना होगा, इसकी तमाम सघन जटिलताओं को जानना होगा। तब आप इससे भयाक्रांत नहीं होंगे और तभी स्वयं पर तरस खाने का विष उतर पाएगा। दुख को समझने से ही दुख से मुक्ति होती है। और, दुख को समझने के लिए इसका वास्तविक अनुभव आवश्यक होता है, न कि इसकी शाब्दिक कल्पना।

तब मैं अपना दैनिक जीवन कैसे बिताऊं?

''क्या मैं एक प्रश्न पूछ सकता हूं,'' उनमें से एक ने पूछा, ''हमें अपना दैनिक जीवन किस तरह बिताना चाहिए?''

जैसे आप इसी दिन के लिए, इसी घंटे के लिए जी रहे हों।

''कैसे?''

यदि जीने के लिए आपके पास एक ही घंटा बचे तो आप क्या करेंगे?

''यह तो मैं नहीं जानता,'' उसने कुछ चिंतित स्वर में उत्तर दिया।

क्या आप बाह्य तौर पर जो ज़रूरी है उसे नहीं निपटाएंगे—कामकाज, वसीयत आदि। क्या आप अपने परिजनों को, अपने मित्रों को पास बुलाकर यदि आपसे उन्हें कभी कोई नुक्सान पहुंचा हो उसके लिए क्षमा नहीं मांग लेंगे? और, जो कोई कष्ट उन्होंने आपको पहुंचाए हों, उनके लिए क्या आप उन्हें क्षमा नहीं कर देंगे? क्या आप उस समय मन से, इच्छाओं से, संसार से पूरी तरह विरत नहीं हो जाएंगे? अब यदि ऐसा एक घंटे के लिए किया जा सकता है, तो आने वाले

तमाम दिनों और वर्षों के लिए भी किया जा सकता है।

"क्या ऐसा वाकई संभव है?"

करके देखिए, मालूम हो जाएगा।

— 9 —

दुख को समझना

जब मैं दुख से ग्रस्त हूं तो मेरे यह पूछने से क्या होने वाला है कि प्रसन्नता क्या होती है? क्या मैं दुख को समझ सकता हूं? यही है मेरी समस्या, न कि मैं खुश कैसे रहूं? जब मैं दुखमय नहीं होता हूं तो खुश रहता हूं परंतु ज्यों ही मुझे अपने खुश होने का भान होता है, त्यों ही वह खुशी खुशी नहीं रह जाती. ..तो मुझे समझना चाहिए कि दुख है क्या। दुख क्या है, इसे क्या मैं समझ सकता हूं जब कि मेरे मन का एक हिस्सा खुशी पाने के लिए उससे दूर भाग रहा है, दुख से निकल पाने के लिए कोई मार्ग खोज रहा है? दुख को समझने के लिए क्या यह ज़रूरी नहीं हो जाता कि मैं पूरी तरह दुख के साथ रहूं—न इसे नकारूं, न इसे सही ठहराऊं, न इसकी निंदा करूं, और न ही तुलना, बस पूरी तरह इसके साथ रहते हुए इसे समझूं?

खुशी क्या है, सुख-शांति क्या है, इसका सच तभी जाना जा सकता है जब मैं यह जान लूं कि सुना कैसे जाता है। मुझे जानना होगा कि मैं दुख को कैसे सुनूं। यदि मैं दुख को सुन सकता हूं तभी मैं सुख-शांति को सुन पाऊंगा, क्योंकि वही तो मैं होता हूं।

— 10 —

दुख दुख ही है : हरेक का मस्तिष्क और दुख एक समान हैं

क्या व्यक्ति के रूप में आपका दुख मेरे दुख से भिन्न है, या उस व्यक्ति के दुख से भिन्न है जो एशिया में, अमेरिका में या रूस में दुख झेल रहा है? वातावरण और घटनाक्रम भिन्न हो सकते हैं, परंतु सारभूत रूप से दूसरों का दुख भी वैसा ही है जैसा मेरा और आपका, है न? दुख तो केवल दुख होता है; न कि मेरा

दुख या आपका दुख। आनंद न आपका होता है, न मेरा, यह तो बस आनंद होता है। यदि आपको भूख लगी है तो यह केवल आपकी भूख नहीं है बल्कि सारे एशिया की भूख है। जब आप महत्त्वाकांक्षा के घोड़े पर सवार हो जाते हैं, जब आप क्रूर-निर्दयी बन जाते हैं, तो यह उस क्रूरता, निर्दयता और महत्त्वाकांक्षा से अलग नहीं होती जिसके घोड़े पर राजनेता व शक्तिसंपन्न व्यक्ति सवार रहते हैं, भले ही वे एशिया के हों, अमेरिका के या रूस के।

आप देखिए, इसी बात पर हम आपत्ति उठाते हैं। हम नहीं देख पाते कि हम समग्र मानवता हैं—बस जीवन की विभिन्न अवस्थितियों में, विभिन्न क्षेत्रों में अटके हुए। जब आपको किसी से प्रेम होता है तब वह प्रेम आपका नहीं होता, यदि होता है तो वह निरंकुश स्वामित्व-भाव वाला, ईर्ष्यालु, चिंतातुर और उत्पीड़क होगा। इसी प्रकार दुख तो बस दुख होता है, यह न आपका होता है न मेरा। मैं इसे निर्वैयक्तिक नहीं बना रहा हूं, न ही कोई अमूर्त चीज़। यदि कोई दुखी है तो वह दुखी ही है। यदि किसी के पास भोजन न हो, वस्त्र न हो, सिर पर छत न हो तो वह दुख झेल रहा होता है, वह चाहे एशिया में रह रहा हो या किसी पश्चिमी देश में। आज जो लोग हताहत हो रहे हैं—चाहे वे वियतनामी हों या अमेरिकी—वे दुखी ही हैं। दुख जो कि न आपका है, न मेरा, न निर्वैयक्तिक है, न अमूर्त, बल्कि जो वास्तव में है और जिसमें हम सब रह रहे हैं। इस दुख को समझने के लिए बहुत गहराई तक जाने की, अंतर्दृष्टि की आवश्यकता है। और, इस दुख का अंत करने से शांति स्वतः आ जाएगी, न केवल भीतरी शांति बल्कि बाहरी भी।

ईर्ष्या, स्वामित्वभाव, डाह

– 1 –

यह सोचना कि मैं किसी का स्वामी हूं, हमें
महत्त्वपूर्ण होने का एहसास देता है

ईर्ष्या किसी पुरुष या किसी स्त्री को अपने स्वामित्व में बनाए रखने का एक
ढंग है। हम जितने अधिक ईर्ष्यालु होंगे, हमारा स्वामित्वभाव उतना ही प्रबल होगा।
अपने स्वामित्व में किसी को रखने से हमें खुशी मिलती है, किसी पर, यहां तक
कि कुत्ते पर भी, अपना एकाधिकार जताना हमें भला और सुखद लगता है। उस
पर अपना एकमेव स्वामित्व हमें सुनिश्चितता और आत्मविश्वास से भर देता है।
किसी का स्वामी होना हमें महत्त्वपूर्ण बना देता है और यह महत्त्वपूर्ण होना ही
है जिससे हम चिपके रहते हैं। यह सोचना कि हम स्वामी हैं—किसी पेंसिल या
किसी भवन के नहीं बल्कि किसी व्यक्ति के स्वामी हैं—यह हमें सशक्तता और
एक विचित्र सी संतुष्टि का एहसास देता है। डाह किसी दूसरे के कारण नहीं

होती बल्कि अपनी ही हैसियत, अपनी ही अहमियत के कारण होती है।

"परंतु मैं तो महत्त्वपूर्ण नहीं हूं, मैं तो कुछ हूं ही नहीं। जो कुछ मेरे पास है वह सब मेरे पति का है। यहां तक कि बच्चे भी मेरे हिसाब में नहीं आते।"

हम सब किसी न किसी चीज़ से चिपके रहते हैं—भले ही उनके रूप-स्वरूप भिन्न-भिन्न हों। आप अपने पति से जुड़ी हैं तो कोई अपने बच्चों से जुड़ा है और अन्य कोई किसी विश्वास से; परंतु आशय सबका एक ही है। जिस चीज़ से हम चिपके रहते हैं उसके बिना हम स्वयं को निराशाजनक रूप से खोया-खोया पाते हैं, है न? एकाकी होने से हम भयभीत होते हैं। यह भय ही है ईष्र्या, घृणा और पीड़ा। डाह और घृणा में कोई विशेष अंतर नहीं होता।

— 2 —

ईष्र्या प्रेम नहीं है

"परंतु हम एक दूसरे को प्रेम करते हैं"

तब आप ईष्र्यालु कैसे हो सकते हैं? हम वास्तव में प्रेम नहीं करते और इस बात का यही दुर्भाग्यपूर्ण पहलू है। आप अपने पति का केवल उपयोग कर रही हैं, ठीक वैसे ही जैसे वह आप का कर रहे हैं—खुशी के लिए, सुख-चैन के लिए, एक संग-साथ पाने के लिए जिससे अकेलापन महसूस न हो। भले ही आपके स्वामित्व में अधिक कुछ न हो, परंतु आपके पास कम से कम कोई संग-साथ के लिए तो हो। इस परस्पर आवश्यकता और उपयोग को हम प्रेम कह देते हैं।

"परंतु यह तो बड़ी भयावह बात है।"

यह भयावह नहीं है, इसे केवल हम देखते नहीं हैं। हम इसे भयावह बता देते हैं, इसे बस एक नाम दे देते हैं और इससे नज़र फेर लेते हैं—यही तो हम कर रहे हैं।

"मैं जानती हूं, परंतु इसे देखना नहीं चाहती। मैं जैसी हूं वैसी बनी रहना चाहती हूं, भले ही इसका अर्थ ईष्र्यालु होना होता हो, क्योंकि इसके अतिरिक्त मेरे जीवन में और कुछ है नहीं।"

यदि आपके पास कुछ और होता तो आप अपने पति के संदर्भ में ईष्र्यालु न होतीं, परंतु तब आप किसी अन्य बात से जुड़ी होतीं, वैसे ही जैसे अब आप अपने पति से जुड़ी हैं, तब आप ऐसे ही उस चीज़ के बारे में ईष्र्यालु होतीं। आप

अपने पति का विकल्प तलाश रही हैं, न कि ईर्ष्या से मुक्ति चाह रही हैं। हम सभी ऐसे हैं; जब हम कोई चीज़ छोड़ना चाहते हैं तब हम दूसरी को सुनिश्चित कर लेना चाहते हैं। जब हम पूरी तरह अनिश्चित होते हैं केवल तब ही डाह के लिए कोई संभावना शेष नहीं रहती। डाह तभी होती है जब आप निश्चित होते हैं, जब आप को लगता है कि आपके पास कुछ है। निश्चितता का यह एहसास एकाधिकार होता है और डाह करना स्वामित्व होता है। स्वामित्वभाव नफरत पैदा करता है। जो हमारे कब्ज़े में है, असल में हम उससे नफरत करते हैं और यह बात ईर्ष्या के रूप में प्रकट होती है। जहां स्वामित्वभाव होगा वहां कभी प्रेम नहीं हो सकता, अधिकारभाव रखना तो प्रेम को नष्ट करना है।

– 3 –

किसी व्यक्ति, वस्तु या प्रतिष्ठा से आसक्ति पीड़ा का कारण बनती है

आज की संस्कृति डाह पर, हड़प लेने की प्रवृत्ति पर टिकी हुई है...सफलता हासिल करने के तमाम तरीके अपनाये जा रहे हैं–एक कलाकार के रूप में, व्यापारी या धार्मिक महत्त्वाकांक्षी के रूप में सफल होना। ये सब डाह के ही रूप हैं परंतु कोई इससे तभी पीछा छुड़ाना चाहता है जब यह डाह दुखकारी और कष्टकारी बन जाती है। जब तक डाह लाभदायक व सुखकारक बनी रहती है तब तक यह तो अपनी फितरत में है ऐसा मानकर इसे स्वीकार कर लिया जाता है। हम यह नहीं देख पाते कि इस सुख के पीछे पीड़ा भी खड़ी है। आसक्ति सुख देती है परंतु साथ में ईर्ष्या और पीड़ा को भी जन्म देती है, और यह प्रेम नहीं है। अपने क्रियाकलापों की इसी परिधि में हम रहते हैं, कष्ट भोगते हैं और मृत्यु को प्राप्त हो जाते हैं। इसे तोड़कर बाहर आने के लिए हम केवल तभी संघर्ष करते हैं जब अपनी ही बनायी सीमाओं में परिबद्ध कार्यकलापों की पीड़ा असहनीय हो उठती है।

"मेरे विचार से मैं इसे कुछ-कुछ समझ पा रही हूं, परंतु मुझे करना क्या है?" क्या करना है इस पर विचार करने से पूर्व हम यह तो देखें कि समस्या क्या है। तो समस्या है क्या?

"ईर्ष्या मुझे बहुत सता रही है। मैं इससे मुक्ति चाहती हूं?" आप इसकी पीड़ा से तो मुक्त होना चाहती हैं परंतु स्वामित्वभाव और आसक्ति

से मिलने वाले उस सुख विशेष को क्या आप थामे रखना नहीं चाह रहीं?

"यह तो सच है, पर क्या आप मुझसे मेरे अधिकारभाव को पूरी तरह से त्याग देने की अपेक्षा कर रहे हैं?"

हमारा सरोकार त्याग से नहीं बल्कि अधिकारभाव की चाहत से है। हम व्यक्तियों को, और वस्तुओं को भी, अपने स्वामित्व में ले लेना चाहते हैं। हम किन्हीं विश्वासों, और आशाओं से भी चिपके रहना चाहते हैं। वस्तुओं और व्यक्तियों का स्वामी बनने की यह चाहत, यह ललकती आसक्ति हममें क्यों है?

"मैं नहीं जानती। मैंने इस बारे में कभी सोचा भी नहीं है। ईर्ष्यालु होना स्वाभाविक लगता है, परंतु मेरे जीवन में यह विष बन गया है, प्रचंड उद्विग्नता का कारण बन गया है।"

हमें कुछ चीज़ों की आवश्यकता होती है, जैसे भोजन, वस्त्र, आवास आदि, परंतु जब इन्हें मनोवैज्ञानिक तुष्टि के लिए प्रयोग किया जाता है तब अनेक समस्याएं उठ खड़ी होती हैं। इसी प्रकार, व्यक्तियों पर मनोवैज्ञानिक निर्भरता भी व्यग्रता और भय को जन्म देती है।

"इस दृष्टि से तो शायद मैं कुछ व्यक्तियों पर निर्भर हूं। वे मेरे लिए अनिवार्य आवश्यकता हैं। उनके बिना तो मैं कहीं की नहीं रहूंगी। मेरे पास मेरे पति और बच्चे न रहें तो मैं शायद पागल ही हो जाऊंगी। या मुझे किसी अन्य में आसक्त होना होगा। परंतु मैं नहीं समझ पा रही हूं कि आसक्ति में बुराई क्या है?"

हम इसके अच्छे या बुरे होने पर विचार नहीं कर रहे हैं, बल्कि इसके कारण और प्रभाव पर विचार कर रहे हैं, है न? हम निर्भरता की निंदा या अनुशंसा नहीं कर रहे। परंतु, मनोवैज्ञानिक तौर पर कोई किसी दूसरे पर निर्भर क्यों रहता है?

"मैं जानती हूं कि मैं निर्भर हूं, परंतु मैंने वास्तव में कभी इस बारे में सोचा नहीं। मैंने स्वयं यह सहज स्वीकार कर लिया है कि हर कोई किसी न किसी पर निर्भर रहता ही है।"

— 4 —

शारीरिक निर्भरता मनोवैज्ञानिक निर्भरता नहीं है

यह सच है कि हम शारीरिक रूप से एक दूसरे पर निर्भर हैं और रहेंगे—यह प्राकृतिक

है, अपरिहार्य है। परंतु, जब तक हम दूसरों पर अपनी मनोवैज्ञानिक निर्भरता को समझ नहीं लेते, तब तक क्या ईर्ष्या की पीड़ा बनी नहीं रहेगी? कोई और हमारे लिए मानसिक रूप से ज़रूरी क्यों बन जाता है?

''मुझे अपने परिजनों की आवश्यकता है क्योंकि मैं उन्हें प्रेम करती हूं। यदि मैं उन्हें प्रेम न करती तो उनकी परवाह क्यों करती.''

आप उनके साथ आसक्ति का सुख तो उठाना चाहती हैं परंतु इसकी पीड़ा से दूर रहना चाहती हैं। क्या यह सभंव है?

''क्यों नहीं?''

आसक्ति में भय सम्मिलित रहता है, या नहीं? आप को भय रहता है कि वह दूसरा व्यक्ति यदि आपको छोड़ दे, या दिवंगत हो जाए तो आपका क्या होगा। इसी भय के कारण आप उससे जुड़े रहते हैं। जब तक आप आसक्ति के सुख में जीते हैं तब तक भय भी बना रहता है—छिपा हुआ, दबा-ढका हुआ, परंतु वह विद्यमान रहता है। और, जब तक आप इस भय से मुक्त नहीं हो जाते, तब तक ईर्ष्या अपना तांडव करती रहेगी।

— 5 —

ढेर के शिखर पर

क्या आप जानते हैं कि जीवन क्या है? यह आपके जन्म के पल से मृत्यु के पल तक का विस्तार है और शायद इससे परे भी। जीवन एक विशाल और जटिल समुच्चय है। यह एक ऐसे भवन की भांति है जिसमें बहुत कुछ साथ-साथ हो रहा है। आप प्रेम भी कर रहे हैं और घृणा भी, आप लोभी और ईर्ष्यालु हैं, साथ ही यह भी महसूस कर रहे हैं कि आपको ऐसा नहीं होना चाहिए। आप महत्त्वाकांक्षी हो जाते हैं जिससे या तो कुंठा हाथ लगती है या सफलता, और इसके पीछे-पीछे दुश्चिंता, भय और निष्ठुरता भी आपकी झोली में आ जाते हैं, और देर-सबेर आपको इस सबकी व्यर्थता का बोध भी हो जाता है। जीवन में युद्ध की विभीषिका और पाशविकता भी है और आतंक के माध्यम से आई शांति भी है—राष्ट्रीयता है, प्रभुसत्ता है, जो युद्ध को जन्म भी देते हैं और बढ़ावा भी। जीवन-मार्ग के अंत में या राह में कहीं भी मृत्यु आ दबोचती है। जीवन में संगठित धर्मों के बीच कलह और क्लेशपूर्ण विश्वासों के साथ ईश्वर की खोज भी रहती है। आजीविका

पाने के लिए और उसे बनाये रखने के लिए संघर्ष भी यहां है, विवाह है, संतान है, रोग है और समाज व राज्य का प्रभुत्व है। जीवन यही सब है और इसके अलावा भी बहुत कुछ है। आप इस गड़बड़झाले में फेंक दिये गये हैं। अधिकांशतः आप इसमें डूब जाते हैं—दुखी और थके-हारे। और यदि आप इस ढेर के शिखर पर चढ़कर स्वयं को बचा भी लें तो भी रहेंगे आप इस गड़बड़झाले का एक हिस्सा ही। यही है जिसे हम जीवन कह देते हैं—अनंत संघर्ष और दुख, कभी भूले-भटके छोटी-मोटी खुशी के पल वाला यह जीवन। इस सबके बारे में आपको बतायेगा कौन? बल्कि, यूं कहें कि आप इसके बारे में जानेंगे कैसे? यदि आपमें क्षमता और प्रतिभा होती है तो आप महत्त्वाकांक्षा में, प्रसिद्धि की आकांक्षा में और इनसे उपजने वाली कुंठा और दुख में आबद्ध रहते हैं। यही सब कुछ है जीवन, है न? और इस सबके पार जाना भी तो जीवन है।

— 6 —

विद्वेषपूर्ण संरचना

यह जीवन सचमुच ऐसा ही है। प्रत्येक व्यक्ति कहता है कि उसे जीवन में आगे बढ़ना है, प्रत्येक व्यक्ति बस अपने लिए निकल पड़ता है—चाहे व्यापार के नाम पर, चाहे धर्म या देश के नाम पर; आप सुविख्यात होना चाहते हैं और यही आपका पड़ोसी चाहता है और यही उसका पड़ोसी, इस प्रकार गली के ऊंचे-नीचे हर वर्ग के लोग इसमें शामिल हो जाते हैं। इस प्रकार हमने महत्त्वाकांक्षा, ईर्ष्या और स्वामित्व-लोलुपता की नींव पर एक ऐसा समाज निर्मित कर लिया है जिसमें प्रत्येक व्यक्ति दूसरे का शत्रु है, और आपको इसी विघटनकारी समाज का अनुकरण करने तथा इसकी विद्वेषपूर्ण संरचना के अनुरूप ढल जाने की 'शिक्षा-दीक्षा' दी जाती है।

"परंतु हम करें क्या?" दूसरे ने पूछा, "मुझे लगता है कि इस समाज का हमें अनुकरण करना ही होगा, अन्यथा हम नष्ट हो जाएंगे। क्या इससे निकलने का कोई मार्ग है?"

आज आप इस समाज के अनुरूप ढलने के लिए कहने भर को शिक्षित किये गये हैं, इसी ढर्रे में अपना जीवन-यापन करने योग्य आपकी क्षमताएं विकसित की गयी हैं। आपके अभिभावकों, आपके शिक्षकों, आपकी सरकारों—सभी को

ईर्ष्या, स्वामित्वभाव, डाह / 101

आपकी इन क्षमताओं और वित्तीय सुरक्षा से ही सरोकार है, ऐसा ही है न?

जी हां, वे चाहते हैं कि आप 'अच्छे नागरिक' बनें, अर्थात आप सम्मानजनक रूप से स्वामित्व-लोलुप बनें, और सामाजिक रूप से स्वीकृत निष्ठुरता में—जिसे स्पर्धा का नाम दे दिया गया है— निमग्न रहें, ताकि आप और वे सुरक्षित रह सकें। यही सब कुछ तथाकथित अच्छा नागरिक बनने में निहित रहता है। परंतु क्या यह अच्छा है, या कुछ ऐसा, जो अशुभ है, बुरा है? प्रेम में यह बात समायी होती है कि आप जिन्हें प्रेम करते हैं उन्हें अपनी संपूर्णता तक विकसित होने के लिए पूरी स्वतंत्रता दें ताकि वे मात्र एक सामाजिक मशीनरी ही बनकर न रह जाएं। प्रेम विवश नहीं करता—न तो खुले तौर से और न अधिकार और कर्तव्य का डर दिखाकर परोक्ष रूप से।

— 7 —

क्या कर्तव्य प्रेम है?

अभिभावक जिसे कर्तव्य बताते हैं वह प्रेम नहीं है वह तो बाध्यता का ही एक रूप है। समाज अभिभावकों का समर्थन करता है, क्योंकि वे जो कुछ कर रहे हैं वह बहुत सम्मानजनक है...वे यह आवश्यक मानते हैं कि उनके बालक द्वारा समाज का अनुसरण किया जाए, जिससे वे स्वयं सम्मानयोग्य और सुरक्षित बने रहें। इसे प्रेम कह दिया जाता है। परंतु क्या यह प्रेम है? या यह भय है जिसे प्रेम की पोशाक पहना दी गयी है?

— 8 —

महत्त्वाकांक्षा है डाह, विभाजन और युद्ध

वयस्क लोग कहते हैं कि आप अर्थात नयी पीढ़ी एक नया संसार बनाये, परंतु वे ऐसा कुछ सचमुच में होने देना नहीं चाहते। इसके विपरीत, बहुत विचारपूर्वक और सावधानीपूर्वक वे आपको पुराने ढर्रे का अनुसरण करने के लिए 'शिक्षित' कर रहे हैं, उसमें केवल नाममात्र का संशोधन करके। भले ही उनकी सोच भिन्न-भिन्न हो, परंतु सरकार और समाज से प्राप्त व्यापक समर्थन के साथ शिक्षक

और अभिभावक का ध्यान इसी बात पर है कि आपको परंपराओं के अनुरूप ढलने के लिए, महत्त्चाकांक्षा और ईर्ष्या को जीवन का स्वाभाविक स्वरूप मानने के लिए प्रशिक्षित किया जाए। जीवन के नये स्वरूप से उनका कोई सरोकार नहीं है और यही कारण है कि शिक्षक स्वयं समुचित रूप से शिक्षित नहीं है। पुरानी पीढ़ी ने युद्ध के इस संसार को, मानव-मानव के बीच प्रतिद्वंद्विता और विभाजन वाले इस संसार को पाला-पोसा है, और यह नयी पीढ़ी पूरे तन-मन से उसके चरण चिह्नों पर चल रही है।

''परंतु, हम समुचित रूप से शिक्षित होना चाहते हैं। हम क्या करें?''

सर्वप्रथम एक तथ्य को स्पष्ट रूप से देख लीजिए कि आपको समुचित रूप से शिक्षित किये जाने के प्रति न तो सरकार सजग-सचेत है, न आज के शिक्षक और न आपके अभिभावक। यदि ये सजग-सचेत होते तो आज का संसार कुछ और हुआ होता, कोई युद्ध न होता। यदि आपको समुचित रूप से शिक्षित होना है तो आपको ही इसका बीड़ा उठाना होगा। बड़े होने पर आप यह सुनिश्चित करेंगे कि आपके बच्चों को सही शिक्षा मिले।

''परंतु हम स्वयं को समुचित रूप से शिक्षित कैसे कर सकते हैं? हमें शिक्षा देने वाला कोई तो होना चाहिए।''

आपको गणित या साहित्य आदि पढ़ाने वाले तो मिल ही जाते हैं, परंतु शिक्षा इन सूचनाओं के संग्रह से कहीं अधिक गहन और विस्तृत होती है। शिक्षा से अभिप्राय मन को इस प्रकार परिष्कृत करना है जिससे इसकी क्रियाएं अहं-केंद्रित न रहें, और, आजीवन उन दीवारों को ध्वस्त करते रहना सीखना है जिन्हें मन सुरक्षा के नाम पर खड़ी करता रहता है, और जिनके कारण भय और तमाम तरह की जटिलताएं पैदा हो जाती हैं। समुचित रूप से शिक्षित होने के लिए आपको सघन अध्ययन करना होगा और प्रमाद से बचना होगा। अच्छे खिलाड़ी बनिए—दूसरों को हराने के लिए नहीं बल्कि मन-बहलाव के लिए। उचित प्रकार का भोजन कीजिए और स्वयं को स्वस्थ रखिए। मन को सजग-सचेत बनाए रखिए, उसे जीवन की समस्याओं से निपटने के लिए सक्षम होने दीजिए—किसी हिंदू, कम्यूनिस्ट या किसी चीनी की समस्या के प्रति नहीं, अपितु मानव मात्र की समस्या के प्रति। समुचित रूप से शिक्षित होने के लिए आपको स्वयं को समझना होगा, स्वयं को जानना जारी रखना होगा। जब आप सीखना बंद कर देते हैं तब जीवन कुरूप और दुखमय हो जाता है। यदि आप में भलमनसाहत और प्रेम नहीं है तो आप समुचित रूप से शिक्षित नहीं हैं।

इच्छा और लालसा

— 1 —

इच्छा में जो पीड़ा है वह कुंठा का भय है

अधिकांशतः हमारे लिए इच्छा एक समस्या ही है—धन-संपदा की इच्छा, प्रतिष्ठा की, शक्ति की, ऐशो-आराम की, अमरता की, निरंतरता की इच्छा, प्रेम पाने की इच्छा, किसी ऐसी चीज़ की इच्छा जो स्थायी हो, तृप्तिदायी हो, कालजयी हो, कुछ ऐसी चीज़ जो काल से परे हो। तो इच्छा है क्या? यह ऐसी क्या चीज़ है जो हमें उकसाती रहती है, हमारे पीछे पड़ी रहती है? अभिप्राय यह नहीं है कि जो कुछ हमारे पास है, या जो कुछ हम हैं, उससे हमें संतुष्ट रहना चाहिए। यह तो केवल हमारी इच्छा का विलोम, उसका विपरीत हुआ। हम तो यह जानने का प्रयास कर रहे हैं कि इच्छा है क्या, और यदि हम परीक्षण करते हुए और शंकाशील रहते हुए इसकी गहराई में जाएंगे तो मैं सोचता हूं कि हममें एक कायाकल्प, एक बुनियादी बदलाव होगा और यह बदलाव एक इच्छित वस्तु के स्थान पर दूसरी इच्छित वस्तु

लाने जैसा विकल्प नहीं होगा। परंतु ऐसे विकल्प को ही हम सामान्यतः 'परिवर्तन' कहते हैं, है न? किसी इच्छित वस्तु से असंतुष्ट होकर हम उसका विकल्प तलाशने लगते हैं। किसी एक इच्छित वस्तु से उस दूसरी वस्तु की ओर हम अनंत रूप से दौड़ते रहते हैं जो पहली से श्रेष्ठतर हो, अधिक उत्कृष्ट हो, परंतु कितनी ही उत्कृष्ट क्यों न हो, इच्छा तो इच्छा ही रहेगी। और, इच्छा की इस दौड़ में अनंत संघर्ष है, प्रतिकूलताओं का संघर्ष है।

तो, क्या यह जानना महत्त्वपूर्ण नहीं है कि इच्छा क्या है और क्या इसका रूपांतरण किया जा सकता है? और, क्या यह 'मैं' इच्छा के उस केंद्र का विलय कर सकता है—किसी एक विशेष भूख या लालसा का नहीं, बल्कि इच्छा, चाहत और कामना की संपूर्ण संरचना के उस केंद्र का क्या मैं विसर्जन कर सकता हूं जिसमें कुंठा का भय सदैव बना रहता है? जितना अधिक मैं कुंठित होता हूं, अपने 'अहं' को उतना ही सबल बनाता जाता हूं। जब तक कामना है, लालसा है तब तक भय की पृष्ठभूमि भी बनी रहती है जो पुनः पुनः इस केंद्र को और सबल बनाती रहती है।

शारीरिक आवश्यकताओं से परे इच्छा का कोई भी स्वरूप—चाहे वह महानता के लिए हो या सत्य, सद्गुण के लिए—केवल एक मनोवैज्ञानिक प्रक्रिया बन जाता है, जिसके द्वारा मन 'अहं' की अवधारणा बना लेता है और इस केंद्र में रहता हुआ स्वयं को बलिष्ठ करता रहता है।

— 2 —

पीछा करके देखिए इच्छा किधर जा रही है

इच्छा का अर्थ है उन अनेक प्रकार की क्षुधाओं का पेट भरना जिनके लिए कुछ न कुछ करना पड़ता है—यौनाचार की लालसा, बड़ा आदमी बनने की लालसा या कार खरीदने की...

तो इच्छा है क्या? आप कोई सुंदर भवन या आकर्षक कार देखते हैं, या उच्च पद पर आसीन किसी व्यक्ति को देखते हैं, और उस भवन को पाने के लिए, उस उच्चपदस्थ व्यक्ति के समान बनने के लिए, या वाह-वाही के बीच कार में सवारी करने के लिए लालायित हो उठते हैं। यह इच्छा उत्पन्न कैसे हुई? सर्वप्रथम, उस भवन को देखने से एक दृष्टिगत आकर्षण हुआ, रूप-रेखा का,

कार की मनमोहकता और रंग का आकर्षण हुआ, और फिर मानसपटल पर उसका चित्रण।

कृपया ध्यानपूर्वक समझते चलिए। यह आप कर रहे हैं, मैं नहीं। मैं तो मात्र शाब्दिक विवरण दे रहा हूं, परंतु कर आप ही रहे हैं। हम सब इस बात के सहभागी बन रहे हैं। वक्ता क्या कह रहा है, उसे आप केवल सुन ही नहीं रहे बल्कि आप अपने ही विचारों की इच्छा के रूप में हो रही गतिविधि का अवलोकन कर रहे हैं। यहां विचार और अवलोकन के बीच कोई विभाजन नहीं है, दोनों में एक ही गति हैं। विचार और इच्छा में कोई पृथकता नहीं हैं—इसे अभी हम सविस्तार देखेंगे।

— 3 —

इच्छा का सिर उठाना

तो पहले होता है देखना, फिर बोध, फिर संवेदन की उत्पत्ति, तत्पश्चात स्पर्श और फिर उपजती है इच्छा—उसे पा लेने की इच्छा ताकि उस संवेद-संवेग की निरंतरता बनी रहे। यह सरल सी बात है। मैं किसी सुंदर महिला या पुरुष को देखता हूं, तब उसे देखने में मुझे सुख मिलता है और फिर वह सुख निरंतरता चाहता है। तो मैं सोचता हूँ, इस प्रकार, इससे विचार का जन्म होता है। और, विचार जितना अधिक उस सुख के विषय में सोचता है, उतनी ही उस सुख या उस पीड़ा की निरंतरता बनी रहती है। और, इस निरंतरता के दौरान इसमें 'मैं' प्रवेश करता है—मैं चाहता हूं, मैं नहीं चाहता। यही है जो हम सब कर रहे हैं—दिन-रात, सोते-जागते।

तो आपने देखा कि इच्छा कैसे उत्पन्न होती है : दर्शन, संपर्क, फिर उस संवेदन को एक निरंतरता दे देना। संवेदन को निरंतरता दे देना इच्छा है। इच्छा के बारे में कुछ भी रहस्यमय नहीं है। यही इच्छा बहुत जटिल हो जाती है जब अंतर्विरोध होता है। इच्छा में नहीं बल्कि इच्छा के उस विषय में अंतर्विरोध होता है जिसके माध्यम से इच्छा की पूर्ति की जाने वाली है। मैं अत्यधिक धनवान बनना चाहता हूं। मेरी इच्छा कहती है कि मुझे एक धनवान व्यक्ति बनना चाहिए क्योंकि मैं लोगों को संपत्ति, कार आदि-आदि से संपन्न देखता हूं। इच्छा कहती है, ''मुझे भी दो, मुझे भी चाहिए।''

इच्छा का गला मत घोंटिए, उसे समझिए

इच्छा स्वयं को प्रत्येक दिशा में परितृप्त करना चाहती है। परितृप्ति की ये वस्तुएं होती बहुत आकर्षक हैं, परंतु प्रत्येक वस्तु दूसरी के विरुद्ध होती है।

इस प्रकार हम अपना जीवन अनुकरण करते हुए, परितृप्ति के लिए जूझते हुए और कुंठाओं में जकड़े हुए बिता देते हैं। यही है हमारा जीवन। और, ईश्वर को पाने के लिए तथाकथित धार्मिक लोग, संत, संन्यासी, पोप, नन, समाजसेवी कहते हैं, ''तन का दमन करो, उसे परिशुद्ध करो, ईश्वर के साथ तादात्म्य करो, ताकि इच्छाओं का अंत हो सके। तुम्हें यदि कोई स्त्री दीख जाए तो उसकी ओर पीठ कर लो, किसी भी चीज़ के प्रति संवेदनशील न बनो—जीवन के प्रति भी, संगीत मत सुनो, वृक्ष को मत देखो, और स्त्री को तो देखो ही मत।'' और यही जीवन हो जाता है उस आधे-अधूरे व्यक्ति का जो समाज का गुलाम है।

इच्छा का दमन करने से नहीं, बल्कि उसे समझकर ही मनुष्य अनुकरण और भय से मुक्त हो सकता है। आप जानते हैं कि जब किसी चीज़ को दबाया जाता है तब क्या होता है? आपका मन कुंठित हो जाता है। क्या आपने संन्यासियों, साधुओं, ननों और उन लोगों को देखा है जो जीवन से पलायन कर गये हैं? अनुशासन के शिकंजे में कसे हुए ये लोग कितने रूखे, कितने कठोर, नियमबद्ध और पाखंडी हो जाते हैं। वे प्रेम के विषय पर धाराप्रवाह व्याख्यान तो दे सकते हैं, परंतु भीतर से वे उफनते रहते हैं, उनकी इच्छाएं कभी पूर्ण नहीं हो पातीं या समझी नहीं जातीं। सद्‌गुणों की चादर ओढ़े जीवित शव हो जाते हैं ये लोग।

जो हम कह रहे हैं वह एक बिल्कुल भिन्न बात है... इच्छा को जानना, उसके बारे में सीखना-समझना आवश्यक है—सीखना, यह नहीं कि इसके साथ क्या किया जाए या कैसे इसका गला घोंटा जाए।

समझ रहने पर, इच्छा तो होती है परंतु जड़ नहीं जमा पाती

इच्छा विरोधाभासों को जन्म देती है, और जो मन पूरी तरह सजग है वह विरोधाभासों में जीना पसंद नहीं करता। अतः वह इच्छा से पीछा छुड़ाना चाहता है। परंतु

मन यदि इच्छा को दरकिनार करने के बजाय उसे समझ सके, यह कहे बिना, "यह इच्छा अच्छी है, वह बुरी है, अतः मैं इसे पूरी करूंगा और छोड़ दूंगा"—यदि मन इच्छा को त्यागे बिना, पसंद-नापसंद किये बिना, निंदा किये बिना उसके संपूर्ण स्वरूप को समझ ले, तब आप पायेंगे कि मन बहुत शांत-स्थिर हो जाता है। इच्छाएं आती तो हैं परंतु वे कोई छाप नहीं छोड़ पातीं, उनका कोई विशेष महत्त्व नहीं रह जाता, वे मन में जड़ नहीं जमा पातीं और समस्याएं खड़ी नहीं कर पातीं। मन प्रतिक्रिया तो करता है, क्योंकि इसके बिना वह जी नहीं सकता, परंतु यह प्रतिक्रिया ऊपरी रहती है, जड़ नहीं जमाती। इसलिए इच्छा के इस संपूर्ण प्रक्रम को समझ लेना बहुत महत्त्वपूर्ण है जिसके फंदे में अधिकांश लोग फंसे हुए हैं।

– 6 –

क्या ऐसा संभव है कि हममें इच्छा भले हो
किंतु उसकी पूर्ति का कोई आग्रह न हो?

हम अधिकांश लोगों के लिए इच्छा का अर्थ है आत्मलिप्तता, आत्मप्रदर्शन : मुझे अमुक चीज़ की इच्छा है, मुझे वह मिलनी चाहिए। चाहे वह कोई सुंदर व्यक्ति हो, भवन हो, या कोई विचार, वह मेरे पास होना चाहिए। "मुझे अमुक चीज़ मिलनी ही चाहिए"—वह क्या है जो इच्छित वस्तु को अनिवार्य रूप से पा लेने की इस तड़प, इस संवेग, इस मांग को उत्पन्न करता है? यह एक सरल और स्पष्ट बात है कि इच्छा के ही एक प्रकार अर्थात आत्मप्रदर्शन पर इतना ज़ोर क्यों दिया जाता है? आत्मप्रदर्शन में, कुछ बन जाने में एक आह्लाद है, क्योंकि आपको मान्यता मिलती है, पहचान मिलती है। लोग कहते हैं, "अरे आप जानते हैं वह कौन है?"— और इसी प्रकार की अनर्गलता। आप कहेंगे कि यह केवल इच्छा नहीं है, केवल सुख नहीं है, क्योंकि इस इच्छा के पीछे भी कुछ है जो अभी भी बहुत सशक्त है, परंतु इस बात तक आप सुख व इच्छा को समझे बिना नहीं पहुंच पाएंगे। इच्छा और सुख की हलचल को हम कर्म कह देते हैं। मैं कोई चीज़ पाना चाहता हूं और उसे पाने के लिए कोई काम करता हूं, करता रहता हूं। मैं लेखक या चित्रकार के रूप में प्रसिद्ध होना चाहता हूं और यह प्रसिद्धि पाने के लिए मैं जो कुछ कर सकता हूं वह करता हूं। परंतु प्रायः मैं हाशिये पर आ जाता हूं और संसार में कभी अपनी पहचान नहीं बना पाता, मान्यता

हासिल नहीं कर पाता, इसलिए खिन्न हो जाता हूं, कुंठित हो जाता हूं। मैं इसके संताप से गुज़रता हूं और चिड़चिड़ा हो जाता हूं या विनम्रता का ढोंग करने लगता हूं। मुझमें इसी प्रकार की अनर्गलताएं आ जाती हैं।

– 7 –

हम लालसाओं से इतने लबालब क्यों हैं?

हम स्वयं से पूछ रहे हैं कि हम में इच्छापूर्ति के लिए इतना दुराग्रह क्यों है? यदि आपको एक कोट, सूट, कमीज़, टाई, जूतों का एक जोड़ा चाहिए और उसे आप पा लेते हैं—यह तो एक सीधी सी बात हुई। परंतु, स्वयं को भरते रहने के अदम्य उद्वेग के पीछे निश्चय ही आधे-अधूरेपन का, अकेलेपन का एहसास होता है। मैं अपने ताईं नहीं जी सकता, मैं अकेला नहीं रह सकता क्योंकि स्वयं में मैं आधा-अधूरा जो हूं। आप मुझसे अधिक विज्ञ हैं, अधिक सुंदर हैं, अधिक बुद्धिमान हैं, अधिक चतुर हैं, आप मुझसे अधिक यह हैं, अधिक वह हैं, और मैं ये तमाम चीज़ें चाहता हूं, बल्कि इनसे भी अधिक चाहता हूं। क्यों? पता नहीं कि आपने स्वयं से यह प्रश्न किया है या नहीं। यदि आप यह प्रश्न करें, और यदि आपके लिए यह कोरा बौद्धिक या सैद्धांतिक प्रश्न नहीं है तो आपको उत्तर मिल जाएगा।

मैं जानना चाहता हूं कि कोई अनेक चीज़ों के पीछे, या किसी खास चीज़ के पीछे क्यों लालायित हो उठता है। वह सुखी होना चाहता है, ईश्वर को पाना चाहता है, धनवान बनना चाहता है, या मुक्त होना चाहता है—चाहे उसके लिए इसका कुछ भी अर्थ हो—एक लालसा खड़ी करके उसे पाने की धुन में लग जाना, आपको यह सब पता ही है। वह एक सफल दांपत्य जीवन चाहता है, ईश्वर के साथ एक संपूर्ण संबंध चाहता है, वगैरह, वगैरह। क्यों? सर्वप्रथम तो यह इस बात का संकेत है कि मन बहुत उथला है, है न? और साथ ही, क्या यह हमारे अपने अकेलेपन, खोखलेपन की ओर भी संकेत नहीं है?

इच्छा स्वयं में कोई समस्या नहीं है हम इसके विषय में जो कुछ करते हैं, केवल वह समस्या है।

आइए हम इच्छा पर और आगे विचार करें। हम इच्छा को जानते हैं। यह अपने ही खिलाफ खड़ी हो जाती है, विभिन्न दिशाओं से खींचातानी के कारण इसे यातना झेलनी पड़ती है। हम इसकी पीड़ा, इसकी उद्विग्नता और व्यग्रता को जानते हैं। इसके साथ अपने अंतहीन संघर्ष में हम इसे तोड़-मरोड़ कर तरह-तरह के आकार और मान्यताएं दे देते हैं, परंतु फिर भी यह बनी ही रहती है—लगातार हम पर नज़र रखे हुए, प्रतीक्षा करते हुए और हमें उकसाते हुए। चाहे आप कुछ भी करें, इसे श्रेष्ठता का सेहरा पहना दें, इससे पलायन करें, इसे स्वीकार या अस्वीकार करें या अपनी पूरी बागडोर इसके हाथों में दे दें—यह सदैव बनी ही रहती है। हम यह भी जानते हैं कि धार्मिक गुरु और अन्य लोग किस किस तरह हमें बताते रहे हैं कि हमें इच्छारहित होना चाहिए, अनासक्ति पैदा करनी चाहिए, इच्छा से मुक्त होना चाहिए। ये सब बिल्कुल विसंगत बातें हैं, क्योंकि इच्छा को तो समझने की आवश्यकता है, न कि ध्वस्त करने की। यदि आप इच्छा को ध्वस्त कर देंगे तो शायद जीवन को भी ध्वस्त कर डालेंगे। यदि आप इच्छा को उलट देंगे, कोई आकार दे देंगे, नियंत्रित कर लेंगे, इस पर शासन करेंगे, इसका दमन करेंगे तो आप एक अद्भुत सौंदर्य को कुचल डालेंगे।

स्वाभिमान : सफलता और विफलता

— 1 —

स्वाभिमान

हम सभी विभिन्न स्तरों पर स्वयं को स्थापित करते रहते हैं, साथ ही हम निरंतर इन ऊंचाइयों से गिरते भी रहते हैं। यह गिरना ही है जिससे हम लज्जित होते हैं। स्वाभिमान हमारी लज्जा और हमारे पतन का कारण है। स्वाभिमान को समझने की ज़रूरत है, न कि पतन को। यदि आपने स्वयं को किसी आसन पर स्थापित नहीं किया है तो फिर उससे पतन कैसे हो सकता है?

आप जो हैं, वही हैं

स्वाभिमान, मानवीय गरिमा, आदर्श इत्यादि नाम वाले आसनों पर आपने स्वयं को क्यों आसीन कर रखा है? यदि आप यह सब समझ लें तो आप विगत के प्रति लज्जित नहीं होंगे, वह पूरी तरह से तिरोहित हो जाएगा। आप वही रहेंगे जो आप बिना उस आसन के हैं। यदि वह आसन नहीं है, वह ऊंचाई नहीं है जो आपको ऊपर-नीचे करती रही है तो आप अपने उसी स्वरूप में आ जाते हैं जिससे आप बचकर निकलते रहे हैं। इसी बचकर निकलने के कारण, जो आप हैं, उससे नज़र चुरा लेने के कारण यह संभ्रम, प्रतिद्वंद्विता, लज्जा और विद्वेष उत्पन्न होते हैं। आपको मुझे या अन्य किसी को यह बताने की आवश्यकता नहीं है कि आप क्या हैं, बल्कि जो आप हैं, जो कुछ भी हैं—सुखद या असुखद, उसके प्रति सजग रहिए, बिना उसे सही ठहराये, बिना उसका विरोध किये, बस उसके साथ बने रहिए। उसे कोई नाम दिये बिना उसके साथ रहिए, क्योंकि कोई भी नाम देने का मतलब है उसे निंदित करना या उससे जुड़ जाना। बिना किसी भय के उसके साथ रहिए क्योंकि भय 'जो है' से घनिष्ठता नहीं होने देगा।

3

महत्त्वाकांक्षा स्पष्टता को धुंधला कर देती है

प्रश्नकर्ता : विचार का दिन प्रतिदिन के जीवन में क्या काम है?
कृष्णमूर्ति: विचार का काम है विवेकपूर्ण होना और स्पष्ट रूप से, यथार्थ और तथ्यों के आधार पर कुशलतापूर्वक सोचना। और यदि आप अपने ही दंभ, अपनी ही सफलता और अपनी ही उपलब्धियों के खूंटे से बंधे रहते हैं तो आप यथातथ्य, स्पष्टता से और कुशलतापूर्वक नहीं सोच सकते।

महत्त्वाकांक्षा है भय

इस संसार में महत्त्वाकांक्षा क्या है? इस विषय में बहुत कम लोगों ने सोचा है।

जब कोई किसी अन्य के कंधे पर पैर रखकर ऊपर चढ़ने में लगा हो, जब हर एक व्यक्ति उपलब्धि, प्राप्ति में जुटा हो, तब क्या आप जानते हैं कि उसके मन में क्या चल रहा होता है? यदि आप स्वयं अपने हृदय में झांकें और देखें तो पाएंगे कि जब आप महत्त्वाकांक्षी होते हैं, जब आप सांसारिक या आध्यात्मिक रूप से कुछ बनने के लिए जूझ रहे होते हैं तब आपके अंदर भय का कीड़ा कुलबुला रहा होता है। महत्त्वाकांक्षी व्यक्ति सर्वाधिक भयाक्रांत व्यक्ति होता है, क्योंकि वह जैसा है वैसा रहने से घबराता है, क्योंकि वह कहता है, ''जैसा मैं हूं, यदि वैसा ही रहता हूं तो मैं कुछ भी नहीं, कहीं का नहीं रहूंगा। इसलिए मुझे कुछ बनना चाहिए, मुझे इंजीनियर, दंडाधिकारी, न्यायाधीश, या मंत्री बनना चाहिए।''

— 5 —

क्या रुचि और महत्त्वाकांक्षा समानार्थी हैं?

प्रश्नकर्ता : यदि किसी की महत्त्वाकांक्षा इंजीनियर बनने की है, तो क्या इसका अर्थ यह नहीं है कि उसकी इसमें रुचि है?

कृष्णमूर्ति : आपके कहने का क्या यह अभिप्राय है कि किसी चीज़ में रुचि होना महत्त्वाकांक्षा है? हम इस 'महत्त्वाकांक्षा' शब्द को कोई भी अर्थ दे सकते हैं। जिस महत्त्वाकांक्षा को हम सामान्यतः जानते हैं वह तो भय की उपज होती है। यदि बचपन से मेरी रुचि इंजीनियर बनने की है क्योंकि यह मुझे प्रिय है, क्योंकि मैं सुंदर भवनों का निर्माण करना चाहता हूं, क्योंकि मैं बेहतरीन सड़कें बनाना चाहता हूं, तो इसका अर्थ हुआ कि मुझे इंजीनियरी से लगाव है। अतः यह महत्त्वाकांक्षा नहीं है। इसमें भय की कोई बात नहीं है। अतः महत्त्वाकांक्षा और रुचि दो भिन्न चीज़ें हैं, ठीक है न? मुझे चित्रकला बेहद पसंद है। मैं किसी महान या सुविख्यात चित्रकार से कोई स्पर्धा नहीं करना चाहता। मुझे तो बस चित्रकला से प्रेम है। इसमें आप मुझसे बेहतर हो सकते हैं, परंतु मैं अपनी तुलना आप से नहीं करता। जब मैं चित्र बना रहा होता हूं, तब जो कुछ मैं कर रहा होता हूं उसे मन से करता हूं। मेरे लिए अपने आप में यही पर्याप्त है।

आपको जो कार्य दिल से अच्छा लगे वही करें

क्या यह महत्त्वपूर्ण नहीं है कि अभी जब कि आप कम-उम्र हैं और ऐसी अच्छी जगह रह रहे हैं तो प्रज्ञा को जाग्रत करने में आपकी मदद की जाए ताकि आगे चलकर आप अपनी सही आजीविका सहज रूप से तलाश सकें? यदि आपको वास्तव में सही आजीविका मिल पाती है तो आप उसे आजीवन प्रेमपूर्वक निभाएंगे। उसमें तब न कोई महत्त्वाकांक्षा रह पाएगी, न कोई प्रतिस्पर्धा होगी, न कोई संघर्ष होगा, कोई पद या प्रतिष्ठा पाने के लिए किसी से कोई भिड़ंत नहीं होगी, और शायद तभी आप एक नूतन संसार की रचना कर सकेंगे। उस संसार में पुरातन पीढ़ियों की किसी भी बेहूदा बात का अस्तित्व शेष नहीं रहेगा—उनके युद्ध, उनकी शैतानियत, फूट डालने वाले उनके देवी-देवता, उनके अर्थहीन रीति-रिवाज, उनकी सरकार, उनकी हिंसा—किसी का भी नहीं। इस जैसे स्थान में अध्यापकों का और आपका दायित्व बहुत बड़ा है, क्योंकि यहां आप एक नूतन संसार, संस्कृति और जीवन की एक नवीन शैली की रचना कर सकते हैं।

फूलों से प्यार है तो माली बनें

इस संसार में जो हो रहा है, वह यह है कि प्रत्येक व्यक्ति किसी न किसी से लड़ रहा है। कोई कम कोई ज़्यादा। यहां न प्रेम है, न दूसरों की फिक्र है, न सोच-विचार। प्रत्येक व्यक्ति कुछ बनना चाहता है—संसद सदस्य, संसद अध्यक्ष, प्रधानमंत्री आदि-आदि। युद्ध अनवरत रूप से जारी है और हमारा समाज एक दूसरे से भिड़ जाने का अखाड़ा बना हुआ है। और इस भिड़ंत को कुछ बनने की महत्त्वाकांक्षा का नाम दे दिया जाता है। पुराने लोग आपको यही करने के लिए प्रेरित करते रहते हैं—आपको महत्त्वाकांक्षी बनना चाहिए, आपको कुछ बनना चाहिए, आपको किसी धनी पुरुष या स्त्री से विवाह करना चाहिए, आपके मित्र सही ढंग के होने चाहिएं। तो, भयभीत और मलिन मन वाली पुरातन पीढ़ी आपको अपने जैसा बनाना चाहती है, और आप भी उन जैसा ही बनना चाहते हैं, क्योंकि आपको इसकी चकाचौंध दीख रही है। जब राजा आता है तो सभी नतमस्तक

हो जाते हैं...

यह बहुत आवश्यक है कि आप उचित प्रकार का व्यवसाय तलाश करें। क्या आपको मालूम है व्यवसाय का अभिप्राय? एक ऐसा कार्य जिसे करना आपको पसंद हो और जिसे आप स्वाभाविक रूप से कर पाएं। अंततोगत्वा, शिक्षा और इस प्रकार के शिक्षालय का लक्ष्य भी तो यही है—आप आत्मनिर्भरतापूर्वक विकसित हो सकें, इसमें सहायक बनना जिससे आप महत्त्वाकांक्षी न बनकर अपने लिए सही कर्मभूमि तलाश सकें। कभी किसी महत्त्वाकांक्षी व्यक्ति को अपने लिए सही कर्मभूमि नहीं मिल सकी है...

किसी कार्य को अनूठे ढंग से करना, पूर्णतया करना, बिल्कुल वैसा करना जैसा आप सोचते हैं—यह महत्त्वाकांक्षा नहीं है, इसमें कोई भय नहीं है।

— 8 —

स्पर्धा और महत्त्वाकांक्षा की जननी है तुलना

हम सदैव अपनी तुलना किसी और से किया करते हैं। यदि मैं सुस्त हूं तो तेज बनना चाहता हूं, यदि मैं उथला हूं तो गहन-गंभीर बनना चाहता हूं। यदि मैं सीधा-साधा हूं तो चतुर-चालाक बनना चाहता हूं, अधिक धनवान बनना चाहता हूं। मैं सदैव स्वयं की तुलना करता हूं, स्वयं को दूसरों के साथ मापता रहता हूं— बेहतर कार, बेहतर भोजन, बेहतर घर, सोचने का बेहतर ढंग। तुलना से द्वंद्व उपजता है। और, क्या तुलना करने से आप में समझ आ सकती है? जब आप दो चित्रों की, संगीत की दो धुनों की, सूर्यास्त के दो दृश्यों की तुलना करते हैं, जब आप उस वृक्ष की अन्य वृक्ष के साथ तुलना करते हैं, तब क्या आप दोनों में से किसी को भी समझ पाते हैं? या कि किसी चीज़ को आप तभी समझ सकते हैं जब आप कोई तुलना नहीं कर रहे होते?

क्या यह संभव है कि बिना किसी प्रकार की तुलना किये जिया जाये, स्वयं को किसी अन्य व्यक्ति, या किसी धारणा, या किसी नायक या किसी उदाहरण के सांचे में ढालकर न देखा जाए? क्योंकि जब आप तुलना करते हैं, जब आप स्वयं को 'जो होना चाहिए' या 'जो हुआ है' से मापते हैं, तब आप 'जो है' को देख नहीं पाते। कृपया इसे ध्यानपूर्वक सुनें। है तो यह एक सीधी-सरल सी बात, परंतु शायद चतुर-चालाक होने के कारण आपसे यह छूट जाए। हमारा प्रश्न है

कि इस संसार में किंचित मात्र भी तुलना किए बिना जीना क्या संभव है? ना मत कहिए। आप इस प्रकार कभी जिये ही नहीं हैं। ऐसा मत कहिए, ''मैं ऐसे नहीं कर सकता, यह असंभव है क्योंकि मेरे सारे पूर्वप्रभाव तुलना ही सिखाते आये हैं।'' कक्षा में एक छात्र की तुलना दूसरे छात्र से की जाती है। अध्यापक कहते हैं, ''तुम उतने चतुर नहीं हो जितना कि वह।'' जब अध्यापक 'क' की तुलना 'ख' से करता है तब 'क' पर कुठाराघात ही करता है—और यही सिलसिला जीवन पर्यंत चलता रहता है।

— 9 —

तुलना स्पष्टता को धुंधला कर देती है

हम समझते हैं कि प्रगति के लिए, समझ के लिए, बौद्धिक विकास के लिए तुलना आवश्यक है। मैं नहीं मानता कि ऐसा है। जब आप किसी चित्र की तुलना किसी अन्य चित्र से करते हैं, तब आप दोनों में से किसी को नहीं देख रहे होते हैं। जब आप कोई तुलना न कर रहे हों, तभी किसी चित्र को सही अर्थों में देख पाते हैं। इसी तरह किसी दूसरे के साथ, मनोवैज्ञानिक रूप से, कोई भी तुलना किये बिना जीना क्या संभव है? राम, सीता, गीता, कोई नायक, देवी-देवता, कोई भी आदर्श—चाहे वह जो भी हो, किसी के साथ तुलना किए बिना जीना क्या संभव है? जो मन किसी भी स्तर पर कोई तुलना नहीं करता, वह विलक्षण रूप से सक्षम, विलक्षण रूप से जीवंत हो उठता है क्योंकि तब वह 'जो है' उसी को देख रहा होता है।

— 10 —

सफलता-विफलता

जब तक सफलता हमारा ध्येय बनी रहती है, तब तक हम भय से मुक्त नहीं हो सकते, क्योंकि सफलता की चाह अपरिहार्य रूप से विफलता के भय को जन्म देती है। इसीलिए हमें ध्यान रखना होगा कि बच्चों को सफलता की पूजा करना न सिखाएं। अधिकांश लोग किसी न किसी क्षेत्र में सफल होने की चाह रखते

हैं, चाहे वह टेनिस कोर्ट हो, व्यावसायिक दुनिया हो या राजनीति। हम सभी शिखर पर पहुंचना चाहते हैं, और यही चाहत हमारे भीतर और अपने पड़ोसी के साथ एक निरंतर द्वंद्व मचाये रखती है। यही चाहत प्रतिस्पर्धा, डाह, दुर्भावना और अंततोगत्वा युद्ध की ओर धकेलने वाली होती है।

पुरातन पीढ़ी की तरह ही नयी पीढ़ी भी सफलता और सुरक्षा चाहती है। यद्यपि युवा लोग शुरू में इन मूल्यों के प्रति रुचि भले ही न दिखाएं, परंतु शीघ्र ही वे जब सम्मान पाने लगते हैं, फिर समाज को ना नहीं कह पाते। वे अपनी ही आकांक्षाओं की दीवारों के बीच सिमटने लगते हैं, वे पद-प्रतिष्ठा की भेड़चाल में शामिल हो जाते हैं और अधिकारों की बागडोर अपने हाथ में लेने लगते हैं। असंतोष के रूप में उठने वाली जिज्ञासा, खोज और सूझबूझ की लौ मद्धिम पड़ने लगती है और धीरे-धीरे बुझ भी जाती है; और उसका स्थान बेहतर आजीविका, वैभवशाली विवाह और एक सफल कैरियर ले लेते हैं—यह सब और अधिक सुरक्षा की ललक ही तो है।

पुरातन और नूतन पीढ़ियों में कोई मूलभूत अंतर नहीं है; क्योंकि दोनों ही अपनी इच्छाओं और परितुष्टि की दास हैं। परिपक्वता का आयु से कोई सरोकार नहीं होता, वह तो समझ-बूझ से आती है। जिज्ञासा की उत्कट भावना शायद युवाओं के लिए सहज-सरल होती है, क्योंकि वयस्थ लोगों को तो जीवन ने तोड़ डाला है, द्वंद्वों के कारण वे चुक गये हैं और मृत्यु नाना रूपों में उनकी प्रतीक्षा में है। इसका तात्पर्य यह नहीं है कि वे किसी सार्थक जिज्ञासा के योग्य नहीं रहे, परंतु यह उनके लिए एक कठिन कार्य अवश्य है।

बहुत से वयस्थ लोग अपरिपक्व होते हैं—बल्कि बचकाने होते हैं, और यह संसार में संभ्रम और दुख में वृद्धि का कारण बन रहा है...

यह सुरक्षा और सफलता ही है जिनके पीछे अधिकांश लोग पड़े हुए हैं। और जो मन सुरक्षा चाहता है, सफलता के लिए ललक रहा है, वह प्रज्ञावान नहीं हो सकता और इसलिए वह समग्र कर्म के योग्य नहीं हो सकता। समग्र कर्म तभी संभव है जब व्यक्ति अपने पूर्वप्रभावों के प्रति, अपने जातीय, राष्ट्रीय, राजनीतिक और धार्मिक पूर्वाग्रहों के प्रति पूर्णतया सजग-सचेत हो जाए, अर्थात वह इतना अवश्य जान ले कि अहं के तौर-तरीके बिलगावकारी होते हैं।

गहरे पानी पैठ

जीवन गहन जल का कुआं है। जो इसके पास एक छोटी सी लुटिया लेकर जाता है, वह उतना थोड़ा जल ही इससे पा सकता है, या फिर कोई एक विशाल पात्र लेकर इसके पास आता है और भरपूर जल पा लेता है जो उसे निरंतर पोषित करता रहता है। युवावस्था का समय तरह-तरह की खोजबीन करने का और चीज़ों के साथ विविध प्रयोग करने का होता है। शिक्षालयों को चाहिए कि वे तथ्यों और तकनीकी जानकारी से युवाजन का मस्तिष्क ठूंस-ठूंस कर भरने के बजाय उन्हें अपनी सही आजीविका और अपने दायित्वों का बोध कराने में सहायक बनें। स्कूल उनके लिए एक ऐसी वाटिका हो जिसमें वे निडर, प्रसन्न और समग्र रूप से फल-फूल सकें।

अकेलापन, अवसाद व विभ्रम

— 1 —

अकेलापन और एकाकीपन क्या एक ही चीज़ है?

हम अकेलेपन से परिचित हैं, है न? हम उस मन की घबराहट, क्लेश, वैरभाव और अपने अकेलेपन के एहसास से उपजी भयातुरता के असली रूप से परिचित हैं। हमारे लिए यह नयी बात नहीं है? अकेलेपन की यह अवस्था हमारे लिये अनजानी नहीं है। आपके पास विपुल समृद्धि हो, सारी सुख-सुविधाएं हों, अत्यधिक क्षमता और आनंद हो, परंतु फिर भी आपके मन में अकेलेपन का साया सदैव डोलता रहता है। धनवान व्यक्ति, जीवन से जूझता निर्धन व्यक्ति, लेखक, कलाकार, पुजारी—ये सभी इस अकेलेपन से परिचित हैं। इस अवस्था में मन क्या करता है? वह रेडियो खोल लेता है, कोई पुस्तक उठा लेता है, 'जो है' से भागकर 'जो नहीं है' में चला जाता है। आप समझ रहे हैं न कि मैं क्या कह रहा हूं?—शब्दों

को ही मत पकड़िए बल्कि पूरे संदर्भ को और अपने अकेलेपन की तस्वीर को ध्यान से देखिए।

मन का जब अपने अकेलेपन से सामना होता है, तब वह उससे दूर भागता है, पलायन करता है। इस पलायन में वह चाहे धार्मिक चिंतन-मनन में चला जाए या सिनेमा चला जाए—दोनों बातें समान हैं, क्योंकि दोनों ही 'जो है' से पलायन हैं। जो व्यक्ति मदिरापान द्वारा पलायन करता है, वह ईश्वर की पूजा-पाठ करने वाले व्यक्ति से अधिक अनैतिक नहीं है। वे दोनों एक से हैं—दोनों पलायन कर रहे हैं। जब आप यह वास्तविकता जान लें कि आप अकेले हैं, फिर भी यदि आप इससे पलायन न करें और न ही इससे जूझें, तब कूपमंडूक मन इस अकेलेपन को प्रायः अप्रियकर घोषित कर देता है, परंतु यदि आप में यह भर्त्सना का भाव न आये तो अकेलापन कही जाने वाली इस अवस्था के प्रति मन का सारा रवैया पूरी तरह बदल जाता है।

— 2 —

अकेलापन अवसाद है, एकाकीपन आह्लाद

निश्चय ही, अकेलापन अलगाव की एक अवस्था है, क्योंकि इसमें मन अपने ही खोल में सिमट जाता है और प्रत्येक संबंध से, प्रत्येक चीज़ से कटकर स्वयं को इनसे दूर कर लेता है। इस दशा में मन अकेलेपन को जानता है, और तब यदि वह इसे अप्रियकर माने बिना, इससे पलायन किये बिना, इसके प्रति केवल सजग हो जाए, तो निश्चय ही उस अकेलेपन का रूपांतरण हो जाता है। तब इस रूपांतरित अवस्था को एकाकीपन कहा जा सकता है—शब्द आप कोई सा भी प्रयोग करें, उसका महत्त्व अधिक नहीं है। इस एकाकीपन में कोई भय नहीं होता। जो मन तरह-तरह के कार्यकलापों के द्वारा स्वयं को अलग-थलग कर लेने के कारण अकेलापन महसूस करता है, वही मन अकेलेपन से घबराता है। परंतु उसमें यदि ऐसी सजगता आ जाए जिसमें अपनी राय या पसंद की बात नहीं, जिसका मतलब हुआ कोई निंदा नहीं, तब मन बिल्कुल भी अकेला नहीं रहता, बल्कि तब यह एकाकीपन की उस स्थिति में आ जाता है जिसमें कोई विकार नहीं होता, जिसमें अपने ही खोल में सिमट जाने की कोई प्रक्रिया नहीं रहती। हमें एकाकी होना होगा, उस अर्थ में एकाकी होना ज़रूरी है। अकेलापन कुंठा की अवस्था है,

एकाकीपन नहीं, और एकाकीपन अकेलेपन का सीधा-सीधा उलट भी नहीं है, विलोम भी नहीं है।

एकाकी होना बेहद ज़रूरी है—सभी प्रभावों, सभी बाध्यताओं, सभी चाहतों, लालसाओं और आशाओं से दूर एकाकीपन—ताकि मन में कुंठा की, खिन्नता की कोई क्रिया न रहे। ऐसा एकाकीपन आवश्यक है, यह एक धार्मिक अवस्था है। परंतु अकेलेपन की संपूर्ण समस्या को समझे बगैर मन इस स्थिति तक पहुंच नहीं सकता। हममें से अधिकांश लोग अकेलेपन में जीते हैं और हमारी सभी गतिविधियां कुंठा की ही गतिविधियां हैं। जो शख्स खुश है वह अकेलेपन में नहीं जी रहा होता। सुख-चैन एकाकी होता है, और एकाकीपन में किये गये कार्य अकेलेपन के कार्यकलापों से सर्वथा भिन्न होते हैं।

— 3 —
क्या अकेलेपन के साथ रहना संभव है?

क्या हम अपने भीतर के खोखलेपन से, हताशा और अकेलेपन की दशा से, किसी भी चीज़ पर निर्भर न हो सकने के भरपूर एहसास से, किसी आप्त व्यक्ति का सहारा न मिल पाने के एहसास से अवगत नहीं हैं? क्या हम ऐसे पल को नहीं पहचानते जिसमें अकारण ही असाधारण अकेलापन रहा हो, असाधारण दुख रहा हो, विचार की ऊंचाइयों तक में और प्रेम की ऊंचाइयों तक में हताशा का एक भाव रहा हो, क्या हम ऐसे अकेलेपन को नहीं जानते? क्या अकेलापन हमें हमेशा ही कुछ बनने की ओर, समाज में आदर-सम्मान पाने की ओर नहीं धकेलता?

क्या मैं इस अकेलेपन के साथ जी सकता हूं—इससे दूर भागे बिना, कुछ न कुछ करके इसे भरने का प्रयास किये बिना? क्या मैं इसका रूपांतरण करने का, इसे कोई आकार देने का, इसे नियंत्रित करने का कोई प्रयास किये बिना इसके साथ रह सकता हूं? यदि मन ऐसा कर सके तो संभवतः यह अकेलेपन के पार, दुख के पार जा सकेगा, परंतु इसका यह अर्थ नहीं है कि यह आशा या आस्था की अवस्था में पहुंच जाएगा, बल्कि इस सबसे परे होगा। क्या यह संभव है कि मैं इस अकेलेपन को समझ सकूं और इसमें जी सकूं—इससे दूर भागे बिना, जब मन ऊब रहा हो, जब मुझे डर लग रहा हो, आशंकाएं घेर रही हों—चाहे यह सब अकारण हो या सकारण—तब भी इस अकेलेपन के साथ मैं

जी सकूं? जब मुझे इस अकेलेपन का एहसास हो रहा हो, तब क्या यह संभव है कि यह मन इस अकेलेपन को दूर धकेलने का प्रयास किये बिना इसके साथ जी सके?

— 4 —

यदि मन स्थिर है तो निर्भरता नहीं रहती

यदि मन सब चीज़ों से, सब धारणाओं से, सब अवलंबनों से, सब निर्भरताओं से मुक्त रहने के अद्भुत भाव में बना रह सके तो क्या ऐसे मन के लिए यह संभव नहीं है कि वह इस सबसे दूर और परे निकल जाए—सैद्धांतिक रूप से नहीं बल्कि वास्तविक रूप से? यह तभी संभव है जब वह अकेलेपन, खोखलेपन और बेसहारेपन की दशा को पूरी तरह अनुभव कर ले—केवल तभी यह संभव है कि कर्म 'अहं' की संकुचित नली से गुज़रने वाली क्रिया न रहे।

— 5 —

अहं नहीं है तो अकेलापन भी नहीं है

आप जितना अधिक अपना ही अपना सोचेंगे, उतना ही अधिक स्वयं को अलग-थलग पाएंगे और स्व-चेतना है ही अलगाव की प्रक्रिया। परंतु एकाकीपन अलगाव नहीं होता। एकाकीपन आता ही तब है, जब अकेलापन चला जाता है। एकाकीपन वह अवस्था है जिसमें सभी प्रभावों का अवसान हो जाता है—दोनों ही प्रभावों का—बाह्य भी और स्मृति से उपजे आंतरिक प्रभावों का भी। मन जब एकाकीपन की इस अवस्था में आ जाता है केवल तभी वह उस विशुद्धता को जान पाता है जिसे अशुद्ध नहीं किया जा सकता। परंतु, इस अवस्था तक पहुंचने के लिये हमें अकेलेपन को, अलगाव की इस प्रक्रिया को अर्थात अहं और उसकी क्रियाविधि को समझना होगा। अहं को, स्व को समझने के साथ ही अलगाव बिदा होने लगता है, अतः अकेलापन भी।

पृथ्वी पर छह अरब लोगों के रहते अकेलापन
क्या वास्तविकता है या एक मनोवृत्ति?

यदि हम इस विषय में और गहरे उतरें तो समस्या यह उठती है कि जिसे हम अकेलापन कह देते हैं, वह एक वास्तविकता है या एक शब्द मात्र है? अकेलापन क्या एक वास्तविकता है, या केवल एक शब्द, जिसमें हो सकता है कुछ ऐसा निहित हो जो उस बारे में हमारी सोच से एकदम अलग ही हो? अकेलापन क्या एक विचार नहीं है—केवल हमारी सोच का परिणाम? सच तो यह है कि सोचना स्मृति का शब्दों में उतर आना है। तो क्या ऐसा नहीं है कि हम इस शब्दाभिव्यक्ति, इस सोच, इस स्मृति के माध्यम से इस अवस्था को देखते हैं और इसे 'अकेलेपन' की संज्ञा दे देते हैं? इस अवस्था का यह नामकरण ही शायद हममें भय का कारण बन जाता है, जो हमें इसे ध्यानपूर्वक देखने नहीं देता। और, यदि हम इसे मन द्वारा गढ़ा गया यह नाम न दें, तो भी क्या वह अवस्था अकेलापन ही होगी?

पलायन किये बिना एकाकी रहिए और देखिए क्या होता है

क्या कभी आपने एकाकी रहकर देखा है? जब कभी आप ऐसा करेंगे तो आप महसूस करेंगे कि यह कितना कठिन है और यह भी महसूस करेंगे कि एकाकी होने के लिए हमें कितनी गहरी समझ और प्रज्ञा की आवश्यकता है क्योंकि हमारा मन हमको कभी एकाकी होने नहीं देता। मन बेचैन हो उठता है क्योंकि वह तो स्वयं को पलायनों में व्यस्त रखता है, तो हम कर क्या रहे हैं? हम इस विलक्षण खालीपन को सुनी-सुनायी बातों से भर रहे हैं। हम ढूँढ़ निकालते हैं कि हम सक्रिय कैसे रहें, सामाजिक कैसे रहें, हम सीख लेते हैं कि अध्ययन कैसे किया जाए, रेडियो कैसे खोला जाए। जिस अवस्था को हम जानते नहीं उसे उन-उन चीज़ों से भरते रहते हैं जिन्हें हम जानते हैं। हम उस खालीपन को ज्ञान, संबंध और अनेकानेक चीज़ों से भरने का प्रयास करते रहते हैं, ऐसा ही है न? यही हमारा ढर्रा है और यही हमारा अस्तित्व। अब जब कि आप यह समझ गये हैं कि आप

कर क्या रहे हैं, तब भी क्या आप सोचते हैं कि आप इस खालीपन को भर पाएंगे? आप अकेलेपन के खालीपन को भरने का भरसक प्रयत्न करते आये हैं। इसे भरने में क्या आप सफल हो पाये हैं? आपने सिनेमा को आज़माया, फिर भी आप सफल नहीं हो पाये, इसीलिए आप किसी गुरु के पास चल दिये, ग्रंथों में चले गये, या सामाजिक रूप से बहुत सक्रिय हो गये। आप इसे भरने में सफल हो पाये या केवल इसे ढांपने में? यदि आप इसे केवल ढांप ही पाये हैं तब तो यह अभी भी है और इसीलिए इसका पुनरागमन निश्चित है। यदि आप इससे पूरी तरह पलायन करने में कामयाब हो गये तो किसी पागलखाने की चारदीवारी में कैद होकर रह जाएंगे या बिल्कुल ही कुंद हो जाएंगे। यही तो है जो आज संसार में हो रहा है।

— 8 —

वास्तविकता यह है कि हमारे भीतर खालीपन का एहसास है

क्या इस खोखलेपन को, इस खालीपन को भरा जा सकता है? यदि नहीं, तो क्या हम इससे दूर भाग सकते हैं, इससे पलायन कर सकते हैं। यदि हमने इसे आज़मा कर देखा है और पाया है कि कोई एक पलायन कतई कारगर नहीं हुआ तो क्या अन्य सभी पलायन भी वैसे ही सिद्ध नहीं होंगे? इस बात का कोई महत्त्व नहीं है कि आप इस खालीपन को इस चीज़ से भरें या उस चीज़ से। तथाकथित ध्यान भी पलायन ही है। पलायन का तौर-तरीका बदल लेने से तो कोई विशेष अंतर नहीं पड़ने वाला।

तो आप कैसे जान पाएंगे कि इस अकेलेपन का किया क्या जाये? इसे आप तभी जान पाएंगे जब आप इससे पलायन करना बंद कर देंगे। ऐसा ही है न? जब आप 'जो है' उसके साक्षात्कार को तैयार हैं—जिसका मतलब है रेडियो चालू न करना, इस सभ्यता की ओर पीठ फेर लेना—तब इस अकेलेपन का अवसान हो जाता है क्योंकि तब इसका पूरा रूपांतरण हो गया होता है। तब यह अवस्था अकेलापन नहीं रह जाती।

अवसाद: अहं के खोल में व्यतीत जीवन

प्रश्नकर्ता : सजगता और आत्म-निरीक्षण में क्या अंतर है? और सजगता में सजग कौन रहता है?

कृष्णमूर्ति : पहले हम यह स्पष्टतः जान लें कि आत्म-निरीक्षण से हमारा तात्पर्य क्या है? आत्म-निरीक्षण से हमारा तात्पर्य है अपने भीतर देखना, स्वयं को जांचना-परखना। कोई स्वयं को क्यों जांचता-परखता है? सुधार के लिए, परिवर्तन के लिए, संशोधन के लिए, जो आप हैं उससे कुछ भिन्न होने के लिए। आत्म-निरीक्षण के ये प्रकट कारण हैं। मैं क्रोधित हूं, अतः आत्म-निरीक्षण करता हूं। स्वयं की जांच-परख करता हूं ताकि क्रोध से छुटकारा पा सकूं या क्रोध को संशोधित अथवा परिवर्तित कर सकूं। जब आत्म-निरीक्षण होता है, अर्थात अहं की प्रतिक्रियाओं और अनुक्रियाओं को संशोधित करने, परिवर्तित करने की जब इच्छा होती है, तब हमारी आंखों के सामने सदैव एक लक्ष्य रहता है। और जब उस लक्ष्य की प्राप्ति नहीं हो पाती तब मनोदशा कुछ विचित्र हो जाती है, अवसाद आ जाता है। इस तरह आत्म-निरीक्षण के साथ-साथ अवसाद सदैव चला आता है।

— 10 —

आत्म विश्लेषण से होता है अवसाद

मुझे नहीं मालूम कि आपने यह देखा है या नहीं कि जब आप आत्म-निरीक्षण करते हैं, जब आप स्वयं को परिवर्तित करने के लिए अपने भीतर झांककर देखते हैं, तब अवसाद की एक लहर अवश्य ही आती है; सदैव एक विचित्र मनोदशा छा जाती है जिसके विरुद्ध आपको जूझना पड़ता है। उस मनोदशा पर काबू पा लेने के लिए आपको पुनः स्वयं की जांच-परख करनी पड़ती है। आत्म-निरीक्षण एक ऐसी प्रक्रिया है जिसमें कोई राहत नहीं मिलती, क्योंकि इस प्रक्रिया में 'जो है' उसे एक ऐसी चीज़ में रूपांतरित कर देना निहित है जो नहीं है। जब हम आत्म-निरीक्षण करते हैं, जब हम इस क्रिया विशेष में निमग्न हो जाते हैं, तब बिलकुल यही होता है। इस क्रिया में सदैव एक संचयी प्रक्रिया रहती है, यह

'मैं' किसी चीज़ को परिवर्तित करने के लिए उसका निरीक्षण कर रहा होता है। इसमें सदैव एक द्वैतपूर्ण द्वंद्व चलता रहता है और इसीलिए यह कुंठा और खिन्नता की ओर ले जाने वाला एक प्रक्रम बन जाता है। इससे छुटकारा तो होता ही नहीं, कुंठा ग्रस्त होने के कारण अवसाद अवश्य घेर लेता है।

सजगता एकदम भिन्न बात है। इसका अभिप्राय बिना मीन-मेख के अवलोकन करने से है। सजगता से समझ आती है, क्योंकि इसमें न भर्त्सना होती है, न तादात्म्य, बस अवलोकन होता है। यदि मुझे किसी चीज़ को समझना है तो मुझे उसका अवलोकन करना होगा न कि उसकी आलोचना या भर्त्सना। न तो उसे सुखकर मान कर उसका पीछा करना है न असुखकर मानकर उससे मुंह मोड़ लेना है। वास्तविकता का मात्र मौन अवलोकन करना है। मेरी नज़र किसी लक्ष्य पर न टिकी हो, बल्कि उसमें हर गतिविधि के प्रति सजगता हो। ऐसा अवलोकन और ऐसे अवलोकन से प्राप्त बोध तब अवरुद्ध हो जाता है जब उसमें भर्त्सना, तादात्म्य और औचित्य-समर्थन का समावेश हो जाता है।

— 11 —

आत्म-निरीक्षण अथवा सजगता

आत्म-निरीक्षण आत्म-विकास है और इसीलिए यह अहं-केंद्रित रहता है क्योंकि सजगता आत्म-विकास नहीं है। इसके विपरीत यह अहं का, 'मैं' का, उसकी सारी सनक, स्मृति, चाहत और पा लेने की दौड़ का अंत कर देती है। आत्म-निरीक्षण में तादात्म्य होता है, भर्त्सना होती है। सजगता में भर्त्सना या तादात्म्य नहीं होते, इसीलिये आत्म-विकास जैसी कोई बात नहीं होती। इन दोनों में खासा अंतर है।

जो व्यक्ति आत्म-विकास करना चाहता है, वह कभी सजग नहीं हो सकता, क्योंकि आत्म-विकास में भर्त्सना और किसी परिणाम की उपलब्धि निहित रहती है, जबकि सजगता में रहता है अवलोकन, जिसमें न भर्त्सना है, न प्रतिवाद और न ही स्वीकार। यह सजगता शुरू होती है बाहरी चीज़ों से। सजगता, संपर्क, प्रकृति के साथ, वस्तुओं के साथ। सर्वप्रथम, अपने चारों ओर की चीज़ों के प्रति सजगता आती है। वस्तुओं के प्रति, प्रकृति के प्रति संवेदनशील होना, फिर व्यक्तियों के प्रति अर्थात संबंधों में संवेदनशील होना और तब आता है विचारों-धारणाओं के प्रति संवेदनशील होना। प्रकृति, वस्तुओं, व्यक्तियों, विचारों—इन सभी के प्रति

सजगता, संवेदनशीलता का तात्पर्य भिन्न-भिन्न प्रक्रियाओं से नहीं बल्कि यह एक ही प्रवाह है। यह तो हर चीज़ का सतत अवलोकन है—अपने भीतर कोई भी विचार, कोई भी भाव, कोई भी कृत्य जैसे ही हो तत्क्षण उसका अवलोकन।

— 12 —

अपने विभ्रम के निदान हेतु क्या हमें मनोविश्लेषक की आवश्यकता है?

प्रश्नकर्ता : यह तो अब सिद्ध सत्य है कि हमारे अधिकांश रोग मनःकायिक होते हैं जो हमारे भीतर में बैठी उन तमाम कुंठाओं और द्वंद्वों के कारण उभर आते हैं जिनसे हम प्रायः अनभिज्ञ रहते हैं। जैसे हम कायिक चिकित्सक के पास जाते हैं, तो क्या वैसे ही इस अवस्था में हमें मनोचिकित्सक के पास जाना होगा? या, हमारे पास कोई और भी तरीका है जिसके द्वारा हम अपने इस आंतरिक उपद्रव से छुटकारा पा सकते हैं?

कृष्णमूर्ति : अब प्रश्न उठता है कि मनोविश्लेषकों का इस बारे में क्या रवैया है? और हममें से जो अस्वस्थता या रुग्णता से किसी न किसी रूप में ग्रस्त हैं, उनका इसके प्रति क्या रवैया है? यह अस्वस्थता क्या हमारी भावनात्मक उद्विग्नता से पैदा हुई है या कि इसमें भावनाओं का कोई हाथ नहीं है? हम में से अधिकांश लोग विक्षुब्ध हैं, भ्रमित और उद्विग्न हैं—वे भी जो बहुत समृद्ध हैं, जिनके पास फ्रिज, कार और तमाम सुख-सुविधाएं हैं। और चूंकि हम नहीं जानते कि इस क्षोभ और उद्विग्नता से कैसे निदान पाया जाए, इसलिए ये हमारे शरीर पर अपरिहार्य रूप से प्रभाव डालते ही हैं जो रोग को जन्म देता है, यह सब स्पष्टतः देखा जा सकता है। तो प्रश्न यह है कि अपने क्षोभ और उद्विग्नता के निवारण के लिये और पुनः स्वस्थ होने के लिये क्या हमें मनोचिकित्सक के पास जाना चाहिए अथवा क्या यह संभव है कि हम स्वयं यह खोज लें कि अनुद्विग्न कैसे रहा जाए, विक्षोभ, व्यग्रता और भय से कैसे मुक्त रहा जाए?

हम विक्षुब्ध क्यों होते हैं? यह विक्षोभ है क्या? मैं कोई चीज़ चाहता हूं, परंतु उसे पाने में विफल रहता हूं तो मैं स्वयं को इस विशेष अवस्था में पाता हूं। मैं अपनी पत्नी, अपने बच्चों, अपनी संपत्ति, अपनी पद-प्रतिष्ठा, सफलता इत्यादि के माध्यम से कुछ पूर्ति करना चाहता हूं, परंतु अवरोधों में अटककर रह जाता हूं और फिर विक्षुब्ध हो जाता हूं। मैं महत्त्वाकांक्षी हूं परंतु कोई मुझे एक ओर

धकेल कर आगे निकल जाता है अतः मैं घोर विक्षुब्धता और उद्विग्नता से घिर जाता हूं, और इस सबके प्रति मेरे शरीर में प्रतिक्रिया होती है।

— 13 —

विभ्रम क्या है?

तो आप और मैं क्या इस विक्षोभ, इस विभ्रम से मुक्त हो सकते हैं? आप बात समझ रहे हैं न? विभ्रम क्या है, उलझन क्या है? विभ्रम तभी होता है जब कोई तथ्य हो और उसके साथ ही उसके बारे में पनप आया मेरा विचार, मेरी राय, मेरी अरुचि, मेरी उपेक्षा, मेरा मूल्यांकन भी हो। यदि मैं किसी तथ्य को उसमें कोई गुण-दोष जोड़े बिना देख पाऊं, तो कोई विभ्रम नहीं होगा। यदि मैं स्पष्टतः जान-समझ लूं कि अमुक सड़क 'वेंचुरा' को जाती है तो कोई विभ्रम नहीं होगा। विभ्रम तब पैदा होता है जब मैं अड़ जाता हूं कि यह सड़क कहीं और जाती है। हम में से अधिकांश लोगों का यही हाल है।

— 14 —

हमारी राय तथ्यों के प्रति भ्रांति पैदा कर देती है

हमारी राय, हमारे विश्वास, हमारी इच्छाएं, महत्त्वाकांक्षाएं इतनी प्रबल हैं और हम इनसे इतने लदे हुए हैं कि हम तथ्य को देख पाने में अक्षम हैं।

अतः तथ्य के साथ संलग्न राय, निर्णय, मूल्यांकन, महत्त्वाकांक्षा और इसी प्रकार की तमाम बातें भ्रम पैदा करती हैं। और, आप और मैं क्या भ्रमित अवस्था में कोई कार्य, कोई क्रिया कर सकते हैं? निश्चय ही, भ्रम से उत्पन्न कोई भी क्रिया और भी अधिक भ्रम, और भी अधिक विक्षोभ ही उत्पन्न करती है। यह सब हमारी तंत्रिकाओं पर प्रतिक्रिया करता है और हमें रोगी बना देता है। विभ्रम में होते हुए भी स्वयं से यह स्वीकार करने के लिए कि मैं विभ्रम में हूं, साहस की नहीं अपितु स्पष्ट विचारों की, स्पष्ट अवबोधन की आवश्यकता होती है। हम में से अधिकांश लोग यह स्वीकार करने से डरते हैं कि हम विभ्रम में हैं। अतः इसी विभ्रम में बने रहते हुए हम नेताओं, गुरुओं, और राजनेताओं को चुनते

हैं, और जब हम भ्रमित रहते हुए किसी चीज़ का चयन करते हैं, तब वह चयन भी भ्रममय ही होता है, इसीलिये हमारा नेता भी भ्रमित व्यक्ति ही होता है।

— 15 —

विभ्रम को समझना ही स्पष्टता है

तो क्या यह संभव है कि हम अपने विभ्रम के प्रति सजग रहें, उस विभ्रम के कारणों को जानें, परंतु कुछ करें नहीं? जब भ्रमित मन क्रिया करता है, तब वह और अधिक भ्रांति पैदा करता है, परंतु जब मन इस बात के प्रति सजग हो जाता है कि वह भ्रमित है, तथा इस विभ्रम के संपूर्ण प्रक्रम को समझ लेता है, तब उसे कुछ करने की आवश्यकता नहीं रह जाती क्योंकि यह स्पष्टता ही स्वयं में एक क्रिया बन जाती है। मुझे लगता है कि हममें से अधिकांश लोगों के लिये यह समझना बहुत कठिन है, क्योंकि हम क्रिया के, कुछ न कुछ करते रहने के आदी हैं।

— 16 —

यह सब आप स्वयं देख सकते हैं

और मैं नहीं समझता कि कोई विश्लेषक इस समस्या को सुलझा सकता है। सामान्य जीवन का नाम देकर, समाज की कुछ बातों का अनुसरण करने की सलाह देकर वह आपकी अस्थायी रूप से सहायता कर सकता है, परंतु समस्या इससे अधिक गहन-गंभीर है। और इसका निदान स्वयं आपके अतिरिक्त कोई अन्य नहीं कर सकता। आपने और मैंने ही इस समाज को रचा है। यह हमारी क्रियाओं, हमारे विचार और हमारे अस्तित्व का ही परिणाम है, और जब तक हम जनक को जाने बिना जनित को ही सुधारने का प्रयत्न करते रहेंगे तब तक हमारी अस्वस्थता, अशांतता और अपचारिता बढ़ती ही रहेगी। स्वयं को समझने से विवेक और सम्यक क्रिया का जन्म होता है।

अध्याय नौ

आत्म-विकास नहीं, अहं का अवसान दुख का अंत करता है

– 1 –

अपने दुख की जड़ों को आप सींचते क्यों हैं?

मुझे लगता है कि परिवर्तन की समस्या को समझना अत्यंत कठिन है। हम देखते हैं कि चारों ओर नाना प्रकार की प्रगति हो रही है—तथाकथित विकास हो रहा है, परंतु क्या इस प्रगति से मूलभूत परिवर्तन हो पा रहा है? मैं नहीं जानता कि आपका ध्यान कभी इस समस्या पर गया है या नहीं, या आपने कभी इस विषय पर सोचा है या नहीं। आज सुबह इस प्रश्न पर विचार करना शायद उपयुक्त रहेगा।

हम देख सकते हैं कि प्रगति के प्रकट अर्थ के अनुसार तो प्रगति हो रही है—नये-नये आविष्कार हो रहे हैं, बेहतर कार, बेहतर विमान, बेहतर रेफ्रीजरेटर आ रहे हैं, प्रगतिशील समाज की दिखावटी शांति दिख रही है, आदि-आदि। परंतु

क्या यह प्रगति मानव में, आप में, मुझ में आमूल परिवर्तन ला सकती है? और यह आमूल परिवर्तन लाया कैसे जाए? मैं समझता हूं कि यह एक विचारणीय समस्या है। आत्म-विकास में प्रगति निहित है—क्या मैं बेहतर बन सकता हूं, अधिक दयालु, अधिक उदार, कम ईर्ष्यालु, कम महत्त्वाकांक्षी। परंतु क्या आत्म-विकास किसी की सोच में आमूल परिवर्तन ला सकता है? या परिवर्तन कुछ होता ही नहीं, केवल प्रगति होती है? प्रगति में समय निहित रहता है, है न? आज मैं ऐसा हूं, कल कुछ बेहतर बन जाऊंगा। आत्म-विकास और आत्म-त्याग, यही गति रहती है, एक बेहतर जीवन की ओर बढ़ता हुआ क्रम, जिसका अर्थ होता है वातावरण के साथ ऊपरी तौर पर समायोजन करना, एक विकसित शैली का अनुकरण करना, श्रेष्ठतर आभिजात्य वर्ग के अनुरूप ढलते जाना, आदि-आदि। हम इसी प्रक्रिया को देखते आये हैं। और, मेरी तरह शायद आपके भी मन में प्रश्न उठा हो कि क्या प्रगति भला एक मूलभूत क्रांति ला सकती है?

मैं समझता हूं कि महत्त्वपूर्ण बात है क्रांति, न कि प्रगति। कृपया इस 'क्रांति' शब्द से भयाक्रांत न हों, जैसा कि इस प्रगतिशील समाज के अधिकांश लोग हैं। परंतु मुझे लगता है कि केवल समाज-सुधार लाने की अपेक्षा जब तक हम अपने दृष्टिकोण में मूलभूत परिवर्तन लाने की अत्यधिक आवश्यकता को नहीं समझ लेते, तब तक प्रगति के नाम पर दुख की ही बढ़ोतरी होती रहेगी। यह प्रगति दुख को शमित और शांत करने में प्रभावी हो सकती है, परंतु उसका अंत करने में नहीं क्योंकि दुख तो उस स्थिति में दबा-ढंका सदा बना ही रहता है। अंततोगत्वा, समय बीतने के साथ-साथ बेहतर बनते जाने के अर्थ में यह प्रगति वास्तव में 'अहं' की, 'मैं' की ही प्रक्रिया है। आत्म-विकास में प्रगति तो होती है जो उत्तम बनने के, कुछ बढ़ाने और कुछ घटाने के और इसी प्रकार के संकल्पपूर्ण प्रयासों में नज़र आती है। रेफ्रिजरेटरों और विमानों में जिस तरह से सुधार होता रहा है, उस तरह का सुधार स्व में, व्यक्ति में भी होता है परंतु यह सुधार, यह विकास मन को दुख से मुक्त नहीं कर पाते।

— 2 —

अपने कारागार को सजाते ही मत रहिये

तो, यदि हम दुख की समस्या को समझना और कदाचित इसका अंत करना चाहते हैं, तो हम प्रगति की परिधि में रहते हुए इस पर विचार नहीं कर पाएंगे क्योंकि

जो प्रगति की, समय की परिधि में सोचता है और कहता है कि वह कल सुखी हो जायेगा, वह तो दुख में ही जी रहा होता है। इस समस्या को समझने के लिए हमें चेतना के संपूर्ण विषय में जाना होगा, है न? क्या यह अत्यंत कठिन है? आइए आगे बढ़कर देखते हैं।

यदि मैं वास्तव में दुख को समझना और उसका अंत करना चाहता हूं तो मुझे केवल यही नहीं जानना होगा कि प्रगति के निहितार्थ क्या-क्या हैं, बल्कि यह भी जान लेना होगा कि मुझमें वह कौन है जो अपना विकास चाह रहा है। साथ ही मुझे उस हेतु को भी जान लेना होगा जिसके चलते वह यह विकास चाहता है। यह सब चेतना ही है। प्रसन्नतापूर्वक या सरलतापूर्वक, या अंतर्विरोधों को लिये एक मनस्ताप के साथ आजीविका, परिवार तथा सामाजिक वातावरण से लगातार तालमेल बैठाते हुए दिन-प्रतिदिन के क्रियाकलापों में एक सतही चेतना कार्य किया करती है। इस चेतना का एक और गहन स्तर भी है जो मानव को शताब्दियों की विशाल विरासत में मिला है...

हम अपने लिए यह खोजने का प्रयत्न कर रहे हैं कि चेतना होती क्या है, और, मन का दुख से मुक्त होना क्या संभव है—दुख की शैली को बदलना नहीं, दुख के कारागार को सजाना नहीं, बल्कि दुख के बीज से, दुख की जड़ से मुक्त हो जाना क्या संभव है? इसे जानने-समझने के लिये हम प्रगति एवं मनोवैज्ञानिक क्रांति—जो बेहद ज़रूरी है अगर दुख से निजात पाना है—इन दोनों के बीच अंतर को जानने का प्रयास करेंगे।

— 3 —

दुख की कोठरी यानी अपनी चेतना का अवलोकन कीजिये

हम अपनी चेतना के तौर-तरीकों को बदलने का प्रयत्न नहीं कर रहे हैं, हम इसके बारे में कुछ कर नहीं रहे हैं, हम इसे केवल बहुत ध्यान से देख रहे हैं। निश्चय ही, यदि हम कभी थोड़ा भी ध्यान से देखते हैं, ज़रा भी किसी चीज़ के प्रति सजग होते हैं, तो हम सतही चेतना को जान पाते हैं। हम देख पाते हैं कि सतही तौर पर हमारा मन बहुत सक्रिय रहता है। यह समायोजन करने में, कारोबार में, जीविकोपार्जन में, अपनी प्रवृत्ति, प्रतिभा व प्रवीणता दर्शाने में या कोई तकनीकी ज्ञान अर्जित करने में लगा रहता है और हममें से अधिकांश लोग इसी स्तर पर जीने में संतुष्ट रहते हैं।

— 4 —
सतही जीवन की पीड़ा को हम स्वीकारते क्यों हैं?

तो, क्या हम और गहरे जा सकते हैं और सतही फेरबदल के हेतु को देख सकते हैं? यदि आप इस सतही फेरबदल की पूरी प्रक्रिया के प्रति थोड़ा भी सजग रहते हैं तो आप पाएंगे कि मूल्यों और दूसरों की राय के साथ निबाह करना और किसी मान्यता प्राप्त व्यक्ति की बातों को स्वीकार कर लेना आत्म-संरक्षण और स्वयं को स्थायित्व देने के भाव से अभिप्रेरित रहता है। यदि आप इससे भी गहरे जा सकें तो पाएंगे कि वहां जातीयता और राष्ट्रीयता का विशाल अंतर्प्रवाह चल रहा है, वहां झुंड-प्रवृत्ति है, वहां मानव-संघर्ष का, ज्ञान का, तमाम तरह की जद्दोजहद का, हिंदुओं, बौद्धों या ईसाइयों के मत-सिद्धांतों व परंपराओं का और शताब्दियों से दी जा रही तथाकथित शिक्षा के भग्नावशेषों का वह अंबार लगा हुआ है जिसने विरासत में प्राप्त परिपाटियों से इस मन को बेहद जकड़ा हुआ है। और, यदि आप और भी गहरे जा सकें तो वहां आप पाएंगे अपने अस्तित्व को बचाये रखने की, सफल होने की, कुछ बन जाने की आदिम लालसा जो सामाजिक कार्यकलापों के विभिन्न रूपों में परिलक्षित हो रही है। ऐसी व्यग्रता और अधिक भय पैदा कर रही है, और इस सब की जड़ें बहुत गहरी हैं। अत्यंत संक्षेप में कहें तो यही सब कुछ है हमारी चेतना। दूसरे शब्दों में, हमारी सोच जड़ में जमी हुई इसी लालसा पर आधारित रहती है—कुछ होना, कुछ बनना। और, इसके ऊपर जमी हैं परंपरा, संस्कृति व शिक्षा की परतें और आस-पास के समाज के सतही प्रभाव। और, ये सब किसी न किसी ढर्रे का अनुसरण करने के लिए हम पर दबाव बनाते हैं, जिसे ज़िंदा रहने की खातिर हम ढोते रहते हैं। इसमें अनेक विविधताएं हैं, सूक्ष्मताएं हैं, परंतु सारभूत रूप से हमारी चेतना है यही।

— 5 —
आत्म-विकास का मार्ग दुख के अंत का मार्ग नहीं है

तो इस चेतना की परिधि में की गई कोई भी प्रगति मात्र आत्म-विकास है और आत्म-विकास का अर्थ है दुख के मार्ग पर ही बढ़ते जाना, उसका अंत करना नहीं। यदि आप इसे ध्यानपूर्वक देखें तो यह बात स्पष्ट हो जायेगी। यदि मन

का वास्ता संपूर्ण दुख से मुक्त होने से है तो फिर मन को करना क्या होगा? पता नहीं आपने कभी इस समस्या पर विचार किया है या नहीं, परंतु कृपया इस पर अब विचार कर लें।

हम दुख उठाते हैं, है न? हम केवल शारीरिक रुग्णता और अस्वस्थता से ही दुखी नहीं रहते, बल्कि अपने अकेलेपन और आंतरिक अकिंचनता के कारण भी दुखी रहते हैं। हम दुखी रहते हैं क्योंकि कोई हमें प्रेम नहीं करता। जब हम किसी को प्रेम करते हैं और प्रतिदान में उससे प्रेम नहीं मिल पाता तब हम दुखी हो जाते हैं। हर तरह से, सोचने का अर्थ ही है दुख से भर उठना। अतः हमें लगता है कि सोचने की ज़रूरत क्या है, इसलिए हम किसी विश्वास को थाम लेते हैं, और फिर उसी से बंधकर रह जाते हैं, उसी को हम धर्म कह देते हैं। तो, यदि मन यह देख पाए कि क्रमशः प्रगति व आत्म-सुधार द्वारा दुख का अंत संभव नहीं है, तो फिर मन करे क्या? क्या मन इस चेतना के पार जा सकता है—तरह-तरह की इन व्यग्रताओं और विरोधाभासी इच्छाओं के पार? और क्या इस पार जाने में समय निहित है? कृपया इसे समझिए—केवल शब्दशः नहीं बल्कि वस्तुतः भी। यदि यह समय का मामला है तो आप पुनः उस घेरे में आ जाते हैं जिसे प्रगति कहते हैं। क्या आप यह देख पा रहे हैं? चेतना की परिधि में किसी भी दिशा में उठाया गया कोई भी कदम आत्म-विकास ही होता है और इसीलिए वहां दुख की निरंतरता बनी रहती है। दुख को नियंत्रित व अनुशासित किया जा सकता है, उसका दमन किया जा सकता है, उसे युक्तिसंगत तथा अत्यंत परिष्कृत बनाया जा सकता है, परंतु दुख की अंतर्निहित प्रबलता तब भी बनी रहती है। और, दुख से मुक्त होने के लिए, उसकी इस प्रबलता से, इसके बीज 'मैं' से, अहं से, कुछ बनने के इस संपूर्ण प्रक्रम से मुक्त होना ही होगा। पार जाने के लिए इस प्रक्रिया पर विराम लगना आवश्यक है।

— 6 —

प्रगति द्वारा दुख का अंत नहीं किया जा सकता

परंतु, यदि आप पूछें, "मैं पार कैसे जा सकता हूं?" तो यह 'कैसे' एक पद्धति, एक अभ्यास बन जाएगा जो कि प्रगति ही है। अतः उसमें पार जाने जैसा कुछ नहीं है, बस दुखग्रस्त चेतना को सुधारना-सजाना है। मुझे आशा है कि आप इसे

समझ पा रहे हैं।

मन, प्रगति, सुधार और समय की शब्दावली में सोचता है। तो क्या ऐसे मन के लिए यह संभव है कि यह देखकर कि तथाकथित प्रगति तो दुख की धारा का ही हिस्सा है, वह विसर्जित हो जाए, समय की परिधि में नहीं, कल भी नहीं बल्कि तत्काल ही? अन्यथा आप पुनः उसी पुराने ढर्रे में, दुख के उसी कोल्हू में जुत जाएंगे। यदि समस्या सुस्पष्ट रूप से बता दी जाए और सुस्पष्ट रूप से समझ ली जाए, तभी आप उसका सुसंगत समाधान पा सकते हैं।

— 7 —

दिन-प्रतिदिन सब-कुछ के प्रति मरण

तो, पार जाने के लिए, इस सबसे ऊपर उठने के लिए अत्यधिक अवधान की आवश्यकता होती है। यह संपूर्ण अवधान, जिसमें न कोई चयन होता है, न कुछ करने, परिवर्तन करने या रद्दोबदल करने का भाव होता है—ऐसा अवधान स्व-चेतना के सारे प्रक्रम से मन को मुक्त कर देता है। वहां ऐसा कोई अनुभवकर्ता नहीं रह जाता जो संग्रह कर रहा हो। और, केवल तभी यह मन दुख से मुक्त कहा जा सकता है। हम सब-कुछ के प्रति दिन-प्रतिदिन मृत नहीं होते, हम असंख्य परंपराओं के प्रति, अपने ही अनुभवों के प्रति, दूसरों को आहत करने की अपनी ही इच्छा के प्रति मृत नहीं होते। इस सब के प्रति, इस विशाल संचयी स्मृति के प्रति हमें पल प्रतिपल मर-मिटना होगा। तभी मन अहं से, स्व से मुक्त हो सकता है क्योंकि स्मृति के संचय द्वारा निर्मित अस्तित्व ही तो स्व है।

तृतीय अनुभाग

शिक्षा, कार्य और पैसा

अध्याय एक

शिक्षा क्या है?

— 1 —

सही शिक्षा

अज्ञानी व्यक्ति वह नहीं है जिसने ककहरा नहीं सीखा है बल्कि वह है जो स्वयं को नहीं जानता, और एक विद्वान व्यक्ति तब मूर्ख हो जाता है जब वह समझ के लिये ग्रंथों पर, ज्ञान पर या किसी मान्यताप्राप्त व्यक्ति पर निर्भर करने लगता है। समझ तो केवल आत्म परिचय से आती है, स्वबोध से आती है अर्थात अपने भीतर की संपूर्ण मनोवैज्ञानिक प्रक्रिया के प्रति सजगता से। इस प्रकार सही अर्थों में शिक्षा है स्वयं को समझना, क्योंकि हममें से प्रत्येक में संपूर्ण अस्तित्व समाया है।

आज जिसे हम शिक्षा कहते हैं वह तो पुस्तकों से सूचना और जानकारी ग्रहण करके उनका संग्रह कर लेना मात्र रह गयी है जो कि कोई भी साक्षर व्यक्ति कर सकता है। इस प्रकार की शिक्षा स्वयं से पलायन करने के चतुराईपूर्ण उपाय

सुझाती है जो अन्य पलायनों की भांति अपरिहार्य रूप से दुख को ही बढ़ाते हैं। द्वंद्व और विभ्रम व्यक्तियों, वस्तुओं और विचारों के साथ हमारे दोषपूर्ण संबंध का परिणाम होते हैं। और जब तक हम उस संबंध को समझ कर उसमें समुचित बदलाव नहीं ले आते तब तक केवल अक्षर-ज्ञान कर लेना, तथ्यों को दिमाग में भर लेना, अनेक प्रकार की दक्षता हासिल कर लेना, यह सब हमें घोर अव्यवस्था और विनाश की ओर ही धकेलता रहेगा।

समाज जिस तरह से आज संगठित है, हम अपने बच्चों को स्कूल भेज देते हैं, जहां वे कोई तकनीक सीख सकें ताकि आगे चलकर वे अपना जीविकोपार्जन कर सकें। हम बच्चे को सर्वप्रथम एक विशेषज्ञ बनाना चाहते हैं और इस प्रकार उसके एक सुरक्षित आर्थिक स्थिति में पहुंच पाने की अपेक्षा करते हैं। परंतु, क्या किसी तकनीक को विकसित करना हमें स्वयं को समझने में सक्षम बनाता है।

यह तो स्पष्ट है कि लिखना-पढ़ना व इंजीनियरिंग या कोई अन्य व्यवसाय सीखना आवश्यक है, परंतु क्या तकनीक हमें जीवन को समझने की सूझ-बूझ दे पाएगी? निश्चय ही तकनीक दूसरे स्थान पर आती है, और यदि उस तकनीक को ही हम सब कुछ मान लें जिसके लिए हम संघर्षरत रहते हैं तो हम उस चीज़ को नकार देंगे जो जीवन का कहीं अधिक महत्त्वपूर्ण अंश है।

जीवन पीड़ा है, आह्लाद है, सौंदर्य है, कुरूपता है, प्रेम है, और जब हम समग्र रूप से और प्रत्येक स्तर पर इसे समझ लेते हैं, तब वह समझ अपनी तकनीक स्वयं रचती है। परंतु इसका उलट सच नहीं है : तकनीक कभी रचनात्मक समझ नहीं ला सकती।

— 2 —

जीविकोपार्जन की निपुणता ही समग्र रूप से जीना नहीं है

आज शिक्षा पूरी तरह से विफल हो गई है क्योंकि इसमें तकनीक पर आवश्यकता से अधिक बल दिया जा रहा है। तकनीक पर आवश्यकता से अधिक बल देना मनुष्य को विनष्ट करना है! जीवन को जाने बिना, विचार व इच्छा के तौर-तरीकों को व्यापक रूप से समझे बिना केवल दक्षता और क्षमता को पोषित करने से हम अधिकाधिक निर्दयी बनते जाएंगे और इससे युद्ध व अपनी शारीरिक सुरक्षा का खतरा हमारे सिर पर मंडराता रहेगा। केवल तकनीक के विकास ने वैज्ञानिक,

गणितज्ञ, सेतु-निर्माता और अंतरिक्ष-विजेता तो पैदा कर दिये हैं, परंतु क्या ये लोग जीवन के समग्र प्रक्रम को भी जान पाए हैं? क्या कोई विशेषज्ञ जीवन को समग्र रूप से महसूस कर सकता है? ऐसा वह केवल तभी कर सकता है जब वह मात्र एक विशेषज्ञ नहीं रह जाता।

— 3 —

केवल व्यवसाय पर्याप्त नहीं है

तकनीकी प्रगति कुछ लोगों के लिए किसी स्तर पर कुछ प्रकार की समस्याओं का निदान तो कर देती है, परंतु साथ ही वह कुछ व्यापक और गहरे मुद्दे भी जोड़ देती है। जीवन की समग्र प्रक्रिया को उपेक्षित करते हुए केवल किसी एक स्तर पर जीना दुख और विनाश को आमंत्रण देना है। हर व्यक्ति की सबसे बड़ी आवश्यकता और सबसे बड़ी समस्या है जीवन का समग्र बोध जो उसे निरंतर बढ़ती जटिलताओं का सामना करने में सक्षम बनाए।

तकनीकी ज्ञान चाहे जितना आवश्यक हो, वह किसी भी तरह हमारे आंतरिक मनोवैज्ञानिक दबाव और द्वंद्व को दूर नहीं कर सकता। और चूंकि जीवन के संपूर्ण प्रक्रम को समझे बिना हमने तकनीकी ज्ञान अर्जित कर लिया है, अतः तकनीक हमारे लिए भस्मासुर बन गयी है। जो व्यक्ति अणु का विखंडन करना तो जानता हो परंतु उसके हृदय में प्रेम न हो, तो वह राक्षस बन जाता है।

हम अपनी क्षमता के अनुसार अपनी आजीविका चुनते हैं, परंतु क्या उस आजीविका के चलते हम द्वंद्व और विभ्रम से मुक्त रह पाते हैं? कुछ प्रकार का तकनीकी प्रशिक्षण तो आवश्यक है, परंतु जब हम इंजीनियर, चिकित्सक या लेखाकार बन जाते हैं तब होता क्या है? क्या कोई आजीविका अपना लेना जीवन में संपूर्णता ला पाता है? हममें से अधिकांश के लिए लगता तो ऐसा ही है। हमारी आजीविका हमारे अधिकांश जीवनकाल के लिए भले ही हमें व्यस्त कर दे परंतु जो चीज़ें हम बनाते हैं और जो बड़ी सम्मोहक भी प्रतीत होती हैं, वे विनाश और दुख का कारण बन रही हैं। हमारी प्रवृत्तियों और हमारे मूल्यों के चलते वस्तुएं व आजीविकाएं ईर्ष्या, कटुता और घृणा के साधन बन रही हैं।

स्वयं को समझे बिना केवल आजीविका कमाना हमें कुंठा व खिन्नता की ओर ले जाता है और फिर बस शुरू होता है पलायन, तरह-तरह की अनिष्टकारी गतिविधियों का सहारा लेते हुए।

शिक्षा क्या है? / 141

— 4 —
व्यक्ति या प्रणाली

शिक्षा द्वारा व्यक्ति को समाज का अनुकरण करने या उसके साथ विषमतः, नकारते हुए सामंजस्य करने के लिये नहीं उकसाया जाना चाहिए, बल्कि उसे तो व्यक्ति के उन वास्तविक मूल्यों को खोजने में सहायक बनना चाहिए जो तथ्यों की निष्पक्ष जांच और अपने प्रति सजगता से आती है। आत्म परिचय के अभाव में, स्वबोध के अभाव में आत्म-प्रदर्शन अपने तमाम आक्रामक और महत्त्वाकांक्षी द्वंद्वों के साथ स्वाग्रह के रूप में उभरता है। शिक्षा व्यक्ति की स्वयं के प्रति सजग रहने की क्षमता बढ़ाए, न कि आत्म-प्रदर्शन की संतुष्टि में उसे लिप्त रखे।

भला वह शिक्षा किस काम की जिसे पाकर हम अपनी दिनचर्या में स्वयं को ही नष्ट कर रहे हैं? इस संसार में उजाड़ देने वाले युद्ध और एक के बाद एक दंगा—यह शृंखला चलती ही रहती है। इससे स्पष्ट हो जाता है कि बच्चों के पालन-पोषण के तौर-तरीकों में मूलभूत त्रुटि हो रही है। मैं समझता हूं कि हममें से अधिकतर लोगों को इसका भान तो है परंतु यह मालूम नहीं है कि इससे निपटा कैसे जाए।

शैक्षिक हो या राजनैतिक, कोई भी प्रणाली जादुई तौर पर नहीं बदल जाती। उसमें बदलाव तभी आता है जब हममें बुनियादी बदलाव आता है। प्राथमिक महत्त्व व्यक्ति का है, प्रणाली का नहीं और जब तक व्यक्ति अपनी ही संपूर्ण प्रक्रिया को समझ नहीं लेता तब तक कोई भी प्रणाली संसार में शांति और व्यवस्था ला नहीं सकती, चाहे वह वामपंथी हो या दक्षिणपंथी।

— 5 —
शिक्षा का कार्य

सही प्रकार की शिक्षा का सरोकार व्यक्ति की स्वतंत्रता से होता है क्योंकि यही संपूर्ण जगत के साथ एवं अनेकानेकों के साथ भी वास्तविक सहयोग ला सकती है। परंतु यह स्वतंत्रता अपनी ही बढ़ा-चढ़ाकर हांकने और सफलता का पिछलग्गू बनने से प्राप्त नहीं की जा सकती। स्वतंत्रता तो आत्म परिचय से आती है, जब मन अपनी सुरक्षा के लिए अपने ही द्वारा निर्मित अवरोधों से

ऊपर और परे चला जाता है।

शिक्षा का कार्य है प्रत्येक व्यक्ति की इन तमाम मनोवैज्ञानिक अवरोधों के अनावरण में सहायता करना, न कि उसके ऊपर आचरण के नये तरीके और विचार के नये ढंग थोपना। यह थोपना उनमें कभी प्रज्ञा और रचनात्मक समझ नहीं जगा सकता, बल्कि उसे और अधिक प्रभावग्रस्त बना देता है। वस्तुतः संसार में यही कुछ रहा है और इसलिए हमारी समस्याएं न केवल जस-की-तस हैं, बल्कि उनमें वृद्धि हो रही है।

— 6 —

हमारे बच्चे क्या हमारी संपत्ति हैं?

जब हम मानव-जीवन का गहन-गंभीर महत्त्व समझने लगेंगे, केवल तभी सही अर्थ में शिक्षा का आरंभ होगा। परंतु इसे समझने के लिए मन को प्रतिफल पाने की लालसा से प्रज्ञापूर्वक उबरना होगा, क्योंकि यही लालसा हममें भय और अनुकरण का बीज बोती है। यदि हम अपने बच्चों को अपनी व्यक्तिगत संपत्ति समझ लेते हैं, यदि हमने उन्हें अपने क्षुद्र अहं की निरंतरता और महत्त्वाकांक्षा की पूर्ति का साधन समझ लिया है, तो हम एक ऐसा वातावरण, एक ऐसा सामाजिक ढांचा बना रहे हैं जिसमें प्रेम नहीं है, वहां होता है बस मैं और मेरा फायदा।

— 7 —

हमारी आवश्यकताएं क्या हैं?

क्या हैं हमारी आवश्यकताएं? तदनुसार ही तो आपके विश्वविद्यालय, विद्यालय और परीक्षा-प्रणाली बनेंगे। परंतु संकीर्णतापूर्वक भाषाई विभाजन की बातें भर कर लेना मुझे बचकाना लगता है। परिपक्व, समझदार इनसान होने के नाते—अगर ऐसे इनसानों का वजूद होता है, तो—जो हमें करना होगा वह है इस समस्या की गहरी छानबीन। क्या आप अपने बच्चों को एक संपन्न लिपिक या एक नौकरशाह बनने के लिए शिक्षित करना चाहते हैं ताकि वे किसी यंत्र का पुर्ज़ा बनकर बिलकुल बेचारगी में बेकार और व्यर्थ जीवन बिताते रहें? या आप उसे

एक पूर्ण व्यक्ति बनाना चाहते हैं जो प्रज्ञावान हो, सक्षम हो और भयरहित हो? हम शायद आगे इस पर विचार कर पता लगा पाएं कि 'प्रज्ञा' से हमारा अभिप्राय क्या है। केवल ज्ञानार्जन प्रज्ञा नहीं है, और न ही इसके ज़रिये कोई प्रज्ञावान बन पाता है। हो सकता है कि आपके पास तमाम तरह की तकनीक आ जाए, परंतु यह कोई ज़रूरी नहीं कि आप एक प्रज्ञावान और समग्रता में जीने वाले व्यक्ति भी हों।

— 8 —

ज्ञान है अतीत का संचयन परंतु सीखना सदा वर्तमान की क्रिया है

इस प्रकार ज्ञान प्राप्त करने और सीखने की क्रिया में अंतर है। आपमें ज्ञान भी होना चाहिए और सीखने की क्रिया भी। ज्ञान आपमें इसलिए होना चाहिए जिससे आपको मालूम रहे कि आप कहां रहते हैं, आपको अपना नाम याद रहे, आदि आदि। इस प्रकार किसी स्तर पर तो ज्ञान अनिवार्य होता है, परंतु यह ज्ञान जब जीवन को समझने के लिए प्रयुक्त किया जाने लगे—इस जीवन को समझने के लिये जो एक प्रवाह है, ऐसा कुछ जो जी रहा है, गतिशील है, क्रियाशील है, जो पल पल परिवर्तनशील है—जब आप ऐसे जीवन के साथ चल नहीं पाते, तब आप अतीत में जाने लगते हैं और जीवन जैसी अद्भुत चीज़ को ज्ञान से समझने का प्रयत्न करने लगते हैं। परंतु, जीवन को समझने के लिये इसके बारे में पल प्रतिपल सीखना होगा। सीखे-सिखाये बनकर कभी इसे सीखने मत जाइये।

अध्याय दो

तुलना, स्पर्धा या सहयोग

— 1 —

तुलना भय की जननी है

एक बात जो सुरक्षित होने के भाव में आड़े आती है वह है तुलना। जब आपकी तुलना किसी दूसरे से की जाती है—आपकी पढ़ाई के बारे में, आपके खेलकूद के बारे में अथवा आपके रूप या चेहरे के बारे में—तब आप व्यग्रता, घबराहट और अनिश्चितता के भाव से भर जाते हैं। इसलिए जैसा कि कल हम कुछ अध्यापकों के साथ चर्चा कर रहे थे, यह नितांत आवश्यक है कि हमारे विद्यालय में तुलना का यह एहसास, यह अंक या श्रेणी देना और सबसे बड़ा तो परीक्षा का भूत समाप्त किया जाए।

आप तब बेहतर अध्ययन कर पाते हैं जब स्वतंत्रता रहती है, जब प्रसन्नता रहती है, जब कुछ दिलचस्पी बनी रहती है। आप सब जानते हैं कि जब आप

कोई खेल खेल रहे होते हैं, जब आप कोई नाट्य कार्यक्रम कर रहे होते हैं, जब चहलकदमी के लिए बाहर जाते हैं, जब आप किसी नदी को निहार रहे होते हैं, जब आप प्रसन्नचित्त रहते हैं, खूब स्वस्थ रहते हैं तब आप कहीं अधिक सरलता से सीख लेते हैं। परंतु जब तुलना का, श्रेणी का, परीक्षा का भय सामने खड़ा हो, तब आप न उतना अच्छा सीख पाते हैं, न उतना अच्छा अध्ययन कर पाते हैं...

अध्यापक का तो इतना ही सरोकार रहता है कि आप परीक्षा में उत्तीर्ण हो जाएं और अगली कक्षा में चले जाएं। और आपके अभिभावक चाहते हैं कि आप आगे-आगे जा पाएं। इनमें से किसी की भी इस बात में रुचि नहीं है कि आप विद्यालय से एक निर्भय प्रज्ञावान व्यक्ति बनकर निकलें।

— 2 —

स्पर्धा

प्रश्नकर्ता : मैं स्पर्धात्मक बनना नहीं चाहूंगा परंतु इस घोर स्पर्धी समाज में बिना स्पर्धा में पड़े कोई अपना अस्तित्व कैसे बचाये रख सकता है?

कृष्णमूर्ति : देखिए, यह बात हम मानकर चलते हैं कि हमें इस स्पर्धी समाज में रहना ही है, इसीलिए यह एक आधारवाक्य बन गया है और हम इसी से अपनी शुरुआत करते हैं। जब तक आप यह कहते रहेंगे, "मुझे इस स्पर्धी समाज में रहना है", तब तक आप स्पर्धी ही बने रहेंगे। यह समाज अर्जनप्रिय है, सफलता का पूजक है और यदि आप सफल बनना चाहते हैं तो स्वाभाविक है कि आप को स्पर्धी रहना होगा।

परंतु समस्या केवल स्पर्धा से कहीं अधिक गहन-गंभीर है। स्पर्धा करने की इच्छा के पीछे क्या है? प्रत्येक विद्यालय में हमें स्पर्धी होना ही सिखाया जाता है, है न? अंक देकर, किसी मंद बालक की किसी कुशाग्र बालक से तुलना करके, लगातार इस ओर इशारा करके कि एक निर्धन बालक भी जनरल मोटर्स का अध्यक्ष या सर्वोच्च अधिकारी बन सकता है, या इसी तरह की अनेकानेक बातों द्वारा स्पर्धा हेतु उदाहरण प्रस्तुत किये जाते हैं। हम स्पर्धा पर इतना बल क्यों देते हैं? इसकी सार्थकता क्या है? स्पर्धा में एक बात तो निश्चित है और वह यह कि इसमें अनुशासन ज़रूरी है, है न? आपको स्वयं पर नियंत्रण रखना होता

है, आपको अनुकरण करना होता है, अनुदेशों का पालन करना होता है, आपको और सब लोगों जैसा होना होता है—बल्कि उनसे बेहतर। इस प्रकार आप सफल होने के लिए स्वयं को अनुशासित करते हैं। कृपया इसे समझिए। जब भी स्पर्धा को प्रोत्साहित किया जाता है, तब क्रियाकलापों के एक विशेष ढर्रे के अनुसार मन को अनुशासित करने की एक प्रक्रिया भी साथ-साथ अवश्य चलती है। क्या किसी लड़के या किसी लड़की को नियंत्रित करने के लिए अपनाये जा रहे तरीकों में से ही यह एक तरीका नहीं है? यदि आप कुछ बनना चाहते हैं, तो आपको नियंत्रण, अनुशासन और स्पर्धा—यह सब तो करना ही होता है। इसी में हम पले-बढ़े हैं और यही हम अपने बच्चों को विरासत में दे रहे हैं। और फिर भी हम बच्चों को खोजबीन करने की, अन्वेषण करने की, स्वतंत्रता देने की बात करते हैं!

स्पर्धा व्यक्ति के वास्तविक स्वरूप को ढांप देती है। यदि आप स्वयं को समझना चाहते हैं तो क्या आप किसी अन्य से स्पर्धा करेंगे? क्या आप किसी से अपनी तुलना करेंगे? तुलना द्वारा क्या आप स्वयं को समझ पाते हैं? क्या आप किसी भी चीज़ को तुलना द्वारा, निर्णयन या आकलन द्वारा समझ सकते हैं? क्या आप किसी चित्र को किसी और चित्र से तुलना करके समझ पाते हैं, या उसे आप केवल तभी समझ सकते हैं जब आपका मन बिना किसी तुलना के उसी चित्र को ध्यानपूर्वक देख रहा हो?

— 3 —

स्पर्धा केवल विफलता के भय को ढांपती है

आप अपने पुत्र में स्पर्धा की भावना भरते हैं क्योंकि आप उसे वहां सफल होते देखना चाहते हैं जहां आप विफल हो गये थे। आप अपने पुत्र या अपने राष्ट्र के माध्यम से अपनी तमन्ना पूरी करना चाहते हैं। आप सोचते हैं कि प्रगति और विकास तो तुलना और निर्णय पर आधारित होते हैं। परंतु, आप तुलना करते कब हैं? स्पर्धा करते कब हैं? केवल तब जब आप स्वयं अपने बारे में अनिश्चित होते हैं, जब आप स्वयं को ही नहीं समझ पाते हैं, जब आपके मन में भय भरा होता है। स्वयं को समझना संपूर्ण जीवन-प्रक्रिया को समझना है और आत्म परिचय प्रज्ञा का प्रभात है। परंतु आत्म परिचय के बिना समझ संभव नहीं

हैं, संभव है केवल अज्ञान, और अज्ञान की निरंतरता के वर्धन को विकास नहीं कहा जा सकता।

— 4 —

स्पर्धा बाहरी आडंबर की आराधना है

तो स्वयं को समझने लिए क्या स्पर्धा की आवश्यकता है? मुझे स्वयं को समझने के लिए क्या आपसे स्पर्धा करनी होगी? फिर सफलता की इतनी पूजा क्यों? जो व्यक्ति रचनात्मक नहीं है, जिसमें खुद में कुछ है नहीं—केवल ऐसा ही व्यक्ति कहीं पहुंचना चाहता है—कुछ पाने की आकांक्षा में, कुछ बनने की आशा में, और चूंकि हममें से अधिकतर लोग भीतर से विपन्न हैं, दरिद्र हैं, अतः बाहरी तौर से संपन्न होने के लिये स्पर्धा करते हैं। सुख-सुविधाओं का, पद-प्रतिष्ठा का, अधिकार प्राप्ति का, शक्तिसंपन्नता का बाहरी आडंबर हमें चकित-भ्रमित कर देता है क्योंकि यही सब कुछ तो हम चाहते हैं।

— 5 —

सहयोग अहंकेंद्रितता की अनुपस्थिति का परिणाम है

सहयोग तभी संभव हो पाता है जब आप और मैं मानो कुछ न हों। इसका अर्थ समझने का प्रयत्न कीजिये, इस बारे में सोचिए, इस पर ध्यान दीजिए। केवल प्रश्न ही मत करने लगिए। यह 'कुछ-नहीं-पन' की अवस्था कौन सी है? इससे आपका तात्पर्य क्या है? हम तो केवल अहं की गतिविधि को, अहं-केंद्रित गतिविधि को ही पहचानते हैं न...

तो हम जानते हैं कि भय, पुरस्कार और दंड इत्यादि के माध्यम से असली सहयोग संभव नहीं है, हालांकि इन तरीकों से सतही तौर पर प्रेरित किया जा सकता है, परंतु वह ढंग वास्तविक सहकारिता नहीं लाता।

तो नज़र में किसी लक्ष्य को रखकर, किसी आदर्श को रखकर किये जा रहे कार्यकलाप विनाश और विभाजन के अतिरिक्त कुछ नहीं लाते। वहां सहयोग जैसा कुछ नहीं होता। आप यदि सहयोग की भावना लाने के इच्छुक हैं, दिखाने के लिए

नहीं, बल्कि वास्तव में यदि आप सहयोग की भावना लाना चाहते हैं, तो आपको क्या करना होगा? यदि आप अपनी पत्नी से सहयोग चाहते हैं, अपने बच्चों, अपने पड़ोसियों से सहयोग चाहते हैं तो इसके लिये आप क्या करना शुरू करें? साफ बात है कि शुरुआत उस व्यक्ति से प्रेम करने से ही होगी।

प्रेम मन की, बुद्धि की उपज नहीं है, न ही यह कोई धारणा, कोई विचार है। प्रेम तभी संभव है जब अहं की तमाम गतिविधियों का अवसान हो गया हो। परंतु आप अहं की गतिविधि को सकारात्मक मानते हैं और यही बात हमें विनाश, विभाजन, विपत्ति और विभ्रम की ओर ले जाती है। इस सब से आप भली-भांति अवगत ही हैं, परंतु फिर भी हम सहकारिता और भाईचारे की बात करते हैं। बुनियादी तौर पर, हम अपने अहं से जुड़े कार्य-कलापों से चिपके रहना चाहते हैं।

– 6 –
मैं या हम?

तो, जो वास्तव में सहयोग की सच्चाई खोजना-तलाशना चाहता हो उसे अपरिहार्य रूप से अपने अहं-केंद्रित कार्य कलाप बंद कर देने होंगे। जब आप और मैं अहं-केंद्रित नहीं रहेंगे तब एक दूसरे से प्रेम करेंगे, तब आप और मैं फल में रुचि न रखकर कार्य में रुचि रखेंगे, तब आप और मैं एक दूजे के प्रति मन में प्रेम रखेंगे। जब मेरी अहं-केंद्रित गतिविधि आपकी अहं-केंद्रित गतिविधि से टकराती है तब हम दोनों कोई धारणा बना लेते हैं और उस धारणा की ओर बढ़ते हुए हम लड़ने लगते हैं। बाहरी तौर पर हम भले ही सहयोग करें, परंतु भीतर-भीतर हम एक दूसरे का गला काटने के लिये कटिबद्ध रहते हैं।

न-कुछ होना ऐसी अवस्था नहीं है जिसके बारे में हम सचेत हों, और जब आप और मैं एक दूसरे से प्रेम करते हैं तब हम सहयोग करने लगते हैं, अपनी बनायी हुई धारणा पर आधारित किसी कार्य में ही नहीं, अपितु जो कुछ भी करने के लिए हमारे समक्ष हो उसी में।

यदि हम एक दूसरे से प्रेम करते, तो क्या आप सोचते हैं कि गंदगी और कूड़ा-कचरा भरे गांवों का अस्तित्व होता? हम कुछ करते। हम व्याख्याओं और भाईचारे की बातों में ही नहीं खोये रहते। स्पष्ट है कि हमारे हृदय में कोई गरमाहट,

कोई पोषण नहीं है, फिर भी हम दुनिया भर की तमाम बातें करते रहते हैं। हमारे पास पद्धतियां हैं, प्रणालियां हैं, पार्टियां, सरकारें और विधायिकाएं हैं। हम यह जानते ही नहीं कि प्रेम की अवस्था शब्दों की पहुंच से परे है।

'प्रेम' शब्द प्रेम नहीं है। यह शब्द तो प्रतीक मात्र है अतः यह यथार्थ नहीं हो सकता। तो इस 'प्रेम' शब्द से ही सम्मोहित होकर न रह जाइए।

— 7 —

जानिए कि सहयोग कब नहीं करना है

अपने भीतर इस क्रांति के चलते जब आप यह जान लें कि सहयोग कैसे किया जाए, तब आप यह भी जान पाएंगे कि सहयोग कब नहीं देना है। यह वास्तव में बहुत महत्त्वपूर्ण है—शायद और भी अधिक महत्त्वपूर्ण। आज हम हर उस व्यक्ति को सहयोग दे देते हैं जो कोई सुधार या परिवर्तन लेकर आता है, भले ही वह द्वंद्व और दुख को ही आगे बढ़ाता हो। परंतु यदि हम यह जान सकें कि यह सहयोग की भावना रखना होता क्या है जो अहं की, स्व की संपूर्ण प्रक्रिया को समझने के साथ-साथ आती है, तभी यह संभावना बनती है कि हम एक नयी सभ्यता, एक बिल्कुल भिन्न संसार की रचना कर पाएं, जिसमें न स्वामित्वभाव हो, न ईर्ष्या और न तुलना। यह कोई कोरी सैद्धांतिक कपोल-कल्पना नहीं है, अपितु यह उस मन की वास्तविक अवस्था है जो अनवरत उसकी तलाश में रहता है जो सत्य है, सौभाग्यशाली है।

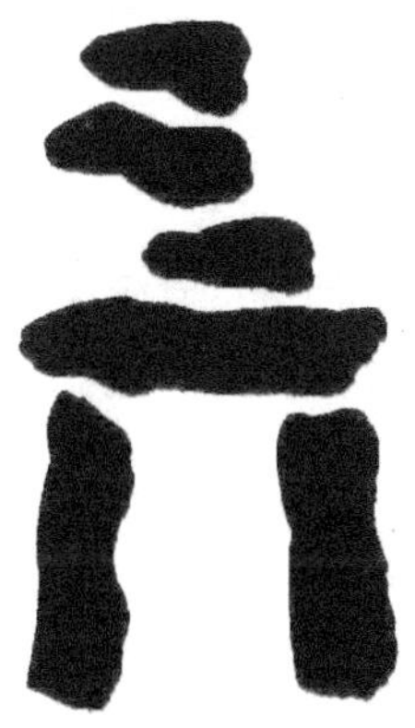

कार्य : आप निर्धारित कैसे करते हैं?

— 1 —

आपका जीवन दूसरों के लिए तबाही न हो

क्या आप यह जान लेना नहीं चाहेंगे कि इस संसार में महत्त्वाकांक्षा के विध्वंसक संवेग के बिना और प्रतिस्पर्धा के बिना भी क्या उत्कृष्टतापूर्वक, सुखपूर्वक और सर्जनात्मक जीवन जीना संभव है। क्या आप नहीं जानना चाहेंगे कि आप कैसे जिएं ताकि आपका जीवन किसी अन्य के जीवन को विनष्ट न करे या किसी अन्य का जीवन-पथ अंधकारमय न कर दे?

हम सोचते हैं कि यह एक कल्पनालोक की बात है जो वास्तविक स्वरूप नहीं ले सकती। परंतु मैं कल्पनालोक की बात नहीं कर रहा हूं। वह तो अनर्गलता होगी। क्या आप और मैं, सीधे-सादे, साधारण लोग, इस संसार में महत्त्वाकांक्षा के संवेग के बिना नहीं रह सकते जो कि नाना रूपों में प्रकट होती रहती है, जैसे अधिकार की इच्छा, प्रतिष्ठा की आकांक्षा? आप इस प्रश्न का सही उत्तर तभी पा सकेंगे जब

आप जो कुछ भी करते हों, उसे प्रेम करते हों। यदि आप इंजीनियर केवल इसलिए बने हों कि आपको एक आजीविका चाहिए, या आपके पिता या समाज को आपसे यह बनने की अपेक्षा रही, तो यह एक प्रकार की बाध्यता है और बाध्यता चाहे किसी भी रूप में हो, वह विसंगति और द्वंद्व पैदा करती है। परंतु यदि आप वास्तव में इंजीनियर अथवा वैज्ञानिक बनने में उत्सुक हों, या कोई वृक्ष इसलिए रोपें, या कोई चित्र इसलिए बनाएं, या कोई कविता केवल इसलिए लिखें क्योंकि यह सब करने से आपको प्रीति है, न कि आदर-मान पाने की लालसा, तब आप देखेंगे कि आप किसी से प्रतिस्पर्धा नहीं कर रहे होते हैं। मेरे विचार से असली कुंजी यही है : जो आप करें उसमें आपकी प्रीति हो।

— 2 —

यह जानिए कि आपको किस कार्य से प्रीति है

जब आप युवावस्था में होते हैं, तब यह जानना बहुत कठिन होता है कि आप क्या करना पसंद करते हैं, क्योंकि तब आप बहुत से कार्य करना चाहते हैं। आप इंजीनियर, रेल-चालक या नीले आकाश की ऊंचाइयों को छूने वाला वायुयान चालक बनना चाहते हैं, या आप सुप्रसिद्ध अभिनेता या राजनेता बनना चाहते हैं। हो सकता है कि आप एक कलाकार, रसायनशास्त्री, कवि या काष्ठ-कला कुशल व्यक्ति बनना चाहते हों। आप अपने दिमाग से काम लेना चाहते हों या हाथों से। ऐसा कोई भी कार्य क्या आप इसलिए करना चाहते हैं कि उस कार्य से आपको प्रीति है, या केवल इसलिए कि आप पर उसे करने का सामाजिक दबाव है? यह आप कैसे जान पाएंगे? और क्या शिक्षा का वास्तविक प्रयोजन आप को यह पता लगाने में *सहायता* करना नहीं है, ताकि जैसे-जैसे आप बड़े होते जाएं वैसे-वैसे अपना तन-मन उस कार्य में लगाते चले जाएं, जिसे करने में आपको सचमुच आनंद आता हो?

आपके लिए कौन-सा कार्य प्रीतिकर होगा, यह जानने के लिए अत्यधिक प्रज्ञा चाहिए क्योंकि यदि आप कोई आजीविका न पा सकने के प्रति या इस भ्रष्ट समाज के खांचे में ठीक-ठीक बैठ न पाने को लेकर भयभीत हैं, तो आप यह कभी नहीं जान पाएंगे। परंतु यदि आप भयाक्रांत नहीं हैं, यदि आप अपने अध्यापकों और अभिभावकों द्वारा स्वयं को परंपराओं के सांचे में धकेले जाने

से इंकार कर देते हैं, तब यह संभावना बनती है कि जो आप वास्तव में करना चाहते हैं उसे जान पाएं। और यह पता लगाना हो तो पिछड़ जाने के भय का कोई काम नहीं।

परंतु हममें से अधिकांश लोगों में टिक न पाने का, अपनी जगह न बना पाने का भय रहता ही है। हम कहते हैं, ''यदि मैं अपने अभिभावकों के कथनानुसार नहीं चलूंगा, यदि मैं समाज के सांचे में सही तरह बैठ नहीं पाऊंगा, तो मेरा क्या होगा?'' भयाक्रांत रहने के कारण हम वैसा करते हैं जैसा हमें कहा जाता है और इसलिए इसे करने में प्रीति नहीं रहती, इसमें तो केवल विसंगतियां रहती हैं और यह आंतरिक विसंगति विध्वंसकारी महत्त्वाकांक्षा पैदा करने वाले कारकों में से एक है।

अतः शिक्षा का प्रमुख कार्य है यह जानने में आपकी मदद करना कि आप किस कार्य को लगन और प्रीति से कर पाएंगे, ताकि आप अपना पूरा दिलो-दिमाग उस कार्य में लगा सकें, क्योंकि इसी से मानवीय गरिमा आती है जो तुच्छ और ओछी बुर्जुआ मानसिकता को दूर करती है। इसीलिए सही अध्यापक का होना अत्यंत महत्त्वपूर्ण है...

— 3 —

सबसे महान व्यवसाय है अध्यापन

अध्यापन को यदि किंचित भी व्यवसाय कहा जा सके, तो यह महानतम व्यवसाय है, जिसमें केवल बौद्धिक उपलब्धि ही नहीं चाहिए बल्कि असीम धैर्य और प्रेम भी चाहिए। सचमुच शिक्षित होने का अर्थ है अपने जीवन के विशाल क्षेत्र में सबके प्रति अपने संबंधों को समझना—धन के प्रति, संपत्ति के प्रति, लोगों के प्रति, प्रकृति के प्रति।

— 4 —

अत्यधिक अव्यवस्था का अड्डा

प्रश्नकर्ता : अपनी पुस्तक 'ऑन एजुकेशन' में आपने बताया है कि आधुनिक शिक्षा पूरी तरह विफल है। मैं चाहता हूं कि आप इसे समझाकर बतायें।

कार्य : आप निर्धारित कैसे करते हैं? / 153

कृष्णमूर्ति : महोदय, क्या यह विफल नहीं है? जब आप बाहर सड़क पर जाते हैं तब आपको निर्धन भी दिखाई देता है और धनी भी, और यदि आप अपने चारों ओर देखें तो आप तथाकथित शिक्षित लोगों को आपस में लड़ते-झगड़ते और युद्ध में एक दूसरे की हत्या करते पाएंगे। आज हमारे पास इतनी अधिक वैज्ञानिक जानकारी है जिससे हम हरएक को रोटी, कपड़ा और मकान उपलब्ध करा सकते हैं, परंतु ऐसा फिर भी नहीं किया जा रहा है। सारे संसार में राजनेता और अन्य मार्गदर्शक शिक्षित लोग ही तो हैं। उनके पास उपाधियां हैं, डिग्रियां हैं, दीक्षांत समारोह में वे सम्मानित किये गये हैं। वे चिकित्सक हैं, वैज्ञानिक हैं, परंतु फिर भी उन्होंने इस संसार को ऐसा नहीं बनाया है जिसमें मानव सुख से रह सके। तो आधुनिक शिक्षा विफल ही तो हुई, नहीं क्या? और, यदि आप शिक्षा की इसी परिपाटी से संतुष्ट हैं, तो आप जीवन को अत्यधिक अव्यवस्था वाला अड्डा बनाने जा रहे हैं।

– 5 –

क्या आप पुट्टी हैं?

प्रश्नकर्ता : क्या मैं जान सकता हूं कि हमें अपने अभिभावकों की योजना में 'फिट' क्यों नहीं होना चाहिए—आखिर वे हमारा भला ही तो चाहते हैं?

कृष्णमूर्ति : आपके अभिभावकों की योजना कितनी भी सुयोग्य, कितनी भी महान क्यों न हो—आपको उसमें 'फिट' क्यों होना चाहिये? आप कोई पुट्टी नहीं हैं, जैली नहीं हैं जो किसी सांचे में 'फिट' कर दी जाए। और यदि आप 'फिट' हो भी गये तो आपका होगा क्या? आप तथाकथित 'अच्छा बच्चा' बन जाएंगे, और फिर? क्या आप जानते हैं कि 'अच्छा' होने का तात्पर्य क्या है? अच्छापन वह नहीं है जो समाज कहता है या आप के अभिभावक कहते हैं। अच्छापन तो एक बिल्कुल भिन्न चीज़ है? अच्छापन तभी आता है जब आप में प्रज्ञा आती है, प्रेम आता है, जब आप में भय नहीं रह जाता। यदि आप भयाक्रांत हैं, तो आप अच्छे नहीं हो सकते। समाज की मांग के अनुसार आचरण करते हुए आप सम्माननीय बनते हैं। समाज आप को माल्यार्पण करता है और बखान करता है कि आप कितने अच्छे व्यक्ति हैं। परंतु केवल सम्माननीय होने का अर्थ 'अच्छा' होना नहीं होता।

आपने देखा होगा कि जब हम युवावस्था में होते हैं तब समाज में 'फिट' होना नहीं चाहते, परंतु अच्छा बनना फिर भी चाहते हैं। हम भले व मृदु बनना चाहते हैं, दूसरों के बारे में विचारशील बनना चाहते हैं, दयालुतापूर्ण कार्य करना चाहते हैं, परंतु हम इस सब का अर्थ नहीं जान पाते। हम इसलिए 'अच्छे' बनते हैं क्योंकि हम भयभीत होते हैं। हमारे अभिभावक कहते हैं ''अच्छा बनो'', और हम में से अधिकांश वैसा अच्छा बनते भी हैं परंतु ऐसा 'अच्छापन' तो केवल अभिभावकों की योजना के अनुरूप जीना होता है।

— 6 —

उचित आजीविका क्या होती है

प्रश्नकर्ता : उचित आजीविका के आधारस्तंभ क्या होते हैं? मैं यह कैसे जानूं कि मेरी आजीविका उचित है, और बुनियादी तौर पर गलत इस समाज में मैं उचित आजीविका को कैसे तलाश सकता हूं?

कृष्णमूर्ति : बुनियादी तौर पर जो गलत है उस समाज में उचित आजीविका संभव नहीं है। सारे संसार में आज क्या हो रहा है? हम कोई भी आजीविका अपनाएं, वह हमें युद्ध, व्यापक विपत्ति और विध्वंस की ओर ले जाती है। यह तथ्य किसी से छुपा नहीं है। हम जो कुछ भी करते हैं, वह अपरिहार्य रूप से हमें द्वंद्व, अवनति, क्रूरता और दुख की ओर ले जाता है। इस प्रकार वर्तमान समाज बुनियादी तौर पर गलत है—यह ईर्ष्या, घृणा और अधिकार लोलुपता की आधार शिला पर खड़ा है। ऐसे समाज में आजीविका के अनुचित तौर-तरीके ही पनप सकते हैं जैसे सैनिक, पुलिस और वकील। अपने स्वभाव से ये लोग समाज के विखंडन के कारक होते हैं। अतः जितने अधिक वकील, पुलिसकर्मी और सैनिक होंगे, समाज स्पष्ट रूप से उतना ही विखंडित होता नज़र आएगा। सारे संसार में यही सब कुछ तो हो रहा है। आज अधिक सैनिक, अधिक पुलिसकर्मी, अधिक वकील बनते जा रहे हैं और स्वाभाविक है कि कारोबार-धंधे वाला व्यक्ति भी ज़ाहिर है इन्हीं के साथ कदम से कदम मिलाकर चलता है। एक समुचित समाज को स्थापित करने के लिए यह सब बदलना होगा, लेकिन हम सोचते हैं कि यह कार्य असंभव है। ऐसा है नहीं, परंतु इसे करने वाले तो आप और मैं ही हैं। क्योंकि आज हम जो भी आजीविका अपनाते हैं, वह या तो दूसरों के

कार्य : आप निर्धारित कैसे करते हैं? / 155

लिये संताप लाने वाली होती है या अंततोगत्वा मानव मात्र को विनाश की ओर ले जाने वाली। प्रतिदिन जीवन में हम यह सब देख रहे हैं। इसे बदला कैसे जाए? यह तभी बदला जा सकता है जब आप और मैं अधिकार व सत्ता की चाहना बंद कर दें, हममें ईर्ष्या न रहे, हम प्रतिद्वंद्विता और घृणा से भरे न हों। जब आप अपने संबंधों का कायाकल्प कर देंगे, तब आप नया समाज रचने में सहायक हो पाएंगे—एक ऐसा समाज जिसमें रह रहे लोग परंपराओं की बेड़ियों में जकड़े न हों, जो केवल अपना ही हित न चाहते हों, जो अधिकार व सत्ता के पीछे न दौड़ रहे हों, क्योंकि आंतरिक रूप से समृद्ध तो वे होते हैं जिन्होंने यथार्थ को देख-जान लिया है। वही व्यक्ति नूतन समाज की रचना कर सकता है जो यथार्थ को खोज रहा है; केवल वही व्यक्ति संसार का कायाकल्प कर सकता है जो प्रेम करता है।

— 7 —

अपनी ओर से जितना बेहतर हो सके करें : रोज़ी तो चाहिए

मैं जानता हूं कि जो व्यक्ति यह जानना चाहता है कि समाज की वर्तमान संरचना में उचित आजीविका क्या है, उसके लिए यह उत्तर संतोषप्रद नहीं होगा। समाज की वर्तमान संरचना में जो आप कर सकते हैं, उसे सर्वोत्तम तरीके से कीजिए—भले ही आप एक फोटोग्राफर हों या एक व्यापारी, वकील, पुलिसकर्मी या कुछ और, परंतु आप जो कुछ भी बनें, जो कुछ भी करें, उसके प्रति सचेत रहिए, सजग रहिए, संप्रज्ञ रहिए, जो कुछ आप कर रहे हैं उसका पूरा संज्ञान रखिए। भ्रष्टाचार, घृणा और ईर्ष्या वाले इस समाज की संपूर्ण संरचना को पहचानिए, और यदि आप स्वयं इसके ढांचे में नहीं फंस रहे हैं, तब शायद आप एक नवीन समाज की रचना कर पाएं। परंतु ज्यों ही आप यह पूछते हैं कि उचित आजीविका क्या है, त्यों ही ये सभी प्रश्न सामने आ खड़े होते हैं, होते हैं न? आप अपनी आजीविका से संतुष्ट नहीं होते; आप चाहते हैं कि दूसरे आपको देखकर ईर्ष्या से जलें। आप अधिक शक्तिसंपन्न होना चाहते हैं, अधिकाधिक सुख, सुविधाएं, प्रतिष्ठा और अधिकार पाना चाहते हैं—इस प्रकार आप अपरिहार्य रूप से एक ऐसा समाज या तो रच रहे हैं या ऐसे समाज को यथावत् बनाये हुए हैं जो मानव मात्र का और स्वयं आपका भी विनाश करने पर तुला हुआ है।

यदि आप अपनी आजीविका में विनाश की प्रक्रिया को स्पष्ट देख पाएं, यदि आप देख पाएं कि यह विनाश आजीविका के पीछे आपकी दौड़ का ही परिणाम है, तभी आप धनोपार्जन के उचित माध्यम की तलाश कर पाएंगे। परंतु सर्वप्रथम आपको इस समाज की तस्वीर को वैसा ही देखना होगा जैसी वह हैद्ध एक बिखरावग्रस्त और भ्रष्ट समाज। और जब आप यह सब बिल्कुल स्पष्ट रूप से देख लें तब आती है आपके जीविकोपार्जन के माध्यम की बारी। परंतु सबसे पहले आपको वह तस्वीर देखनी ही होगी, संसार को यथावत् देखना ही होगा—इसके राष्ट्रवादी विभाजनों, इसकी क्रूरताओं, महत्त्वाकांक्षाओं, घृणाओं और दमन-नियंत्रण के साथ। जब आप यह सब अत्यधिक स्पष्ट रूप से देख लेंगे, तब आजीविका का उचित माध्यम स्वयं प्रकट हो जायेगा। आपको उसकी तलाश करने की आवश्यकता नहीं रह जाएगी। परंतु हमारे साथ समस्या यह है कि अनेक उत्तरदायित्व हमारे समक्ष मुंह बाये खड़े रहते हैं, माता-पिता इस प्रतीक्षा में रहते हैं कि कब हम धन कमाएं और उन्हें सहारा दें। और, जिस ढर्रे पर यह समाज चल रहा है उसमें काम-धंधा मिलना बहुत कठिन है, अतः हमें जो भी काम मिल जाता है उसे हम स्वीकार कर लेते हैं और इस प्रकार इस समाज के तंत्र में फंस कर रह जाते हैं। परंतु जो इतने विवश नहीं हैं जिन्हें काम-धंधे की तत्काल आवश्यकता नहीं है और इसलिए पूरी तस्वीर देख सकते हैं, वे तो ज़िम्मेदार हैं ही। परंतु, देखिए कि जो तत्काल आजीविका के लिये चिंतित नहीं हैं, वे किसी और चीज़ में उलझ जाते हैं। वे अपने आत्म-प्रदर्शन में, अपनी सुख-सुविधाओं, विलासिताओं और मनोरंजनों से ही सरोकार रखने लगते हैं। उनके पास समय होता है, परंतु वे उसे व्यर्थ गंवा देते हैं। जिनके पास समय है, समाज में परिवर्तन लाना उनका दायित्व है। जिन पर नौकरी-धंधा करने का कोई तत्काल दबाव नहीं है उन्हें तो केवल राजनीति और दिखावटी कार्यकलापों के बजाय मानव-अस्तित्व की इस संपूर्ण समस्या से सचमुच सरोकार रखना चाहिए। जिनके पास समय है और जो तथाकथित अवकाश में हैं, उन्हें तो सत्य की खोज करनी ही चाहिए, क्योंकि वे ही इस संसार में क्रांति ला सकते हैं, न कि वह व्यक्ति जिसका पेट खाली है। परंतु जिनके पास अवकाश है, दुर्भाग्यवश उनका शाश्वत से कुछ लेना-देना नहीं है, इसीलिए इस संसार के दुख और विभ्रम के लिए वे भी ज़िम्मेदार हैं। तो आप में से जो लोग सुन रहे हैं, जिनके पास कुछ समय है, उन्हें इस समस्या पर सोचना और विचारना चाहिये—स्वयं में बदलाव लाकर ही आप संसार में क्रांति ला सकेंगे।

आजीविका क्या होती है?

महोदय, आजीविका से आपका तात्पर्य क्या है? यह अपनी आवश्यकताओं—रोटी, कपड़ा और मकान के लिये धनोपार्जन करना है, यही है न? आजीविका तब समस्या बन जाती है, जब हम जीवन की इन आवश्यकताओं—रोटी, कपड़ा और मकान को अपनी मनोगत महत्त्वाकांक्षा का माध्यम बना लेते हैं, अर्थात जब हम आवश्यकताओं को, इन अनिवार्यताओं को अपनी अतिमहत्ता का, स्वयं को मनोवैज्ञानिक विस्तार देने का माध्यम बना लेते हैं।

प्रतिदान कीजिए

यदि कोई इस विषय में गंभीर है और समाज की पूरी व्यवस्था के बारे में समझ-बूझ रखता है तो वह इतना कर सकता है कि वह समाज की वर्तमान अवस्था को पूरी तरह अस्वीकार कर दे और समाज को वह सब दे दे, जो वह दे सकता है। अर्थात, आप समाज से जो रोटी, कपड़ा और मकान पा रहे हैं, उसके प्रतिदान स्वरूप उसे कुछ तो वापस दीजिए...

देखिए कि आप समाज को दे क्या रहे हैं? समाज है क्या? समाज एक अथवा अनेक के साथ संबंध-संरचना है। यह आप का दूसरों के साथ संबंध ही तो है। आप दूसरों को क्या दे रहे हैं? आप सचमुच क्या दूसरों को कुछ दे रहे हैं या महज़ लेन-देन चल रहा है?...

अपनी मनोवैज्ञानिक आवश्यकताओं के लिए आप दूसरों पर निर्भर नहीं रहते—आप जब यह जान लेंगे, केवल तभी आजीविका का कोई उचित माध्यम अपना सकेंगे।

आप कह सकते हैं कि यह तो बहुत जटिल उत्तर है, परंतु ऐसा है नहीं। जीवन में कोई उत्तर सरल नहीं होता। जो जीवन के किसी सरल उत्तर की तलाश में है, वह मंद-बुद्धि है, मूढ़ है। जीवन को निष्कर्षों में, सुनिश्चित प्रारूपों में नहीं बांधा जा सकता। जीवन का अर्थ ही है जीना, बदलाव, परिवर्तन...

यदि आजीविका के साथ आपका संबंध आवश्यकता पर आधारित है,

लोभ-लालसा पर नहीं, तो आप जहां भी होंगे आजीविका का उचित माध्यम अपना रहे होंगे—भले ही समाज भ्रष्ट हो।

— 10 —

सत्य का अन्वेषण ही मानव का वास्तविक कार्य है

तो मानव का वास्तविक कार्य क्या है? निश्चय ही, उसका वास्तविक कार्य है सत्य का, ईश्वर का अन्वेषण करना। यह है प्रेम करना, न कि अपने ही अहं-संबद्ध कार्यकलापों के मकड़जाल में उलझे रहना। सत्य का अन्वेषण ही प्रेम का दर्शन है। और मानव-मानव के संबंधों में यही प्रेम एक भिन्न सभ्यता, एक नवीन संसार की रचना करेगा।

सम्यक क्रिया का आधार क्या है?

— 1 —

हम स्वयं को किंचित भी क्यों बदलें?

जो है उसे हम बदलना क्यों चाहते हैं, रूपांतरित करना क्यों चाहते हैं? क्यों? क्योंकि हम जो हैं उससे हम असंतुष्ट रहते हैं। इससे द्वंद्व और विक्षोभ पैदा होता है। और, इस अवस्था को नापसंद करने के कारण हम कुछ बेहतर, कुछ उत्कृष्ट और अधिक आदर्शपूर्ण की चाहत करने लगते हैं। अतः, इस पीड़ा, बेचैनी और द्वंद्व के चलते हम बदलाव चाहते हैं।

— 2 —

बात यह है कि हम ही उबाऊ हैं

अहं की गतिविधियां भयंकर रूप से नीरस होती हैं। अहं बहुत उबाऊ होता है।

स्वभाव से यह दुर्बलकारी, निरुद्देश्य व निस्सार होता है। इसकी प्रतिरोधी व प्रतिद्वंद्वी कामनाएं, इसकी अपेक्षाएं, कुंठाएं, इसकी वास्तविकताएं व भ्रांतियां सम्मोहक होते हुए भी खोखली होती हैं। इसकी अपनी ही गतिविधियां इसे थकाकर चूर कर देती हैं। इसमें सदैव आरोह-अवरोह चलता रहता है। यह सदैव किसी चीज़ की ललक में दौड़ता और फिर खिन्न होता रहता है, सदैव कुछ हड़पता और गंवाता रहता है, और व्यर्थता के इस थकाऊ चक्र से सदैव पलायन का प्रयास करता है। बाहरी गतिविधियों में या अपनी ही भ्रांतियों को संतुष्ट करने में, या मदिरापान, यौनाचार, रेडियो, ग्रंथों, ज्ञान या मनोरंजन आदि के ज़रिये यह पलायन का प्रयास करता है। भ्रांतियों को जन्म देने की इसकी शक्ति बहुआयामी और व्यापक होती है।

— 3 —

अहं की समस्या पलायन द्वारा नहीं सुलझायी जा सकती

स्वयं को भुलाने का जतन बाहर भी चलता है और भीतर भी। कुछ लोग धर्म की ओर मुड़ जाते हैं, अन्य लोग किसी कार्य या दूसरी गतिविधियों की ओर। परंतु स्वयं को भुला देने वाला कोई माध्यम होता ही नहीं है। भीतरी व बाहरी कोलाहल अहं को दबा तो देता है, परंतु वह शीघ्र ही किसी अन्य रूप में उठ खड़ा होता है, क्योंकि जिसे दबाया जाता है वह कहीं न कहीं से फूट पड़ता है। मदिरापान अथवा यौनाचार के माध्यम से, पूजा-पाठ अथवा ज्ञान-ध्यान के माध्यम से स्वयं को भुलाते रहने से उन पर आपकी निर्भरता हो जाती है, और आप जिस चीज़ पर निर्भर हो जाते हैं, वही चीज़ समस्या खड़ी कर देती है।

— 4 —

किसी समस्या का निवारण उसी स्तर पर कभी नहीं होता

जहां अहं की गतिविधियों का प्रभुत्व रहता है, वहां समस्याएं सदैव रहती हैं। कौन सी गतिविधि अहं की है और कौन सी नहीं, यह जानते रहने के लिये निरंतर सजग-सचेत रहने की आवश्यकता होती है...

किसी भी समस्या का निवारण उसके अपने स्तर पर कभी नहीं किया जा

सकता। जटिल होने के कारण उसकी संपूर्ण प्रक्रिया को देख कर ही उसे समझा जा सकता है। किसी समस्या को किसी एक ही स्तर पर, शारीरिक या मानसिक स्तर पर निवारण करने का प्रयास हमें और अधिक द्वंद्व तथा उलझन की ओर ले जाता है। किसी समस्या के निवारण हेतु वह सजगता, वह शांत जागरूकता होनी ज़रूरी है जो उस समस्या की पूरी तस्वीर को बिलकुल स्पष्ट कर दे।

— 5 —

समस्याओं के संबंध में युवाओं की स्थिति

मैं नहीं समझता कि युवाओं की, मध्य आयु वर्ग की और वृद्धावस्था की समस्याओं को अलग-अलग किया जा सकता हो। युवाओं की कोई विशेष समस्या नहीं होती। ऐसा प्रतीत अवश्य हो सकता है क्योंकि युवावर्ग अपने जीवन के आरंभिक कदम रख रहा होता है। या तो हम अपने जीवन को आरंभ से ही अव्यवस्थित, गड्डमड्ड कर देते हैं—और इसलिए समस्याओं, अनिश्चितताओं, असंतोष और हताशाओं के दलदल में फंस जाते हैं, या युवा रहते हम सही आधारशिला रख पाते हैं। मुझे तो यही समय सही जान पड़ता है।...

इसीलिए मुझे लगता है कि अपने दैनिक जीवन की तमाम निरर्थक और बेतुकी दौड़ में खो जाने के बजाय, अपनी युवावस्था में ही, जब कि हमें परिवार, रोजगार, तमाम तरह के कामों और परेशानियों का बंधन नहीं होता, तब ही हम उन बीजों को बोना आरंभ कर सकते हैं जिनके फूल जीवन भर खिलते रहें।

— 6 —

मन को ढालना उसे संस्कारबद्ध करना है

आप जानते ही हैं कि हमें हमेशा बताया जाता है कि हम क्या सोचें और क्या न सोचें। ग्रंथ, अध्यापक, अभिभावक और हमारे चारों ओर का समाज, ये सब हमें बताते रहते हैं कि हम क्या सोचें, परंतु वे कभी यह बताने में सहायक नहीं होते कि हम कैसे सोचें। क्या सोचना है, यह अपेक्षाकृत सरल होता है, क्योंकि बचपन की शुरुआत से ही हमारा मन शब्दों, मुहावरों, जमे-जमाये तौर-तरीकों

और पूर्वाग्रहों से प्रभावित होता रहता है। मुझे नहीं मालूम कि आपने इस बात पर कभी ध्यान दिया है या नहीं कि थोड़ी बड़ी उम्र के लोगों का मन प्रायः कितना अड़ियल होता है। वे एक सांचे में जमे हुए गारे की तरह हो जाते हैं और उनके लिए उस सांचे को तोड़कर बाहर आना बहुत कठिन होता है। मन को इस तरह किसी सांचे में जमा लेना, उस सांचे के अनुकूल ढल जाना ही तो संस्कारबद्ध होना है।

— 7 —

समस्या निवारण और सम्यक क्रिया इस परिवर्तित होते
जीवन को सुनना है, न कि नियमों को रटना

स्मृति और स्मरण सर्जनात्मक नहीं होते—समझ सर्जनात्मक होती है। आपके मन में संगृहीत बातें आपको मुक्त नहीं करतीं—समझ मुक्तिकारक होती है...

ज़िंदगी एक ऐसा वजूद है जिसे विगत अनुभवों का संचय किये बिना ध्यानपूर्वक सुनना होता है, जिसे पल-पल समझना होता है...एक नदी की तरह जीवन प्रवाहमान है, गतिमय है, चंचल है, कभी स्थिर नहीं रहता, और जब आप स्मृति का भारी बोझ उठाए इस जीवन से मिलते हैं, तब आप इससे कभी वास्तव में नहीं मिल पाते हैं। जब तक हम स्मृति के भार से बोझिल हैं, तब तक कोई भी नवीनता नहीं आ सकती, और चूंकि जीवन अनंत रूप से नितनूतन होता है, अतः हम उसे समझ नहीं पाते। इसलिए हमारा जीवनयापन बहुत दुरूह हो जाता है, हम निष्क्रिय हो जाते हैं और मानसिक व शारीरिक रूप से भारी व भद्दे हो जाते हैं।

— 8 —

सही कर्म का अर्थ आज्ञाकारिता नहीं है

हमारी जो भी आयु हो, हममें से अधिकतर लोग आज्ञापालन किया करते हैं, अनुसरण व अनुकरण करते हैं, क्योंकि अनिश्चितता से हम भीतर ही भीतर भयभीत रहते हैं। हम निश्चित होना चाहते हैं, आर्थिक रूप से भी व नैतिक रूप से भी

सम्यक क्रिया का आधार क्या है? / 163

हम स्वीकार्य होना चाहते हैं। हम एक सुरक्षित स्थिति में, सुरक्षा के दायरे में रहना चाहते हैं, और यह कभी नहीं चाहते कि हमारा वास्ता कभी परेशानी, पीड़ा या दुख से पड़े...यह दंडित होने का भय ही है जो हमें दूसरों को हानि पहुंचाने वाले कार्य करने से रोके रहता है।

– 9 –

जीवन की सभी समस्याओं को स्वयं समझिए

जब हम कुछ बड़े हो जाते हैं और तथाकथित शिक्षा प्राप्त करके विद्यालय से बाहर आते हैं, तब हमें अनेक समस्याओं का सामना करना पड़ता है। हम कौन सा व्यवसाय चुनें ताकि हम स्वयं को संपन्न बना सकें और सुखी रह सकें? किस आजीविका या रोजगार में हमें लगेगा कि हम दूसरों का शोषण नहीं कर रहे हैं, उनके प्रति क्रूर नहीं हो रहे हैं? हमें दुख, विपत्ति और मृत्यु संबंधी समस्याओं का सामना करना है। इस भुखमरी, जनसंख्या की बेतहाशा वृद्धि, यौनाचार, पीड़ा और सुख को समझना है। हमें जीवन की अनेक विभ्रमकारी और विरोधाभासी बातों से निपटना है। जैसे मानव-मानव के बीच और स्त्री-पुरुष के बीच तकरार, भीतरी द्वंद्व और बाहरी संघर्ष। हमें महत्त्वाकांक्षा, युद्ध और सैन्य-उन्माद को समझना है। उस अद्भुत चीज़ को समझना है जिसे शांति कहते हैं और जो उससे कहीं अधिक जीवंत है जितना हम उसे समझते हैं। हमें उस धर्म के महत्त्व को भली प्रकार समझना है जो केवल अटकल और प्रतिमा-पूजा नहीं होता, उस अद्भुत और जटिल तथ्य का भी बोध करना है जिसे प्रेम कहते हैं। हमें जीवन के सौंदर्य के प्रति व उड़ान भरते पंछी के प्रति संवेदनशील होना है, साथ ही भिखारी के प्रति, निर्धन की फटेहाली के प्रति, मानवनिर्मित विशाल भवनों, दुर्गंध-व्याप्त मार्गों और उनसे भी अधिक मलिन मंदिरों के प्रति भी। हमें इन सब समस्याओं का सामना करना है। हमें इस प्रश्न का भी सामना करना है कि हम किसका अनुसरण करें और किसका नहीं, या हमें किसी का अनुसरण करना चाहिए भी या नहीं।

हम में से अधिकांश लोग यहां-वहां थोड़ा बहुत परिवर्तन करने से सरोकार रखते हैं और इतने ही से संतुष्ट हो जाते हैं। हमारी आयु जितनी बढ़ती जाती है, किसी गहन या बुनियादी परिवर्तन के प्रति हम उतने ही कम इच्छुक होते जाते हैं, क्योंकि हम भयग्रस्त रहते हैं। हम संपूर्ण परिवर्तन के विषय में नहीं

सोचते, केवल सतही परिवर्तन तक ही सोचते हैं । और, यदि ध्यानपूर्वक देखें तो हम पायेंगे कि सतही फेरबदल परिवर्तन है ही नहीं । इससे आमूल क्रांति नहीं आती, बल्कि विगत की केवल संशोधित निरंतरता ही आ पाती है । आपको इन सब बातों का, अपने सुख-दुख से लेकर औरों के सुख-दुख का, अपनी महत्त्वाकांक्षा और स्वार्थपरायण तलाश से लेकर औरों के हेतु और तलाश का, इन सब का सामना करना है । प्रतिस्पर्धा का, स्वयं के और दूसरों के भ्रष्ट आचरण का, मन के अपकर्ष और हृदय के रीतेपन का आपको सामना करना है । आपको इन सब बातों को जानना है, इन सबका स्वयं अपने लिए सामना करना है, इन्हें समझना है ।

— 10 —

कोई भी विचारक आपकी समस्या का निवारण नहीं कर पाया है

विचारणा से हमारी समस्याओं का निवारण नहीं हो पाया है । चतुर लोग, दार्शनिक, विद्वान, राजनेता वास्तव में किसी भी मानवीय समस्या का निवारण नहीं कर पाये हैं, और ये मानवीय समस्याएं हैं—आपके तथा दूसरे के बीच, आपके और मेरे बीच का संबंध ।

— 11 —

स्व से मुक्ति ही प्रज्ञा है

प्रज्ञा तभी संभव है जब अहं से, 'मैं' से वास्तविक मुक्ति हो जाए । अर्थात जब मन 'और अधिक' की मांग का केंद्र न रह जाए, कुछ अधिक, कुछ बड़े, कुछ व्यापक और वृहत् अनुभवों की इच्छा की पकड़ से छूट जाए ।

— 12 —

हिंसा का सामना हिंसा से मत कीजिए

जब आप विद्यालय पूरा करके महाविद्यालय में प्रवेश करते हैं और फिर संसार

सम्यक क्रिया का आधार क्या है? / 165

का सामना करते हैं, तब मुझे लगता है कि यह महत्त्वपूर्ण हो जाता है कि आप तरह-तरह के प्रभावों के वशीभूत न हों, उनके समक्ष नत-मस्तक न हों, बल्कि उनका सामना करें, वे जैसे हैं उन्हें यथावत् समझें, उनका वास्तविक महत्त्व एवं मूल्य जानें—और यह सब विपुल आंतरिक ऊर्जा से संपन्न एक सौम्य भावना के साथ करें—इससे संसार में वैमनस्य और आगे नहीं फैल पाएगा।

चतुर्थ अनुभाग

संबंध

अध्याय एक

संबंध क्या है

— 1 —

संबंध हमारे बीच है या केवल हमारी छवियों के बीच

इस 'संबंध' शब्द से हमारा अभिप्राय क्या है? किसी से हमारा संबंध रहता भी है या यह हमारे ही द्वारा गढ़ ली गई दो छवियों के बीच रहता है? मेरे मन में आपकी एक छवि बनी हुई है और आपके मन में मेरी। मेरे मन में आपकी, अपनी पत्नी, पति या अन्य किसी भी तरह की एक छवि बनी हुई है, और इसी प्रकार आपने मेरी एक छवि बनाई हुई है। संबंध इन दोनों के बीच रहता है, इसके अलावा नहीं। किंतु किसी अन्य के साथ संबंध तभी मुमकिन है जब कोई छवि न हो। जब मैं आपको और आप मुझे अपमान आदि की अपनी स्मृति-निर्मित किसी छवि के बिना देख पाते हैं, तभी संबंध संभव है, परंतु देखने वाले का स्वभाव ही है छवि बनाना, है न? यदि इसका अवलोकन कर सकें तो देखेंगे कि आपकी

छवि ही तो मेरी छवि को देखती है, और इसे संबंध कह दिया जाता है। परंतु यह रिश्ता तो दो छवियों के बीच होता है। यह संबंध तो उनके बीच हो रहा होता है जिनका अस्तित्व ही नहीं है, क्योंकि ये दोनों तो छवियां हैं। संबंध में होने का अर्थ है संपर्क में होना। संपर्क प्रत्यक्ष होना चाहिए, दो छवियों के बीच नहीं। इसके लिए—अर्थात दूसरे को बिना किसी ऐसी छवि के देख पाने के लिए जो मैंने उसके बारे में गढ़ ली है—बहुत अधिक अवधान की, सजगता की आवश्यकता होती है। मेरी स्मृति में जो कुछ दूसरे व्यक्ति के बारे में बसा हुआ है, उससे बनती है उस व्यक्ति की छवि। उसने कैसा मेरा अपमान किया, कैसा सम्मान किया, मुझे सुख दिया, यह किया, वह किया। और, संबंध तब होता है जब दोनों के बीच कोई छवि न हो।

— 2 —

निर्भरता संबंध नहीं है

देखिये, हम में से अधिकांश के लिये दूसरों के साथ संबंध होना निर्भरता पर आधारित रहता है, चाहे वह निर्भरता आर्थिक हो या मनोवैज्ञानिक। यह निर्भरता भय को जन्म देती है, हममें स्वामित्वभाव पैदा करती है, और इसके परिणामस्वरूप उत्पन्न होते हैं मतभेद, संदेह और खिन्नता। किसी दूसरे पर आर्थिक निर्भरता का निवारण तो शायद विधान द्वारा या समुचित आर्थिक व्यवस्था द्वारा किया जा सकता है, परंतु मैं बात कर रहा हूं दूसरों पर टिकी उस मनोवैज्ञानिक निर्भरता की जो व्यक्तिगत संतुष्टि और सुख आदि की लालसा से उपजती है। स्वामित्व भाव के इस संबंध में व्यक्ति स्वयं को संपन्न, सक्रिय और सर्जनशील महसूस करता है, वह महसूस करता है कि दूसरे के कारण स्वयं उसका अपना व्यक्तित्व बढ़ गया है, और वह इस पूर्णता के एहसास का स्रोत हाथ से नहीं जाने देना चाहता, उसके खो जाने से डरता है। और, इस प्रकार स्वामित्वभाव को और अधिक पुष्ट करने वाले भय अपनी तमाम फलीभूत समस्याओं के साथ जन्म ले लेते हैं। अतः इस मनोवैज्ञानिक निर्भरता में भय और संदेह अचेतन व सचेतन रूप से विद्यमान रहते हैं, जो प्रायः प्रिय लगने वाले शब्दों का चोला ओढ़े रहते हैं। इस भय की प्रतिक्रिया के फलस्वरूप व्यक्ति की अपनी सुरक्षा व संपन्नता की तलाश शुरू हो जाती है, जिसमें वह कभी इधर भागता है और कभी उधर, या

किसी आदर्श या अवधारणा में स्वयं को कैद कर लेता है, अथवा संतुष्टि के विकल्प तलाशने में लग जाता है।

किसी दूसरे पर निर्भर रहने के बावजूद व्यक्ति में अक्षत रहने और संपूर्ण बनने की चाह बनी ही रहती है। संबंध की जटिल समस्या यह है कि ऐसा प्रेम, ऐसी प्रीति कैसे हो जिसमें निर्भरता, मतभेद या द्वंद्व की कोई छाया न हो, स्वयं को अलग-थलग सुरक्षित रखने की इच्छा से कैसे निजात पाया जाए और कैसे द्वंद्व के कारणों से बचा जाए। हम यदि अपनी खुशी के लिये किसी अन्य पर, समाज पर या किसी वातावरण पर निर्भर करते हैं तो वह हमारी ज़रूरत बन जाता है, हम उससे चिपके रहते हैं और उसमें किसी भी प्रकार की छेड़छाड़ का प्रबल विरोध करते हैं क्योंकि अपनी मनोवैज्ञानिक सुरक्षा व सुख के लिए हम उस पर निर्भर रहने लगते हैं। बौद्धिक आधार पर हम भले ही यह मान लें कि जीवन एक निरंतरगामी प्रवाह है, चंचल है, अवश्य ही सतत परिवर्तनशील है, फिर भी, भावनात्मकता और भावुकता के स्तर पर हम रूढ़ और सुखद मूल्यों से चिपके रहते हैं। अतः इस परिवर्तन और स्थिरता की इच्छा के बीच सदैव संघर्ष चलता रहता है। इस द्वंद्व का अंत कर पाना क्या संभव है?

— 3 —

क्या यह संभव है कि हम प्रेम भी करें और
हम में स्वामित्वभाव भी न आए?

संबंध के बिना जीवन संभव नहीं है, परंतु संबंध को व्यक्तिगत और स्वामित्वपूर्ण प्रेम पर आधारित करके उसे हमने वेदनाप्रद और विद्रूप बना दिया है। क्या यह संभव है कि प्रेम तो हो पर हम मालिक न बन बैठें? इसका उत्तर आप पलायन में, आदर्शों में, विश्वासों में नहीं पा सकेंगे, इसका उत्तर तो आपको निर्भरता और स्वामित्वभाव के कारणों को समझ लेने से मिल सकेगा। हम यदि अपने और दूसरे के बीच संबंध की इस समस्या को गहराई से समझ लें तो शायद हम समाज के साथ भी अपने संबंधों को समझ पाएंगे, समाज के साथ अपने संबंधों की समस्या का समाधान कर पाएंगे, क्योंकि समाज कुछ और नहीं बल्कि हमारा स्वयं का विस्तार ही तो है।

संबंध क्या है / 171

व्यक्ति-व्यक्ति के बीच संबंध ही समाज की रचना करते हैं

यह परिवेश जिसे हम समाज कहते हैं, विगत पीढ़ियों द्वारा रचित है। हम इसे स्वीकार लेते हैं क्योंकि यह हमारे लोभ, स्वामित्वभाव और भ्रम को बनाये रखने में सहायक होता है। इस भ्रम के रहते एकता या शांति संभव नहीं है। विवशता और विधान द्वारा लायी गयी अकेली आर्थिक एकता युद्ध नहीं रोक सकती। जब तक हम व्यक्ति-व्यक्ति के बीच के संबंध को समझ नहीं लेते, तब तक हम शांतिसंपन्न समाज की रचना नहीं कर सकते। चूंकि हमारा संबंध स्वामित्वभाव से आच्छादित प्रेम पर आधारित रहता है, अतः हमें स्वयं के प्रति सजग रहना होगा। ऐसे प्रेम की उत्पत्ति, इसके कारणों और इसकी क्रियाओं के प्रति, इस स्वामित्वभाव की संपूर्ण प्रक्रिया के प्रति, इसकी आक्रामकता, इसके भय, इसकी प्रतिक्रियाओं के प्रति, गहराई तक सजग रहने से एक समझ आती है जो पूर्ण भी होती है और समग्र भी। केवल यही समझ हमें निर्भरता और स्वामित्वभाव से मुक्त करती है। संबंधों में एकलयता का दर्शन तो स्वयं अपने भीतर ही होता है, न कि किसी अन्य में, न ही परिवेश में।

द्वंद्वों के समाधान के लिए दूसरे की ओर नहीं, अपनी ओर देखिए

संबंधों में मतभेद का मूल कारण तो स्वयं हमारे भीतर होता है, हमारे अहं में होता है, जो हम में एकाकार हो गई लालसा का केंद्र है। यदि हम केवल इतना अनुभूत कर लें कि बुनियादी तौर पर यह अर्थपूर्ण नहीं है कि दूसरा कैसे व्यवहार कर रहा है, बल्कि यह है कि हम कैसा व्यवहार अथवा प्रतिक्रिया कर रहे हैं, और साथ ही यदि हम अपने उस व्यवहार अथवा प्रतिक्रिया को उसके मूल आधार तक गहरे जाकर भी समझ लें, तो संबंध में एक गहन और मूलभूत रूपांतरण हो पाएगा। दूसरों के साथ इस संबंध में केवल शारीरिक समस्या ही नहीं आती, बल्कि प्रत्येक स्तर पर वैचारिक और भावनात्मक समस्या भी आती है और, कोई किसी दूसरे के साथ केवल तभी एकलय हो सकता है जब वह स्वयं अपने आप में समेकित रूप से समन्वयसंपन्न हो। संबंधों में ध्यान देने योग्य महत्त्वपूर्ण चीज़

दूसरा नहीं बल्कि हम स्वयं हैं–जिसका अर्थ यह नहीं है कि कोई स्वयं को अलग-थलग कर ले, बल्कि यह है कि द्वंद्व और दुख के कारण को हम स्वयं में ही गहराई तक जान लें, समझ लें। बौद्धिक या भावनात्मक रूप से अपने मनोवैज्ञानिक स्वास्थ्य के लिए जब तक हम दूसरों पर निर्भर करते रहेंगे, तब तक यह निर्भरता अपरिहार्य रूप से हममें भय पैदा करती रहेगी, और फिर यही भय दुख का कारण बनता रहेगा।

– 6 –
जीवन है व्यक्तियों, वस्तुओं और विचारों के साथ हमारा संबंध

व्यक्तियों, वस्तुओं और विचारों के साथ हमारा संबंध ही जीवन है और, यदि हम इन संबंधों का समुचित रूप से, पूर्ण रूप से सामना नहीं कर पाते हैं, तो उस चुनौती के असर से द्वंद्व उपजते हैं।

– 7 –
संबंध–एक दर्पण

निश्चय ही, संबंध वह दर्पण है जिसमें आप स्वयं को यथावत् व प्रत्यक्ष देख सकते हैं। संबंध के बिना आप कुछ नहीं हैं, होना अर्थात संबंधित होना। संबंध में होना ही वजूद है। आपका अस्तित्व संबंधों में ही तो होता है, अन्यथा क्या है आपका अस्तित्व! संबंध बिना आपके अस्तित्व का कोई अर्थ नहीं रह जाता। ऐसा नहीं हैकि चूंकि आपने सोचा कि आप हैं, अतः आपका अस्तित्व है। आप हैं क्योंकि आप संबंधित हैं, और यह संबंधों की समझ का अभाव ही है जो द्वंद्व का कारण बनता है।

– 8 –
संबंधों में स्वयं को जानना ही सुख-शांति की कुंजी है

आप अब अपने विचारों के दर्पण में, संबंधों के दर्पण में स्वयं को देख-समझ रहे

हैं...मुझे लगता है कि खुशी आपके ही हाथों में है और उस खुशी की, सुख-शांति की कुंजी है स्वयं को जानना, 'फ्रायड' या 'युंग' या 'शंकर' या किसी और द्वारा परिभाषित स्वयं को जानना नहीं, बल्कि दिन-प्रतिदिन अपने संबंधों में स्वयं को देखकर अपना परिचय पाना...दिन-प्रतिदिन, अवलोकन करते हुए, अपने विचारों की गतिविधियों के प्रति सहज सजग रहते हुए, जब आप बस में चढ़ रहे हों, जब आप कार चला रहे हों, जब आप अपनी पत्नी, अपने बच्चों, अपने पड़ोसी से बात कर रहे हों, इस सब के दर्पण में ध्यान से देखते हुए आपको यह पता लगने लगता है कि आप कैसे बात करते हैं, कैसे सोचते हैं, कैसे प्रतिक्रिया करते हैं। और तब आप पाते हैं कि इस स्वयं को जानने-समझने में आपको उसका स्पर्श होता है जो न तो किसी ग्रंथ या दर्शन में मिल सकता है और न ही किसी गुरु की सीख में।

— 9 —

छवि छापने वाली मशीन को बंद कर दीजिये

छवि को नष्ट कर देना सम्यक संबंधों की नींव डालना है...आपको अपनी छवि छापने वाली मशीन को ध्वस्त करना होगा। वह मशीन जो आपके भीतर है, जो दूसरे के भीतर है। अन्यथा आप एक छवि को नष्ट करेंगे तो वह मशीन दूसरी छवि छाप देगी।

— 10 —

छवि या धारणा की शुरुआत कैसे होती है?

छवि अस्तित्व में आती कैसे है, इस विषय में हमें पैठ करनी होगी और यह भी पता लगाना होगा कि उस तंत्र को बंद कैसे किया जाए जो यह छवि रचता है। मानव-मानव के बीच संबंध तभी संभव होगा। यह तब दो छवियों के बीच, दो निर्जीव अस्तित्वों के बीच न होगा।

यह बहुत सरल है। आप मेरी खुशामद करते हैं, मेरा आदर करते हैं और मैं अपमान या इस खुशामद के माध्यम से आपकी छवि बना लेता हूं, मेरे पास

अनुभव है—पीड़ा, मृत्यु, विपत्ति, द्वंद्व, भूख और अकेलेपन का अनुभव। ये सब मुझमें अपनी छवि बनाते हैं और मैं वही छवि बन जाता हूं। ऐसा नहीं कि मैं वह छवि हूं, ऐसा नहीं कि वह छवि और मैं भिन्न हैं, बल्कि 'मैं' वह छवि है, विचारकर्ता वह छवि है। यह विचारकर्ता ही है जो छवि रचता है। अपनी शारीरिक, मनोवैज्ञानिक, बौद्धिक व अन्य क्रियाओं-प्रतिक्रियाओं द्वारा विचारकर्ता, अवलोकनकर्ता, अनुभवकर्ता, स्मृति और विचार के माध्यम से छवि को रचता है। तो, छवि रचने वाला तंत्र है—विचारणा, और यह तंत्र अस्तित्व में आता है विचार के माध्यम से। पर विचार तो आवश्यक है, अन्यथा आप जी कैसे पाएंगे।

तो, पहले समस्या को देखिये। विचार विचारकर्ता को जन्म देता है। विचारकर्ता स्वयं के बारे में छवि रचना आरंभ करता है... वह छवि रचता है और उसी में बस जाता है। इस प्रकार विचारणा अर्थात सोच इस यंत्र की रचना शुरू करती है। अब आप कहेंगे, "मैं सोचना बंद कैसे कर सकता हूं?" आप सोचना बंद नहीं कर सकते। परंतु ऐसा हो सकता है कि हम विचार कर पाएं और छवि भी न बनाएं।

— 11 —

अभिमत छवि ही तो है

दो छवियों के बीच का संबंध तो कोई संबंध नहीं होता। यदि मैंने आपके बारे में, और आपने मेरे बारे में कोई छवि बनायी हुई है तो हमारे बीच कोई संबंध कैसे हो सकता है? संबंध केवल तभी है जब वह मुक्त है—इस छवि-रचना से मुक्त।

— 12 —

आत्म-छवि हमें पीड़ा में ले जाती है

आप आहत क्यों होते हैं? आप स्वयं को महत्त्वपूर्ण मानते हैं, इसलिए न? और, आप में यह आत्म-महत्ता है क्यों?

क्योंकि व्यक्ति के मन में एक धारणा रहती है, स्वयं के बारे में एक प्रतीक रहता है, अपनी ही एक छवि रहती है—उसे क्या होना चाहिए, क्या नहीं होना

चाहिए। कोई स्वयं के बारे में कोई छवि क्यों बनाता है?... यह स्वयं के बारे में अपने ही द्वारा पाला गया एक आदर्श रूप, एक धारणा ही तो है जिस पर आक्रमण होते ही हमारा क्रोध फुफकार उठता है। और, स्वयं के बारे में बना ली गयी धारणा हमारा पलायन है, हम जो हैं, उस तथ्य से पलायन है। परंतु यदि आप जो हैं, इस वास्तविक तथ्य का अवलोकन कर लें तो आपको कोई आहत नहीं कर सकता। तब, यदि कोई झूठा है और उसे झूठा कह दिया जाए, तो इसका मतलब यह नहीं होता है कि उसे आहत किया जा रहा है, बल्कि यह तो एक तथ्य होता है।

अध्याय दो

प्रेम, इच्छा, यौनाचार, निर्भरता

— 1 —

जहां निर्भरता व आसक्ति हों, वहां प्रेम नहीं रह सकता

मनोवैज्ञानिक तौर पर हमारे संबंध निर्भरता पर आधारित रहते हैं और इसीलिए इनमें भय का वास रहता है। समस्या यह नहीं है कि निर्भर कैसे न रहें, हमें बस इस तथ्य को देखना है कि हम निर्भर हैं।

जहां आसक्ति रहती है वहां प्रेम नहीं रहता। चूंकि आप प्रेम करना नहीं जानते, आप निर्भर रहते हैं, और इसीलिए इसमें भय बना रहता है। महत्त्वपूर्ण है इस तथ्य को देखना, न कि यह पूछना कि प्रेम कैसे किया जाए या भय से मुक्त कैसे हों।

जहां निर्भरता रहती है वहां भय रहता है

इस बात का खंडन किये बिना, इसे स्वीकृत किये बिना, इस बारे में अपना कोई अभिमत दिये बिना, इस या उस का उल्लेख किये बिना, इस तथ्य को ध्यानपूर्वक सुन लीजिए कि जहां आसक्ति होती है वहां प्रेम नहीं होता, और जहां निर्भरता रहती है वहां भय रहता है। मैं मनोवैज्ञानिक निर्भरता की बात कर रहा हूं, न कि आपके दूधवाले पर आपकी निर्भरता की, जो आपके लिए दूध लाता है, न ही रेलवे पर या किसी पुल पर आपकी निर्भरता की। यह विचारों, व्यक्तियों, वस्तुओं पर आपकी आंतरिक मनोवैज्ञानिक निर्भरता ही है जो भय को जन्म देती है।

— 3 —

संबंधों की समझ में प्रेम प्रवेश करता है

प्रेम ऐसा कुछ है जिसे उपजाया नहीं जा सकता, और, प्रेम कोई वस्तु नहीं है जिसे मन द्वारा खरीदा जा सके। यदि आप कहते हैं, ''मैं करुणापूर्ण होने का अभ्यास कर रहा हूं,'' तो वह करुणा आपके मन की एक चीज़ होगी, उसमें कोई प्रेम नहीं होगा। जब हम संबंध के पूरे सिलसिले को समझ लेते हैं तब प्रेम का चुपके से, अनजाने ही और भरपूर आगमन होता है। मन मौन हो जाता है, वह हृदय को दिमाग की बातों से नहीं भरता, तभी अवतरित हो पाता है प्रेम।

— 4 —

हमने यौनाचार को इतना महत्त्व क्यों दे रखा है?

यौनाचार, सेक्स की समस्या से आपका तात्पर्य क्या है? यह समस्या उस क्रिया की है या उस क्रिया के बारे में विचार की? निश्चय ही, यह समस्या उस क्रिया की नहीं है। जैसे भोजन करना आपके लिए कोई समस्या नहीं है वैसे ही यौनक्रिया आपके लिये कोई समस्या नहीं है। परंतु, यदि आप खाने के या किसी अन्य बात के बारे में सारे दिन सोचते रहेंगे, क्योंकि आपके पास सोचने के लिये कुछ

और नहीं है, तो यह सोचना आपके लिये समस्या बन जाएगा। आप यह सब क्यों रचते चले जाते हैं–जो आप निस्संदेह कर रहे हैं? सिनेमा, पत्रिकाएं, कहानियां, महिलाओं के वस्त्र पहनने के तरीके, ये सभी चीज़ें आप के यौनाचार के विचार को उकसा रही हैं। परंतु मन इसको क्यों उकसा रहा है, मन यौनाचार के बारे में सोचता ही क्यों है? यह आपकी समस्या क्योंकर है।

क्यों यह आपके जीवन का मुख्य मुद्दा बन गया है? जबकि अनेकानेक चीज़ें आपको पुकार रही हैं, आपका ध्यान आकृष्ट कर रही हैं, फिर भी आप अपना पूरा ध्यान यौनाचार के विचार को ही दे रहे हैं। यह हो क्या रहा है, क्यों आपका मन इससे इतना अधिक ओतप्रोत है? क्योंकि यह चरम पलायन का एक तरीका है, है न? अपने आपको पूरी तरह भुला देने का एक तरीका है यह।

फिलहाल, कम से कम उस पल में तो आप स्वयं को भुला ही सकते हैं–और स्वयं को भुलाने का अन्य कोई तरीका नहीं है। उसके अतिरिक्त जो कुछ भी आप अपने जीवन में कर रहे हैं वह 'मैं' को, अहं को बल प्रदान करता है। आपके व्यवसाय, आपका धर्म, आपके देवी-देवता, आपके नेता, आपकी राजनीतिक व आर्थिक गतिविधियां, आपके पलायन, आपके सामाजिक कार्यकलाप, एक दल छोड़कर आपका दूसरे दल में शामिल होना–यह सब 'मैं' को प्रबलता और सशक्तता देते हैं... यदि आपके जीवन में कोई एक ही ऐसी अवस्था हो जो आपके चरम पलायन का माध्यम हो, कुछ पल के लिए ही सही परंतु खुदी को पूर्णतया भुला देने वाली हो, तो आप उसमें आसक्त हो ही जाएंगे, क्योंकि यही वह पल होता है जब आप खुश होते हैं...

तो, जब तक इस समस्या के बारे में सोचने वाले मन को आप नहीं समझ लेते, यौनाचार, सेक्स एक अत्यंत जटिल और कठिन समस्या बना रहेगा।

— 5 —

यौनाचार एक समस्या क्यों है?

ऐसा क्यों है कि हम जो कुछ भी छूते हैं वह समस्या बन जाता है?...यौनाचार एक समस्या क्यों बन गया है? क्यों हमने समस्याग्रस्तता के साथ जीना एक विवशता मान लिया है, हमने समस्याओं का अंत क्यों नहीं किया है? समस्याओं को दिन-प्रतिदिन, वर्ष-प्रतिवर्ष ढोये चले जाने के बजाय हमने इनका अंत क्यों

नहीं कर दिया है। निश्चय ही, यौनाचार एक सुसंगत प्रश्न है जिसका उत्तर मैं अभी दूंगा, परंतु एक बुनियादी प्रश्न है : हम जीवन को एक समस्या क्यों बना देते हैं? कामकाज, यौनाचार, धनोपार्जन, सोचना, महसूस करना, अनुभव करना,—जीवन का यह तमाम कारोबार एक समस्या क्यों बन गया है? अवश्य ही यह क्या इसलिए नहीं है कि हम सदैव एक ही दृष्टिकोण से, एक बंधे-बंधाये दृष्टिकोण से ही सोचते हैं?

– 6 –

इच्छा प्रेम नहीं होती

इच्छा प्रेम नहीं होती, वह तो सुख-विलास की ओर ले जाती है। इच्छा सुख-विलास ही होती है। हम इच्छा को गलत नहीं ठहरा रहे हैं। यह कहना तो एकदम मूर्खतापूर्ण होगा कि हमें इच्छारहित होकर जीना चाहिए, क्योंकि यह असंभव है। मनुष्य ऐसा प्रयास कर चुका है। लोगों ने हर प्रकार के विषय-सुख को नकारा है, स्वयं को अनुशासित किया है, स्वयं को उत्पीड़ित किया है, परंतु इच्छा तब भी बनी रही है, द्वंद्व पैदा करती रही है। और इस द्वंद्व के तमाम पाशविक परिणामों को पनपाती रही है। हम इच्छारहितता की वकालत नहीं कर रहे हैं, परंतु हमें इच्छा, मनोसुख और पीड़ा के संपूर्ण प्रपंच को समझना चाहिए। और, यदि हम इसके पार जा सकें तो जानेंगे आनंद, परम उल्लास—अर्थात प्रेम।

परिवार और समाज : रिश्ता या अलगाव?

— 1 —

परिवार और समाज

परिवार समाज-विरुद्ध होता है, परिवार कुल मिलाकर मानव-संबंधों के विरुद्ध होता है। देखिए, यह एक विशाल भवन के एक हिस्से में एक कक्ष में रहने जैसा है—इसी को परिवार कहते हैं। परिवार का एकमेव महत्त्व उस संपूर्ण भवन के साथ संबंध से है। उस एक कक्ष का, कमरे का जो संबंध उस पूरे भवन से है, वही संबंध परिवार का संपूर्ण मानव जाति से है। परंतु हम इससे पृथक भी हैं और जुड़े हुए भी। हम परिवार को बहुत महत्त्व देते हैं—मेरे संबंध और आपके संबंध। परंतु हम आपस में कभी न खत्म होने वाली लड़ाई लड़ते रहते हैं। परिवार उस पूरे भवन में एक कक्ष के समान होता है। जब हमारे लिए उस पूरे भवन का कोई महत्त्व नहीं रहता, तब उस कक्ष का महत्त्व प्रबल रूप से बढ़ जाता है।

इसी प्रकार जब आप समूचे मानव-अस्तित्व को भुला बैठते हैं तब परिवार का महत्त्व अत्यधिक बढ़ जाता है। परिवार का एकमात्र महत्त्व तो संपूर्ण मानवता के साथ संबंध में है, अन्यथा यह एक विकराल और विकट रूप धारण कर लेता है...

— 2 —

अपने परिवार को क्या हम वास्तव में प्रेम करते हैं?

जब हम कहते हैं, ''मैं अपने परिवार को प्रेम करता हूं,'' तो वस्तुतः हम अपने परिवार को प्रेम नहीं करते, अपने बच्चों को प्रेम नहीं करते—सचमुच हम प्रेम नहीं करते। जब आप कहते हैं कि आप अपने बच्चों को प्रेम करते हैं तब आपका अर्थ वास्तव में होता है कि वे आपकी आदत बन गये हैं, वे खिलौने हैं आपके—कुछ समय के लिए आपके मनोरंजन का साधन। क्योंकि आपका किसी से भी, अपने बच्चों से यदि सचमुच प्रेम होता तो आप उनका ध्यान रखते।

क्या आप जानते हैं कि यह ध्यान रखना क्या होता है? जब आप कोई पौधा लगाते हैं, तब आप उसका ध्यान रखते हैं, उसकी देखभाल करते हैं, उसका पोषण करते हैं...उसे लगाने से पहले आप गहरा गड्ढा खोदते हैं, आपको देखना पड़ता है कि मिट्टी सही है या नहीं, तब आप वहां उस पौधे को लगाते हैं, फिर उसका संरक्षण करते हैं, उसकी प्रतिदिन निगरानी करते हैं, उसकी देखभाल ऐसे करते हैं जैसे वह आपके अस्तित्व का एक अंश हो। परंतु, आप अपने बच्चों को इस प्रकार का प्रेम नहीं करते। यदि करते तो आपकी शिक्षा बिल्कुल भिन्न प्रकार की होती। न कोई युद्ध होता, न गरीबी होती। तब दिमाग को केवल तकनीकी बनाकर नहीं छोड़ दिया जाता। तब न तो कोई प्रतिस्पर्धा होती, न कोई राष्ट्रीयता। और चूंकि हम प्रेम नहीं करते, अतः इन तमाम चीज़ों को बढ़ने दिया करते हैं।

— 3 —

निर्भरता आप में असमर्थता भर देती है

जब आप कहते हैं कि आप अमुक को प्रेम करते हैं तब क्या आप उस पर निर्भर नहीं हो जाते। जब आप छोटे होते हैं तब अपने माता-पिता पर, अपने अभिभावक

पर, अपने शिक्षक पर निर्भर रहना तो समीचीन है। चूंकि आप छोटे हैं, आपको देखभाल की आवश्यकता होती है, आपको वस्त्र चाहिए, आसरा चाहिए, सुरक्षा चाहिए। छुटपन में आपको सहारे की, किसी के द्वारा आपकी देखभाल किये जाने की भावना की आवश्यकता होती है। परंतु जब आप बड़े हो जाते हैं, तब भी निर्भरता की यह भावना आप में बनी ही रहती है, है न? क्या आपने यही भावना वयस्क लोगों में, अपने अभिभावकों और अध्यापकों में महसूस नहीं की है? क्या आपने नहीं देखा है कि वे किस कदर अपनी पत्नी, अपने बच्चों, अपनी माताओं पर निर्भर रहते हैं। लोग जब बड़े हो जाते हैं, तब भी वे किसी के साथ लगे रहना चाहते हैं, तब भी वे यह महसूस करते हैं कि उन्हें निर्भर रहने की आवश्यकता है। किसी पर आश्रित रहे बिना, किसी के मार्गदर्शन बिना, किसी न किसी में सुख व सुरक्षा महसूस किये बिना वे स्वयं को अकेला अनुभव करते हैं, वे स्वयं को खोया-खोया महसूस करते हैं। और, दूसरे पर इस निर्भरता को प्रेम कह दिया जाता है, परंतु यदि आप बहुत ध्यानपूर्वक देखें तो पाएंगे कि यह निर्भरता तो भय है, प्रेम नहीं है। चूंकि लोग अकेला होने से घबराते हैं, किसी भी विषय में अपनी सोच रखने से घबराते हैं, चूंकि वे जीवन को महसूस करने, उसे ध्यानपूर्वक देखने और उसका समग्र अर्थ जानने से घबराते हैं, अतः उन्हें लगने लगता है कि वे ईश्वर से प्रेम करते हैं। इसलिए वे जिसे ईश्वर मानते हैं उस पर निर्भर हो जाते हैं। परंतु, मन द्वारा रचित कुछ भी भरोसेमंद नहीं हो सकता, वह ईश्वर नहीं हो सकता, अज्ञात नहीं हो सकता। यही बात किसी आदर्श अथवा विश्वास पर भी लागू होती है। मैं किसी बात पर विश्वास करता हूं, इसीलिये उससे मुझे बड़ा सुख-चैन मिलता है...

यह सब तब तक तो समीचीन है जब तक आप छोटे हैं, परंतु बड़े होने पर भी यदि आप निर्भर रहना जारी रखते हैं, तो यह व्यवहार आपको ठीक से सोचने व स्वतंत्र होने नहीं देगा, उसमें असमर्थ बना देगा। जहां निर्भरता रहती है वहां भय भी रहता है, और जहां भय रहता है वहां प्रभुता ही होती है, प्रेम नहीं होता...

— 4 —

परिवार का होना स्वाभाविक है, उसमें सुरक्षा चाहना अनर्थ है

परिवार अब जिस रूप में है वह सीमित संबंधों वाली अपने खोल में बंद और

एक अलग-थलग इकाई बन गया है... हमें आंतरिक व मनोवैज्ञानिक सुरक्षा की इच्छा को समझना होगा, सुरक्षा के एक ढर्रे को छोड़ दूसरे को अपना लेने भर से बात नहीं बनेगी।

तो समस्या परिवार नहीं है, समस्या है सुरक्षा की चाहना। किसी भी स्तर पर सुरक्षा की चाहत क्या अपने को विशिष्ट और अलग मानने से संबंधित नहीं होती। विशिष्टता का यह भाव स्वयं को परिवार, संपत्ति, राज्य, धर्म आदि-आदि स्वरूपों में प्रकट करता है। भीतरी सुरक्षा की यह चाहत क्या बाहरी सुरक्षा निर्मित कर एक लक्ष्मणरेखा नहीं खींच लेती जो सदैव अलगावकारी होती है? सुरक्षा की चाहत ही सुरक्षा को ध्वस्त कर देती है। विशिष्टता, विभाजकता अपरिहार्य तौर पर विखंडनकारी होती है। राष्ट्रवाद, वर्ग-प्रतिद्वंद्विता और युद्ध इसके प्रतीक रहे हैं। आंतरिक सुरक्षा के माध्यम के रूप में परिवार अव्यवस्था का, अनर्थ का स्रोत है।

— 5 —

आंतरिक सुरक्षा के बिना जीना सीखना एकमेव सुरक्षा है

जब हम आंतरिक सुरक्षा की चाहत नहीं करते, केवल तभी हम बाहरी तौर पर भी सुरक्षित रह सकते हैं...

किसी दूसरे को अपनी संतुष्टि और सुरक्षा के माध्यम के रूप में प्रयोग करना प्रेम नहीं है। प्रेम कभी सुरक्षा नहीं होता, वह तो एक ऐसी अवस्था है जहां सुरक्षित होने की कोई चाहत ही नहीं होती, यह तो खिड़की-दरवाज़े खुले रखने की अवस्था है, यह ऐसी एकमेव अवस्था है जिसमें अलगाव, बैरभाव, और घृणा का होना असंभव होता है। इस अवस्था में भी परिवार का अस्तित्व हो सकता है, परंतु वह परिवार वर्जनकारी नहीं होगा, अपने ही खोल में बंद नहीं होगा।

प्रकृति और पृथ्वी

— 1 —

प्रकृति से हमारा क्या संबंध है

महोदय, मुझे नहीं मालूम कि आप प्रकृति से अपना संबंध जान पाये हैं या नहीं। 'सही' संबंध जैसी कोई चीज़ नहीं होती, होती है केवल संबंध की समझ। सही संबंध में किसी पूर्वनिर्धारित सूत्र को यथावत् स्वीकार किया जाना निहित रहता है, सही विचार की तरह। सही विचार और सही सोचना दो भिन्न बातें हैं। सही विचार केवल समीचीन का, सम्माननीय का अनुकरण है, जबकि सही सोचना गतिशीलता है, यह समझ की उपज होती है और समझ में सदैव संशोधन और परिवर्तन होता रहता है। इसी प्रकार प्रकृति से आपके सम्यक संबंध और संबंध की समझ में अंतर है। आपका प्रकृति के साथ क्या संबंध है?—प्रकृति जिसमें नदियां, वृक्ष, उड़ान भरते पक्षी, जल में तैरती मछली, इसके भीतर की धातुएं,

झरने, छोटे-छोटे तालाब—ये सभी सम्मिलित हैं। इनके साथ आपका संबंध क्या है? हममें से अधिकांश लोग इस संबंध से अवगत नहीं हैं। हम कभी किसी वृक्ष को ध्यानपूर्वक नहीं देखते, और देखते भी हैं तो उस वृक्ष की उपयोगिता को अपनी दृष्टि में रखकर—या तो उसकी छांव में बैठने के लिए या इमारती लकड़ी हेतु उसे काटने के लिए। दूसरे शब्दों में कहें तो हम वृक्ष को केवल उपयोगिता के उद्देश्य से ही देखते हैं। हम किसी वृक्ष को उस पर स्वयं को प्रक्षेपित किये बिना, अपनी सुविधा के लिये उसका उपयोग करने की भावना के बिना नहीं देख पाते।

— 2 —

क्या हम इस पृथ्वी से प्रेम करते हैं या केवल इसका बस
उपयोग करते हैं जैसे आपस में एक दूसरे का

हम पृथ्वी और इसके उत्पादों को एक ही नज़र से देखते हैं। हम पृथ्वी को प्रेम नहीं करते, केवल उसका उपयोग करते हैं। यदि हम वास्तव में इससे प्रेम करते तो इसकी चीज़ों का उपयोग करने में मितव्ययिता बरतते। अर्थात यदि हम पृथ्वी के साथ अपने संबंध को समझ गये होते, तो उसकी चीज़ों का उपयोग बहुत सावधानी से करते। प्रकृति के साथ अपने संबंध को समझना उतना ही कठिन है जितना अपने पड़ोसी, अपनी पत्नी व बच्चों के साथ अपने संबंधों को समझ पाना। परंतु हमने कभी इस विषय में सोचा नहीं है। कभी हमने फुरसत से बैठकर तारों को, चंद्रमा को, वृक्षों को निहारा नहीं है।

हम अपनी सामाजिक या राजनीतिक गतिविधियों में बुरी तरह व्यस्त रहते हैं। इसमें कोई संदेह नहीं कि ये गतिविधियां स्वयं से पलायन होती हैं और प्रकृति को पूजना भी स्वयं से पलायन करना ही है। हम सदैव प्रकृति का इस्तेमाल करते हैं—पलायन के या उपयोगिता के उद्देश्य से—हम सचमुच कभी इसके साथ ठहरते नहीं हैं और न ही हमें पृथ्वी या इसके पदार्थों से लगाव होता है। हम कभी लहलहाते खेत का आनंद महसूस नहीं करते—हालांकि अपना भोजन और वस्त्र पाने के लिए हम उन खेतों का ही उपयोग करते हैं। हम कृषिकार्य के लिये मिट्टी में अपने हाथ नहीं डालते। हमें अपने हाथों से काम करने में शर्म आती है।

3

मानचित्र राजनीतिक धारणाएं हैं–तथ्य नहीं :
पृथ्वी 'आपकी' या 'मेरी' नहीं है

इस प्रकार प्रकृति के साथ हम अपना संबंध खो बैठे हैं। यदि एक बार हम इस संबंध को समझ लें, इसके महत्त्व को समझ लें, तो फिर हम जमीन-जायदाद को 'तेरे-मेरे' में नहीं बांटेंगे–तथापि हो सकता है कि किसी के पास कोई एक भूखंड हो जिस पर वह भवन निर्माण कर ले, परंतु यह विशिष्ट अर्थ में 'तेरा-मेरा' नहीं रह जाएगा। बल्कि वह केवल सिर छुपाने का आसरा बन जाएगा। चूंकि हम पृथ्वी को अथवा इसकी चीज़ों को प्रेम नहीं करते, उनका बस उपयोग करते हैं, इसीलिए झरनों के सौंदर्य के प्रति हम उदासीन हो गये हैं, हमारा जीवन से मानो सरोकार ही नहीं रह गया है, हम किसी वृक्ष के तने से पीठ सटाकर कभी नहीं बैठते, और चूंकि हम प्रकृति को प्रेम नहीं करते, इसीलिए यह भी नहीं जान पाते कि मानव को और पशु-पक्षियों को प्रेम कैसे किया जाए।

4

हम तो रखवाले हैं, और वह भी अस्थायी

इसका तात्पर्य यह नहीं है कि आप पृथ्वी का प्रयोग नहीं कर सकते, पर जिस प्रकार यह प्रयोज्य है उस प्रकार ही इसका प्रयोग आपको करना चाहिये। पृथ्वी इसलिए है कि उससे प्रेम करें, उसकी देखभाल करें, 'तेरे' मेरे' में बांटें नहीं। किसी अहाते में कोई वृक्ष लगा कर उसे 'मेरा' कहने लगना मूर्खता ही है।

विवाह : प्रेम और यौनाचार

– 1 –

विवाह क्या परस्पर उपयोग है?

यदि अपनी पत्नी के साथ संबंध में आपमें स्वामित्व की भावना है, ईर्ष्या है, भय है, निरंतर त्रुटियां तलाशना है, उस पर हावी रहना है, उसके साथ हठधर्मिता करना है, तो क्या आप इसे प्रेम कहेंगे? क्या इसे प्रेम कहा जा सकता है? जब आप किसी व्यक्ति पर मालिकाना हक जताते हों और तदनुसार एक ऐसा समाज रचित कर लेते हों जो आपको उस व्यक्ति पर मालिकाना हक जताने में आपकी मदद करता हो, तो क्या आप उसे प्रेम कहेंगे? जब आप किसी व्यक्ति को अपनी यौन-सुविधा के लिए या किसी अन्य प्रयोजन से इस्तेमाल करते हों, तो क्या आप उसे प्रेम कहेंगे? यह बिल्कुल स्पष्ट है कि यह सब प्रेम नहीं है। अर्थात, जहां ईर्ष्या हो, जहां भय हो, स्वामित्वभाव हो, वहां प्रेम नहीं हो सकता। निश्चय ही

प्रेम में कलह और ईर्ष्या का प्रवेश नहीं होता। जब आप स्वामित्वभाव रखते हैं तब उसमें भय भी रहता है। आप इसे प्रेम भले ही कह लें, परंतु यह प्रेम से कोसों दूर होता है। महोदय, जैसे-जैसे हम आगे बढ़ रहे हैं, वैसे-वैसे आप इसे अनुभूत करते जाइए। आप विवाहित हैं, और आपके बच्चे भी हैं, आपके पति या पत्नी भी हैं जिन पर आप स्वामित्व भाव रखते हैं, जिन्हें आप प्रयुक्त कर रहे हैं, जिनसे आप भयग्रस्त या ईर्ष्याग्रस्त रहते हैं। इस सब के प्रति तनिक सजग हो जाइए और देखिए कि क्या यह प्रेम है।

— 2 —

प्रेम के विषय में सोचा नहीं जा सकता

आप उस व्यक्ति के बारे में सोच सकते हैं जिसे आप प्रेम करते हैं, परंतु आप प्रेम के बारे में नहीं सोच सकते। प्रेम को सोचा नहीं जा सकता। भले ही किसी व्यक्ति, किसी देश, किसी पूजास्थल के साथ आप अभिन्नभाव रखते हों, परंतु जिस पल आप प्रेम के बारे में सोचते हैं वह प्रेम होता ही नहीं है, वह तो केवल एक मानसिक प्रक्रिया होती है...चूंकि मन सक्रिय रहता है, अतः वह रीते हृदय को अपनी चीज़ों से भर देता है, और मन की उन चीज़ों के साथ हम खेलते रहते हैं, समस्याएं खड़ी करते रहते हैं...समस्याएं मन की उपज होती हैं। अतः मन को अपनी समस्याओं के निवारण हेतु ठहर जाना होगा, क्योंकि जब मन ठहर जाता है, प्रेम तभी आ पाता है।

— 3 —

जब आप किसी एक को प्रेम करना जान लेंगे तब
सारे संसार को प्रेम करना जान जाएंगे

प्रेम को सोचा नहीं जा सकता, प्रेम को उपजाया नहीं जा सकता, प्रेम का अभ्यास नहीं किया जा सकता। प्रेम का अभ्यास करना, भाईचारे का अभ्यास करना सदा मन की परिधि में ही रहता है, अतः यह सब प्रेम नहीं होता। जब यह सब थम जाता है, तब प्रेम प्रवेश करता है, तब आप जान पाते हैं कि यह प्रेम करना

होता क्या है। तब आप यह नहीं कहेंगे, ''मैं सारे संसार को प्रेम करता हूं'' , बल्कि जब आप किसी एक को प्रेम करना जान लेंगे तब आप सारे संसार को प्रेम करना जान जाएंगे। चूंकि, हम किसी एक को भी प्रेम करना नहीं जानते, मानवता के प्रति हमारा प्रेम कृत्रिम है। जब आप प्रेम करते हैं, तो न एक होता है, और न अनेक—बस प्रेम होता है। जब प्रेम होता है, केवल तभी हमारी सारी समस्याओं का समाधान हो सकता है, और तभी हम इसका आनंद, इसकी खुशी जान पाते हैं।

— 4 —

संबंध में प्रेम

संबंधों में प्रेम एक शुद्धीकरण की प्रक्रिया है क्योंकि यह अहं के रंग-ढंग को प्रकट करता रहता है।

जिस चीज़ को हम प्रेम करते हैं उसे नष्ट करना कितना सरल है। हमारे बीच अवरोध पल भर में खड़ा हो जाता है, कोई शब्द, कोई भाव-भंगिमा, कोई मुस्कान। स्वास्थ्य, मनोदशा और इच्छा के काले बादल इस पर मंडराने लगते हैं और जो अभी चमक-दमक रहा था वह धूमिल और बोझिल बन जाता है। प्रयुक्त होते-होते हम स्वयं को खपा डालते हैं और जो उद्दांत और प्रखर था, वह श्रांत-क्लांत और भ्रमित हो जाता है। जो सुंदर और सरल था, निरंतर संघर्ष, आशा और हताशा के चलते वह भयानक और अपेक्षी बन जाता है। संबंध जटिल और कठिन होते हैं। और शायद ही कोई इनसे अनाहत रहा हो। यद्यपि हम इसको स्थिर, टिकाऊ और सतत रखना चाहते हैं, परंतु संबंध तो एक प्रवाह होता है, एक ऐसा प्रक्रम होता है जिसे गहराई तक और पूरी तरह समझना ज़रूरी है, न कि इसे किसी आंतरिक या बाहरी ढर्रे की लीक पर चलने को मजबूर करना। लीक पर चलना, अनुकरण करना एक सामाजिक ढर्रा है, परंतु यह अपना दबाव और अपनी प्रभुता तब खो देता है जब प्रेम प्रवेश करता है। प्रेम एक शुद्धीकरण की प्रक्रिया है, क्योंकि यह अहं के, स्व के रंग-ढंग को प्रकट करता रहता है। इस प्राकट्य के बिना संबंध का कोई महत्त्व नहीं रह जाता।

हम प्रेम नहीं करते बल्कि प्रेम पाने को लालायित रहते हैं

परंतु हम इस प्राकट्य के विरुद्ध क्या-क्या नहीं करते। हमारा यह मुकाबला नाना रूप धर कर आता है : हावी रहना या ताबेदार होना, भय या आशा, ईर्ष्या या मान्यता, इत्यादि। कठिनाई यह है कि हम प्रेम नहीं करते, और करते भी हैं तो चाहते हैं कि यह हमारी अपेक्षानुसार कार्य करे—हम इसे स्वतंत्रता नहीं देते। हम अपने मन से प्रेम करते हैं, हृदय से नहीं। मन स्वयं को बदल सकता है परंतु प्रेम नहीं। मन अपने खिड़की-दरवाज़े बंद कर सकता है, किलाबंदी कर सकता है, परंतु प्रेम ऐसा नहीं कर सकता। मन कभी भी स्वयं में सिमट सकता है, अलग-थलग हो सकता है, वैयक्तिक या निर्वैयक्तिक हो सकता है; प्रेम की न तुलना की जा सकती है, न इसे चारदीवारी में बंद किया जा सकता है। हमारी कठिनाई उसीमें है जिसे हम तो प्रेम कह देते हैं, परंतु होता वह सारा मन का मामला है। हम अपने हृदय को मन की चीज़ों से भरते रहते हैं और इसीलिए अपने हृदय को सदैव खाली और अपेक्षी बनाए रखते हैं। यह मन ही है जो चिपकता है, ईर्ष्यालु होता है, पकड़ता-जकड़ता है और विनाश करता है। हमारे जीवन पर दैहिक केंद्रों का प्रभुत्व रहता है और या फिर रहता है मन का। ऐसा नहीं होता कि हम बस प्रेम करें, बल्कि प्रेम पाने को लालायित रहते हैं। हम देते इसलिए हैं ताकि पा सकें—ऐसी 'उदारता' मन की हो सकती है, हृदय की नहीं। मन सदैव सुनिश्चितता और सुरक्षा चाहता रहता है, तो क्या मन द्वारा प्रेम सुनिश्चत किया जा सकता है? काल में जीने वाले मन की पहुंच क्या उस प्रेम तक हो सकती है जो स्वयं में अनंत व असीम है?

परंतु हृदय के प्रेम के अपने चकमे हैं, क्योंकि हमने हृदय को इतना भ्रष्ट कर दिया है कि वह अनिश्चत व भ्रमित हो गया है, इसी कारण जीवन इतना वेदनामय और नीरस हो गया है। एक पल हम सोचते हैं कि हममें प्रेम है, परंतु दूसरे ही पल वह तिरोहित हो जाता है। एक अकल्पनीय ऊर्जा का आगमन होता है, वह ऊर्जा मन की नहीं होती, और उसके स्रोत को मापा नहीं जा सकता। फिर यह ऊर्जा मन द्वारा नष्ट कर दी जाती है, क्योंकि इस युद्ध में मन सदैव विजयी होता लगता है। हमारे भीतर चल रहे इस द्वंद्व का समाधान चालाक मन या अनिश्चत हृदय द्वारा नहीं किया जा सकता। इस द्वंद्व का अंत करने का कोई साधन, कोई तरीका नहीं है। किसी साधन की तलाश मन की दूसरी चाहत

बन जाती है—स्वामी बनने के लिए, शांति पाने हेतु, द्वंद्व का अंत करने के लिए, प्रेम पाने के लिए, या कुछ बन जाने के लिए।

— 6 —

प्रेम आपका या मेरा नहीं होता

हमारे लिए अच्छी तरह और गहराई तक यह समझ लेना अत्यंत कठिन है कि प्रेम को किसी भी तरह से मन का इच्छित लक्ष्य नहीं बनाया जा सकता। यदि हम यह बात वास्तव में और गहराई से समझ लें तो कुछ ऐसा ग्रहण कर पाने की संभावना बनती है जो अलौकिक है, इस दुनिया का नहीं है। उसके स्पर्श के बिना हम चाहे जो करते रहें, हमारे संबंधों में स्थायी प्रसन्नता नहीं आ सकती। यदि आप उस प्रेम को, उस आशिष को ग्रहण कर पाये हैं और मैं नहीं, तो स्वाभाविक है कि आप और मैं द्वंद्व में रहेंगे। हो सकता है कि आप द्वंद्वग्रस्त न रहें, परंतु मैं तो रहूंगा ही और अपनी इस पीड़ा और दुख के कारण मैं स्वयं को अलग-थलग कर लूंगा। दुख भी उतना ही बिलगावकारी होता है जितना सुख, अतः जब तक मुझ में ऐसा प्रेम न आ जाए जो कि मेरे द्वारा गढ़ा न गया हो, तब तक संबंध पीड़ाप्रद बना रहेगा। जब प्रेम का आविर्भाव होता है तब मैं जैसा भी हूं, आप मुझे प्रेम करेंगे ही, क्योंकि तब आप प्रेम को मेरे बर्ताव के अनुसार रूप व आकार नहीं दे रहे होंगे।

— 7 —

वह क्या है जो हमारे संबंधों में नीरसता ले आता है

यदि आप ध्यान दें तो आप देखेंगे कि जो चीज़ हमारे संबंधों में नीरसता ले आती है वह है विचार करना, हिसाब-किताब करना, गुण-विवेचन करना, मूल्यांकन करना, स्वयं को काट-छांट करके दूसरे के अनुकूल बनाना। और, जो वास्तव में हमें इस सब से मुक्त करता है वह है प्रेम, जो कि विचार की प्रक्रिया नहीं है।

— 8 —
प्रेम का अभाव है विवाह का आविष्कार

जब प्रेम न हो, तब एक संस्था के रूप में विवाह की स्थापना आवश्यकता बन जाती है। यदि प्रेम है तो यौनाचार, सेक्स कोई समस्या नहीं बनता—यह तो प्रेम का अभाव है जो इसे समस्या बना देता है। आप जानते हैं न, कि जब आप किसी से वास्तव में गहराई से प्रेम करते हैं—मन के स्तर पर नहीं, बल्कि दिल की गहराइयों से, तब आप उस साथी के साथ हर उस चीज़ को बांटते हैं जो आपके पास है, केवल तन ही नहीं बल्कि सब कुछ। अपनी कठिनाई में आप उससे सहायता के लिए कहते हैं और वह सहायता करता है या करती है। जब आप किसी से प्रेम करते हैं तब पुरुष या स्त्री जैसा कोई विभाजन रह नहीं जाता, परंतु जब आप उस प्रेम को नहीं जानते हैं, तब यौनाचार समस्या बन जाता है।

— 9 —
तुष्टि में प्रेम की लौ नहीं होती

प्रश्नकर्ता : आपने स्वयं की तुष्टि के लिये दूसरे का उपयोग करने पर आधारित संबंध का ज़िक्र किया है, और आपने अक्सर उस अवस्था की ओर भी संकेत किया है जिसे प्रेम कहा जाता है। आपका प्रेम से तात्पर्य क्या है?

कृष्णमूर्ति : हम जानते हैं कि हमारे संबंध क्या हैं—वे पारस्परिक तुष्टीकरण और उपयोग ही तो हैं, यद्यपि हम उन्हें प्रेम नाम की चादर ओढ़ा देते हैं। उपयोगिता में, जिस चीज़ का हम उपयोग करते हैं, उसके प्रति सहदयता और उसकी सुरक्षा का भाव तो हमारे मन में रहता ही है। हम अपनी सरहदों की, अपने ग्रंथों और संपत्ति की सुरक्षा करते हैं। इसी प्रकार हम अपनी पत्नियों, अपने परिवारों और अपने समाज की सुरक्षा के प्रति सावधान रहते हैं, क्योंकि उनके बिना तो हम अकेले पड़ जाएंगे, कहीं के नहीं रहेंगे। बच्चे के बिना अभिभावक अकेला महसूस करते हैं। जो आप नहीं हो सके, बच्चा वह बनेगा, और इस प्रकार बच्चा गुरूर का, फख़-औ'-नाज़ का साधन बन जाता है। हम आवश्यकता और उपयोग का ही संबंध जानते हैं। हमें डाकिये की आवश्यकता है और उसे हमारी, फिर भी हम यह नहीं कहते कि हम डाकिये को प्रेम करते हैं, परंतु हम यह तो कहते

ही हैं कि हम अपनी पत्नी और बच्चों को प्रेम करते हैं, भले ही हम उनका अपनी व्यक्तिगत तुष्टि के लिये उपयोग करते हों, और देशभक्त कहलाये जाने के गर्व के लिए हम उनकी बलि देने को तैयार रहते हैं। हम इस प्रक्रिया को भली-भांति जानते हैं, और यह बात साफ है कि इसे प्रेम नहीं कहा जा सकता। वह प्रेम जो उपयोग करता है और फिर खेद महसूस करता है, वह प्रेम नहीं हो सकता, क्योंकि प्रेम मन का मामला नहीं होता।

आइए अब हम परखें, अन्वेषण करें कि प्रेम क्या है। इसका अन्वेषण केवल शाब्दिक रूप में न करके उस अवस्था को वास्तव में अनुभूत करें। जब आप मुझे गुरु के रूप में और मैं आपको शिष्य के रूप में इस्तेमाल करता हूं, तब यह पारस्परिक शोषण हुआ। इसी प्रकार जब आप अपनी पत्नी या बच्चों को अपनी बेहतरी या बढ़ोतरी के लिये प्रयोग करते हैं, तब वह भी शोषण ही है। निश्चय ही, वह प्रेम नहीं है। जब प्रयोग होता है तब स्वामित्वभाव तो होगा ही, और स्वामित्व निश्चित रूप से भय को जन्म देता है, और भय के साथ ईर्ष्या, डाह और शक भी चले आते हैं। जहां उपयोग होता है वहां प्रेम नहीं हो सकता, क्योंकि प्रेम मन का विषय नहीं है। किसी व्यक्ति के बारे में सोचना उससे प्रेम करना नहीं होता। आप किसी व्यक्ति के बारे में तभी सोचते हैं जब वह उपस्थित न हो, या वह मर चुका हो, या आपको छोड़कर चला गया हो, या जब वह आपको 'वह' कुछ न दे रहा हो जो आप उससे चाहते हैं। तब आपकी आंतरिक अपूर्णता मन को सोचने की प्रक्रिया में डाल देती है। यदि वह व्यक्ति आपके निकट ही है तब आप उसके बारे में नहीं सोचते। उसके निकट रहते उसके बारे में सोचना तो बेचैन और अशांत होना है, और आप यह मानकर चलते हैं कि वह यहीं तो है। आदत तो भूलने और शांति के साथ रहने का एक साधन है, ताकि आप चैन से रह सकें। इस प्रकार, उपयोग हमें अपरिहार्य रूप से अनम्यता की ओर, असंवेदनशीलता की ओर ले जाता है—और, यह प्रेम नहीं होता।

वह कौन सी अवस्था है जब सकारात्मक या नकारात्मक रूप से अपनी आंतरिक अपूर्णता को ढांपने के लिये साधनरूपी यह विचार प्रक्रिया अर्थात यह उपयोग न हो? वह कौन सी अवस्था है, जिसमें आत्म-तुष्टि का कोई भाव ही न हो? आत्म-तुष्टि चाहना मन का स्वभाव ही है। सेक्स एक संवेदन है—मन द्वारा चित्रित व रचित—फिर मन या तो कुछ करता है या नहीं करता। यह सनसनाहट विचार का खेल है—प्रेम नहीं है। जहां मन हावी होता है और विचार प्रक्रिया महत्त्वपूर्ण, तो वहां प्रेम नहीं होता। उपयोग की, विचारणा की, कल्पना

की, स्वामित्व की, अपने खोल में सिमटे रहने की, अलगाव की यह प्रक्रिया—यह सब धुआं है और जब यह धुआं नहीं रहता, तभी प्रेम की लौ जगती है। कभी-कभी यह दीप्यमान्, भरपूर, संपूर्ण लौ हममें जगती तो है, परंतु धुआं पुनः लौट आता है...

— 10 —

ब्रह्मचर्य या स्वच्छंद यौनाचार—इन विपरीतताओं के समर्थक न बनें

जो लोग ईश्वरप्राप्ति के लिये ब्रह्मचर्य पर चलने का प्रयत्न कर रहे हैं वे अपवित्र हैं, दूषित हैं, क्योंकि वे कोई परिणाम या कुछ हासिल करना चाहते हैं, इसलिए उन्होंने यौनाचार के विकल्पस्वरूप ईश्वरप्राप्ति के इस लक्ष्य, इस परिणाम को अपने सामने रख लिया है—यह उनका भय है। उनका हृदय प्रेमविहीन होता है। मन और हृदय जब भय के भार से और सनसनाहट देने वाली आदतों के चक्र से मुक्त हो जाते हैं, उनमें जब उदारता और करुणा का वास हो जाता है, तब प्रेम विद्यमान रहता है। ऐसा प्रेम ही अदूषित, पवित्र होता है।

— 11 —

ऐसा क्यों है कि यौनाचार और विवाह इतनी बड़ी समस्या बन गये हैं?

यौनाचार की मांग को प्रज्ञापूर्वक पूरा करना और उसे समस्या में तब्दील न होने देना कैसे संभव है?

यौनाचार से, सेक्स से आपका क्या तात्पर्य है? यह पूरी तरह एक शारीरिक क्रिया है या वह विचार है जो इस क्रिया को उत्तेजित करता है, उकसाता है और उसके लिए उतावला बनाता है। निश्चय ही, यौनाचार मन की उपज है, और चूंकि यह मन की उपज है इसीलिए मन इसे अंजाम देना चाहता है, अन्यथा वह खिन्न, कुंठित हो जाता है...

ऐसा क्यों है कि यौनाचार हमारे जीवन की इतनी बड़ी समस्या बन बैठा है। आइए, इस पर विचार-विमर्श करें—कोई लक्ष्मणरेखा खींचे बिना, व्यग्रता, भय या भर्त्सना के बिना देखें कि यह समस्या क्यों बन गया है। निश्चय ही, आपमें

से अधिकांश के लिये यह समस्या ही है। क्यों? आपने शायद स्वयं से यह नहीं पूछा है कि यह एक समस्या क्यों है। आइए, इसका पता लगाएं।

यौनाचार एक समस्या है, क्योंकि, ऐसा प्रतीत होता है कि इस क्रिया में अहं का, स्व का संपूर्ण अभाव हो जाता है। उस पल आप सुखमय हो जाते हैं क्योंकि उस पल खुदी के एहसास का, 'मैं' का अवसान हो गया होता है। इसीलिए इसे अधिकाधिक चाहना—पूर्ण एकीकरण और विलय के फलस्वरूप भरपूर खुशी देने वाली स्व-निषेध की इस अवस्था को और-और चाहना—स्वभावतः महत्त्वपूर्ण हो जाता है। क्योंकि यह कुछ ऐसा है जो मुझे विशुद्ध आह्लाद और पूर्ण आत्म-विस्मरण का लाभ देता है, अतः मैं इसे बारंबार चाहता हूं। परंतु मैं इसे अधिकाधिक चाहता क्यों हूं? क्योंकि अन्यत्र सर्वत्र मैं द्वंद्वमय रहता हूं, क्योंकि बाकी सब जगह जीवन के हर स्तर पर अहं, स्व प्रबल होता रहता है। आर्थिक, सामाजिक और धार्मिक रूप से अहंभाव निरंतर फूलता जाता है। यह द्वंद्व ही है। आखिर, आपको झिझक और जकड़न तभी धर दबोचती है जब द्वंद्व होता है। स्व की पकड़ का, खुदी के एहसास का मतलब ही है द्वंद्व का, टकराव का होना। तो, अन्यत्र सर्वत्र हम द्वंद्व में ही रहते हैं। वस्तुओं, व्यक्तियों और विचारों के साथ अपने संबंधों में हम द्वंद्व, पीड़ा, संघर्ष और दुख के साथ रहते हैं, परंतु इसी एक क्रिया में इन सभी का अवसान हो जाता है। स्वाभाविक ही, आप इसे और-और चाहेंगे क्योंकि यह आप को सुखमय बनाती है। जबकि, अन्य सभी क्रियाएं आपको दुख, विक्षोभ, द्वंद्व, उलझन, विरोध-प्रतिरोध, चिंता और विनाश ही देने वाली होती हैं। ऐसे में यौनाचार ही एकमेव सार्थक और एकमेव महत्त्वपूर्ण घटना जान पड़ती है।

तो, निश्चय ही यौनाचार कोई समस्या नहीं है, समस्या है कि 'मैं' से मुक्त कैसे हुआ जाए..

महोदय, अहं का, स्व का कोई वस्तुगत अस्तित्व नहीं है जिसका अध्ययन-परीक्षण किसी सूक्ष्मदर्शी यंत्र के नीचे रखकर अथवा ग्रंथों या सूत्रों के माध्यम से किया जा सके, भले ही वे कितने भी अर्थपूर्ण और दमदार क्यों न हों। इसे तो केवल संबंधों में ही समझा जा सकता है। आखिर, द्वंद्व भी तो संबंधों में ही होता है, चाहे वह वस्तु के साथ हो, विचार के साथ हो, अपनी पत्नी या अपने पड़ोसी के साथ हो। इस प्रकार इस मूलभूत द्वंद्व का निवारण किये बिना, यौनाचार से अपेक्षित बस उस निजात से, उस रिहाई से चिपके रहना निश्चित ही असंतुलन की निशानी है। और, ठीक ऐसा ही तो है हमारे साथ। हम असंतुलित हैं, क्योंकि

यौनाचार हमारे लिए पलायन की राह बन गया है, और यह समाज और तथाकथित आधुनिक संस्कृति ऐसा करने में हमारा साथ दे रहे हैं। तनिक इन विज्ञापनों, सिनेमाओं, व्यंजक मुद्राओं व भाव-भंगिमाओं और देह-प्रदर्शनों को तो देखिए।

आपमें से अधिकांश का विवाह तभी हो गया था जब आप बिलकुल युवा थे, जब शारीरिक आवेग प्रबल था। आपने पत्नी या पति को पा लिया, और उस पत्नी या पति के साथ आपको अपनी बाकी ज़िंदगी बितानी है। और आपका संबंध केवल शारीरिक होता है, और अन्य सभी बातें या चीज़ें उसी के अनुसार समायोजित कर ली जाती हैं। फिर क्या होता है? आप शायद बुद्धिजीवी हों और वह बहुत भावुक हो, आपका उससे मिलना कहां हो पाता है? या, वह बहुत यथार्थवादी हो और आप कल्पनाओं में खोये रहने वाले, अनिश्चित, और कुछ हद तक उदासीन। तो जब आप उसका उपयोग करते हैं, तब आपका और उसका संबंध क्या हो पाता है? हमारे विवाह उसी धारणा, उसी आवेग पर आधारित हैं, और इन विवाहों में जितने अधिक विरोध-प्रतिरोध और द्वंद्व पनप रहे हैं, उतने ही तलाक बढ़ रहे हैं।

तो इस समस्या को समझदारी से सुलझाया जाना चाहिए, जिसका अर्थ है कि हमें अपनी शिक्षा का संपूर्ण आधार बदलना होगा, परंतु इसके लिए जीवनविषयक तथ्यों को ही नहीं, बल्कि दिन-प्रतिदिन के जीवन को भी समझने की आवश्यकता है, केवल शारीरिक आवेगों, यौनावेग को ही जानने-समझने की नहीं, बल्कि यह देखने की भी आवश्यकता होगी कि हम इस सब के साथ प्रज्ञापूर्वक कैसे दो-चार हों।

— 12 —

अंतर्दृष्टि इस सब में विचार की सीमाओं को देख पाती है

करुणा और दया, क्षमा और आदर भावनाएं नहीं हैं। प्रेम तब आता है जब भावुकता, भावावेग और उपासना-भाव का अवसान हो जाता है। उपासना प्रेम नहीं होती, वह तो अहं-विस्तार का ही एक रूप है। आदर थोड़े से लोगों के लिए ही नहीं बल्कि मानव मात्र के लिए हो, आदर का ऊंचे-नीचे से कोई सरोकार नहीं होता। उदारता और दया का कोई पारितोषिक नहीं होता।

एकमेव प्रेम ही उन्माद, विभ्रम और कलह का रूपांतरण कर सकता है।

विवाह : प्रेम और यौनाचार / 197

अन्य कोई भी ढांचा, कोई भी मत-सिद्धांत—चाहे वह वामपंथी हो या दक्षिणपंथी—मानव को शांति व खुशी नहीं दे सकता। जहां प्रेम होता है वहां स्वामित्वभाव की, ईर्ष्या की कोई जगह नहीं, वहां तो विद्यमान होती है उदारता और करुणा—केवल सिद्धांततः नहीं बल्कि वस्तुतः—अपनी पत्नी के प्रति, अपने बच्चों के प्रति, अपने पड़ोसी के प्रति...

जब 'आप' नहीं रहते तब आता है प्रेम— अपने सारे आशिष के साथ।

— 13 —

क्या प्रेम कुछ ठहर गया-सा और गतिहीन हो सकता है?

किसी विषय-सुख का अनुभव उसे पुनः पुनः पाने की चाहत हममें पैदा कर देता है, तथा यह 'और-और' की चाहत अपने सुख में सुरक्षित रहने की तलब होती है। यदि हम किसी को प्रेम करते हैं तो इस बात की सुनिश्चितता चाहते हैं कि हमें उससे प्रेम का प्रतिदान मिले। इसलिए हम ऐसा संबंध स्थापित करने में लग जाते हैं जिससे हम यह आशा करते हैं कि वह स्थायी रहेगा। हमारा सारा समाज इसी प्रकार के संबंध पर आधारित है। परंतु, क्या इसमें कुछ भी ऐसा है जो स्थायी है? है कुछ? क्या प्रेम स्थायी है? संवेदन को स्थायी बनाने की हमारी निरंतर इच्छा रहती है, है न? और ऐसा कुछ हमारे पास से गुज़र कर निकल जाता है जिसे स्थायी बनाना संभव नहीं है—और वह है प्रेम।

— 14 —

विवाह के संदर्भ में : यदि आप महत्त्वपूर्ण हैं, तो प्रेम नहीं होगा

हम विवाह की समस्या को समझने का प्रयास कर रहे हैं और इसमें यौन-संबंध, प्रेम, संग-साथ, घनिष्ठता—सभी निहित हैं। यह स्पष्ट है कि यदि प्रेम का अभाव है, तो विवाह एक अशोभनीय स्थिति बन जाता है, है न? तब यह केवल तुष्टीकरण रह जाता है। प्रेम करना कठिनतम कार्यों में से एक है। प्रेम का आगमन, प्रेम का अस्तित्व तभी हो सकता है जब अहं न रहे। प्रेम के अभाव में संबंध एक पीड़ा बन कर रह जाता है। वह संबंध चाहे जितना तुष्टिकारक हो अथवा सतही हो, वह ऊब

की ओर, एक दस्तूर या आदत बन जाने की ओर चलने लगता है, जहां इनसे संबंधित उलझाव भी इसमें शामिल होते चले जाते हैं। तब यौनाचार-समस्या सर्वप्रमुख हो जाती है। विवाह के बारे में यह विचार करने से पूर्व कि यह आवश्यक है या नहीं, हमें सर्वप्रथम इसका व्यापक अर्थ समझ लेना चाहिये। निश्चय ही प्रेम पवित्र होता है। प्रेम के बिना आप पवित्र 'हो' नहीं सकते। भले ही आप, पुरुष या स्त्री, यौनाचाररहित जीवन बिता रहे हों, परंतु यदि आप में प्रेम नहीं है तो यौनाचाररहित जीवन जीने भर से आप पवित्र, परिशुद्ध नहीं हो जाते। यदि आपके मन में पवित्रता का कोई आदर्श है अर्थात आप पवित्र बनना चाहते हैं तो इसमें कोई प्रेम नहीं है क्योंकि यह तो आपकी कुछ ऐसा बनने की इच्छा मात्र है जिसे आप आदर्श मानते हैं, जिसे आप सत्य को पाने में सहायक होना मानते हैं, परंतु इसमें लेशमात्र भी प्रेम नहीं होता। स्वेच्छाचारी यौनाचार पवित्रता नहीं है, क्योंकि यह तो पतन की ओर, दुख की ओर ले जाने वाला है। किसी आदर्श का अनुसरण करना भी वहीं ले जाता है। दोनों प्रेम का बहिष्कार करते हैं, दोनों में कुछ बनना, किसी चीज़ में लिप्त रहना निहित है, ताकि आप महत्त्वपूर्ण बन जाएं। और, जब आप महत्त्वपूर्ण होते हैं, प्रेम होता ही नहीं।

— 15 —

आदत में प्रेम नहीं रहता

वैवाहिक संबंधों का आदत में शुमार हो जाना, उसके सुख का आदी हो जाना उन्हें अवनति की ओर ले जाना है, क्योंकि आदत में प्रेम नहीं रह जाता।

केवल उन बहुत ही थोड़े से लोगों के लिए, जो प्रेम करते हैं, वैवाहिक संबंध सार्थक होते हैं, और तब वह संबंध अटूट होता है, तब वह उनके लिए कोई आदत या सुविधा नहीं रह जाता और न ही वह शारीरिक अथवा यौन आवश्यकताओं पर टिका रहता है। बिना किसी शर्त किये जाने वाले उस प्रेम में दोनों के व्यक्तित्व का विलय हो जाता है। ऐसे ही संबंधों में समाधान भी निहित है और आशा भी।

परंतु आप लोगों में अधिकतर के वैवाहिक संबंधों में यह विलय नहीं हो पाता। आप दो भिन्न व्यक्तियों के विलय के लिये आवश्यक है कि आप स्वयं को जानें और दूसरा भी स्वयं को जाने। इसका अर्थ हुआ प्रेम करना। परंतु आपके संबंधों में प्रेम तो है ही नहीं—और यह एक सीधी-सादी सच्चाई है। प्रेम सदा ताज़ा

व नवीन रहता है, यह महज़ तुष्टि, महज़ कोई आदत नहीं है। यह बिना शर्त होता है। आप अपने पति या अपनी पत्नी से ऐसा प्रेम नहीं करते, नहीं न? आप अपने खोल में बंद रहते हैं और वह अपने खोल में। आपने एक सुनिश्चित यौन-संबंध की एक आदत सी पाल ली है। जिस व्यक्ति की आय सुनिश्चित हो जाती है, उसका क्या होता है? निश्चय ही, उसका ह्रास होने लगता है। आपने ऐसा देखा है न? जिस व्यक्ति की आय सुनिश्चित हो गई हो, उसे ध्यान से देखिए। आप देखेंगे कि कितनी तेजी से उसका मन बिखरता-मुरझाता जा रहा है। भले ही उसकी ऊंची प्रतिष्ठा हो, मान-सम्मान हो, परंतु जीवन का वास्तविक आनंद तो उसमें से तिरोहित हो गया होता है।

इसी प्रकार आपका विवाह हो गया है जिससे आप को स्थायी विषय-सुख उपलब्ध होने लगा है। यह एक ऐसी आदत बन चुका है जिसमें कोई समझ नहीं है, कोई प्रेम नहीं है, बस आप इस अवस्था में रहने के लिये बाध्य रहते हैं। मैं यह नहीं कह रहा हूं कि आपको क्या करना चाहिए, मेरा तो कहना यह है कि पहले समस्या को तो देखिए। क्या आप समझते हैं कि यह अवस्था सही है? इसका यह अर्थ बिल्कुल नहीं है कि आप अपनी पत्नी को परे धकेल दें और किसी अन्य के पीछे लग जाएं। संबंध का अर्थ क्या है? निश्चय ही, इसका अर्थ है किसी के साथ एकलय होकर रहना। परंतु आपकी अपनी पत्नी के साथ शारीरिक घनिष्ठता के अलावा भी क्या कोई घनिष्ठता है? एक शरीर के अलावा क्या आप उसे अन्यथा भी जानते-समझते हैं? क्या वह आपको जानती-समझती है? क्या आप दोनों ही अपने-अपने खोल में बंद नहीं हैं? दोनों में से हर एक क्या अपने ही हितों, आकांक्षाओं और आवश्यकताओं की तलाश में नहीं रहता, क्या हर एक दूसरे से तुष्टीकरण तथा आर्थिक या मनोवैज्ञानिक सुरक्षा की चाह में नहीं रहता? ऐसा संबंध कोई संबंध नहीं है—यह तो मनोवैज्ञानिक, शारीरिक और आर्थिक आवश्यकताओं के लिए पारस्परिक रूप से एक छत के नीचे रहने का सिलसिला मात्र है—और इसका स्पष्ट दिखता परिणाम है द्वंद्व, दुख, छिद्रान्वेषण, स्वामित्वभाव व उससे जुड़ा भय, ईर्ष्या आदि-आदि।

अतः आदत बना हुआ विवाह और उसमें विषय-सुख का आदी हो जाने की अवस्था विवाह को विरस करने वाला कारक है, क्योंकि आदत में प्रेम नहीं रह जाता। आदी हो जाना प्रेम नहीं है। प्रेम तो कुछ ऐसी अवस्था है जो आह्लादप्रद, सर्जनात्मक और नितनूतन है।

उत्कटता

— 1 —

उत्कटता के बिना जीवन खोखला है

हममें से अधिकांश लोग उत्कटता को एक ही चीज़ से जोड़ कर देखते हैं—यौनाचार से, या फिर जोड़ते हैं दिलसोज़ यानी दर्दनाक तरीके से दुखी होने और उस दुख के समाधान का प्रयास करने से। परंतु मैं इस उत्कटता शब्द को मन की एक अवस्था, जीवंतता की एक अवस्था, आपके अंतरतम की एक अवस्था के रूप में प्रयुक्त कर रहा हूं। जब यह अवस्था आ जाती है तब अनुभूति बहुत सशक्त हो जाती है, बहुत संवेदनशील हो जाती है। इस अवस्था में संवेदनशीलता हर स्थिति के प्रति समान होती है—गंदगी, दीनता, विपन्नता, भव्यता, संपन्नता, भ्रष्टता, किसी वृक्ष की, किसी पक्षी की सुंदरता, किसी जलधारा का प्रवाह, ढलती सांझ के आकाश को प्रतिबिंबित करता कोई ताल-तलैया—सभी के प्रति। इस सब को

गहनता से, प्रबलता से महसूस करना आवश्यक है, क्योंकि बिना उत्कटता के जीवन खोखला और उथला हो जाता है, उसका कोई विशेष अर्थ नहीं रह जाता है। यदि आप किसी वृक्ष की सुंदरता को नहीं देख सकते, उस वृक्ष से प्रेम नहीं कर सकते, उसकी भरपूर देखभाल नहीं कर सकते, तो आप जी नहीं रहे हैं।

— 2 —

बिना उत्कट बने आप प्रेम कैसे कर सकते हैं?

यदि आप उत्कट नहीं हैं, तो संवेदनशील नहीं हो सकते। इस उत्कट शब्द से घबराएं नहीं। अधिकांश धार्मिक ग्रंथ, अधिकांश गुरु, स्वामी और इसी प्रकार के लोग कहते आये हैं, ''आवेग से, उत्कटता से बचो''। परंतु आपमें उत्कटता नहीं है तो आप संवेदनशील कैसे हो सकते हैं—कुरूपता के प्रति, सुंदरता के प्रति, सरसराती पत्तियों के प्रति, सूर्यास्त के प्रति, मुस्कान के प्रति, रुदन के प्रति? उस उत्कटता के बिना जिसमें आत्मोत्सर्ग का भाव निहित है, आप संवेदनशील कैसे हो सकते हैं? महोदय, कृपया सुनिए और यह मत पूछिए कि उत्कटता कैसे प्राप्त की जाए। मैं जानता हूं कि आपके दिल में कोई बढ़िया रोज़गार पाने के लिए या किसी गरीब से अरुचि रखने में या किसी के प्रति ईर्ष्या को लेकर खूब गर्मी है, खूब जज़्बा है। परंतु मैं एक बिलकुल भिन्न बात कह रहा हूं। मेरा अभिप्राय उस आवेग से है, उस उत्कटता से है जिसमें प्रेम होता है। प्रेम एक ऐसी अवस्था है जिसमें 'मैं' होता ही नहीं, यह एक ऐसी अवस्था है जिसमें कोई निंदा होती ही नहीं—न यह कहना कि यौनाचार उचित है या अनुचित, न यह कहना कि यह अच्छा है या बुरा। प्रेम इन सभी विरोधाभासात्मक बातों में से नहीं है। प्रेम विरोधाभास नहीं होता। अतः यदि किसी में उत्कटता नहीं है, तो वह प्रेम कैसे कर सकता है? बिना उत्कटता के कोई संवेदनशील कैसे हो सकता है? संवेदनशील होना अपने पड़ोसी की नज़दीकी महसूस करना है, यह नगर को उसके भद्देपन, उसकी फटेहाली, गंदगी और गरीबी के साथ देखना है, साथ ही नदी, समुद्र और आकाश की सुंदरता को देखना है। यदि आपमें उत्कटता नहीं है तो आप इन सब चीज़ों के प्रति संवेदनशील कैसे हो सकते हैं? आप किसी मुस्कान को, किसी आंसू को कैसे महसूस कर सकते हैं? निश्चित जानिए प्रेम ही जज़्बा है, उत्कटता है।

उत्कटता में जोखिम

केवल वही मन जो सीख रहा होता है, उत्कट हो सकता है। हम इस उत्कट शब्द का प्रयोग किसी चरम विषय-सुख के अर्थ में नहीं कर रहे हैं, बल्कि इसे मन की एक ऐसी अवस्था के लिए प्रयुक्त कर रहे हैं जो सदैव सीखने में रत है, और इसीलिए वह सदैव उत्सुक, जीवंत, गतिशील, सक्षम, ऊर्जस्वी और युवा रहती है—अतः संवेदनशील रहती है। हममें से बहुत कम लोगों में उत्कटता है। ऐंद्रिक सुख तो हममें हैं—कामुकता है, भोगवृत्ति है, परंतु यह उत्कट भाव हम में से अधिकांश में नहीं है। अपने व्यापक भाव व अर्थ वाली उत्कटता के बिना आप सीख कैसे सकते हैं, नयी-नयी बातों का अन्वेषण कैसे कर सकते हैं, जिज्ञासा कैसे कर सकते हैं, जिज्ञासा के साथ-साथ कैसे चल सकते हैं?

एक बात और, जो मन बहुत उत्कट होता है वह हमेशा जोखिम में रहता है। शायद हममें से अधिकांश लोग अचेतन रूप से उस उत्कट मन से परिचित रहते हैं जो सीख रहा है। और इसीलिए क्रियाशील है, और चूंकि अचेतन रूप से हम विफल रहे हैं, इसलिए शायद यह भी एक कारण है कि क्यों हम कभी उत्कट नहीं बन पाते। हम सम्माननीय हैं अतः जैसा सब करते हैं, वैसा ही हम करते हैं। हम दूसरों की बातें मान लेते हैं अतः वे जैसा कहते हैं हम वैसा करते हैं। हमारे पास आदरणीयता, कर्तव्यपरायणता जैसे अनेक शब्द हैं जिनकी आड़ में हम इस सीखने की क्रिया का गला घोंटते रहते हैं।

4

सीखते चलिए, किसी खांचे में अटके मत रह जाइए

जैसा मैंने कहा, सीखने की यही क्रिया अनुशासन है। इस अनुशासन में किसी प्रकार का कोई अंधानुकरण नहीं होता, अतः दमन भी नहीं होता, क्योंकि जब आप अपनी भावनाओं के बारे में, अपने क्रोध के बारे में, अपनी यौन-क्षुधा के बारे में या इसी प्रकार की अन्य बातों के बारे में जान रहे होते हैं, सीख रहे होते हैं, तब दमन की या लिप्तता की नौबत ही नहीं आती। परंतु यह कठिनतम कार्यों में से एक है क्योंकि हमारी तमाम परंपराओं ने, हमारे सारे अतीत ने, हमारी

स्मृति और आदतों ने हमारे मन को एक विशेष प्रकार के खांचे में बैठा दिया है। हमारे लिये इस खांचे के अनुसार चलना सरल रहता है और हम इस खांचे से किसी भी तरह विस्थापित होना भी नहीं चाहते। अतः हममें से अधिकांश के लिए अनुशासन केवल एक अंधानुकरण होता है, दमन और अनुसरण होता है जो अंततोगत्वा एक सम्माननीय जीवन की ओर ले जाता है—बशर्ते कि उसे जीवन कहा जा सके। जो व्यक्ति सम्माननीयता, दमन, अनुसरण और अनुकरण की चारदीवारी में बंदी है, वह जी थोड़े ही रहा है। जो कुछ उसने जाना है, जो कुछ उसने हासिल किया है, वह है किसी सांचे के अनुरूप ढल जाना। और, जिस भी अनुशासन का उसने पालन किया है उसने उसे बरबाद कर डाला है।

अध्याय सात

सत्य, ईश्वर, मृत्यु

— 1 —

मृत्यु से हमारा अभिप्राय क्या है?

हम चाहें या न चाहें, मृत्यु सदैव हमारी प्रतीक्षा में रहती है। आप भले ही अनेक उपाधियों से अलंकृत कोई उच्च सरकारी अधिकारी हों या धन-संपदा, प्रतिष्ठा, मान-सम्मान से विभूषित कोई व्यक्ति हों, परंतु सब के अंतिम छोर पर यह अपरिहार्य मृत्यु उपस्थित रहती है। तो, मृत्यु से हमारा अभिप्राय क्या है? मृत्यु का अर्थ हम यही लगाते हैं—निरंतरता का अंत, है न? एक तो होती है शारीरिक मृत्यु, जिसे लेकर हमें कुछ व्यग्रता रहती है, परंतु यह तो हल हो जाएगी, यदि हम किसी भी अन्य रूप में बने रह सकें। इसीलिए जब हम मृत्यु के बारे में जानना चाहते हैं, तब हमारा सरोकार इस बात से रहता है कि निरंतरता रहती है अथवा नहीं। और वह क्या है जो निरंतर रहता है—स्पष्ट है कि वह आपका शरीर तो नहीं है क्योंकि हम प्रतिदिन देखते हैं कि जो लोग मर जाते हैं, उन्हें दहन या दफन कर दिया जाता है।

– 2 –
निरंतर क्या रहता है?

अतः निरंतरता से हमारा अभिप्राय अतींद्रिय सुख की निरंतरता से है—मनोवैज्ञानिक निरंतरता, वैचारिक निरंतरता, चारित्रिक निरंतरता, जिसका हमने आत्मा या ऐसा ही कोई नामकरण कर दिया है। हम जानना चाहते हैं कि क्या विचार निरंतर रहता है? अर्थात मैंने ध्यान लगाया है, मैंने अनेक बातों का अभ्यास किया है, मैं अपना पुस्तक-लेखन अभी पूरा नहीं कर पाया हूं, अभी मेरी आजीविका शेष है, अभी मैं दुर्बल हूं और सबल होने के लिए मुझे समय चाहिये, मैं अपने सुखों को बनाए रखना चाहता हूं इत्यादि, परंतु मुझे डर है कि मृत्यु इस सब को थाम देगी। इस प्रकार, मृत्यु एक प्रकार की खिन्नता है, कुंठा है, नहीं क्या? मैं कुछ कर रहा हूं और उसका थम जाना मुझे मंजूर नहीं, मैं स्वयं की पूर्ति के लिये निरंतरता चाहता हूं। तो, क्या निरंतरता द्वारा स्वयं की पूर्ति की जा सकती है। स्पष्ट है कि निरंतरता द्वारा एक तरह की पूर्ति तो होती ही है, यदि मैं कोई पुस्तक लिख रहा हूं तो उसे पूरा करने तक मैं मरना नहीं चाहूंगा, एक चरित्र विशेष विकसित करने के लिये या इसी प्रकार के अन्य कार्यों के लिये समय तो चाहिये ही।

– 3 –
कामनाओं का काल में विस्तार है निरंतरता

तो मृत्यु से भय होता है जब स्वयं की पूर्ति की इच्छा रहती है, क्योंकि स्वयं की पूर्ति के लिये समय चाहिये, दीर्घायु चाहिये, निरंतरता चाहिये। परंतु यदि आप स्वयं को पल प्रति पल पूरित कर सकते हैं तो आप मृत्यु से भयभीत नहीं रहेंगे।

तो हमारी समस्या है कि मृत्यु के बावजूद निरंतरता कैसे बनायी रखी जाए। और आप मुझसे इस बात की निश्चितता चाहते हैं, अथवा यदि मैं यह निश्चितता नहीं दे पाया तो आप किसी अन्य के पास चले जाएंगे, अपने गुरु, अपने ग्रंथों या ध्यान बंटाने के व पलायन के तमाम तौर-तरीकों की शरण में चले जाएंगे। तो आप मुझे सुनते हुए और मैं आपसे वार्ता करते हुए—हम सभी साथ-साथ

यह जानने की ओर बढ़ रहे हैं कि निरंतरता से वास्तव में हमारा अभिप्राय क्या है, वह क्या है जो निरंतर रहता है—और किसे हम निरंतर बनाये रखना चाहते हैं? ज़ाहिर है कि वह है कामना, इच्छा, है न? मैं शक्तिसंपन्न नहीं हूं, परंतु होना चाहता हूं, मैंने अपना मकान अभी नहीं बनाया है, पर बनवाना चाहता हूं, मैंने अमुक उपाधि प्राप्त नहीं की है, परंतु उसे प्राप्त करना चाहता हूं, मैंने पर्याप्त धन संचय नहीं किया है, परंतु शीघ्र ही करना चाहता हूं, मैं इसी जीवन में ईश्वरप्राप्ति चाहता हूं, आदि, आदि। तो निरंतरता कामना का प्रक्रम है। जब इसका अंत हो जाता है तो आप उसे मृत्यु कह देते हैं, है न? आप इच्छा को उपलब्धि के माध्यम के रूप में निरंतर रखना चाहते हैं, एक ऐसी प्रक्रिया के रूप में जिसके माध्यम से आप स्वयं को पूरित करना चाहते हैं। यह बिल्कुल सीधी-सरल बात है, है न?

— 4 —

विचार निरंतर रहता है

शारीरिक मृत्यु के उपरांत भी विचार निरंतर बना रहता है। इसे सिद्ध भी किया जा चुका है। विचार एक निरंतरता है, क्योंकि आप आखिर हैं क्या? आप केवल एक विचार ही तो हैं, या नहीं? आप किसी नाम का विचार हैं, किसी पद-प्रतिष्ठा का विचार हैं, धन का विचार हैं, आप केवल धारणा हैं। इस धारणा को, इस विचार को तनिक हटा दीजिए, तब आप कहां हैं? इस प्रकार आप 'मैं' के रूप में साकार विचार ही हैं। इसीलिए तो आप चाहते हैं कि विचार निरंतर रहना चाहिए, क्योंकि विचार ही मुझे स्वयं को पूरित करने के योग्य बनाएगा, यह विचार ही अंततोगत्वा यथार्थ को पा लेगा। ऐसा ही है न? इसीलिए आप विचार की निरंतरता चाहते हैं। आप विचार की निरंतरता इसलिए चाहते हैं क्योंकि आप समझते हैं कि विचार ही उस यथार्थ को पाएगा जिसे आप सुख-शांति कहते हैं, ईश्वर कहते हैं या कुछ और कह देते हैं।

तो क्या विचार की निरंतरता से आप यथार्थ को पा सकते हैं? दूसरे शब्दों में यदि पूछें तो क्या विचार-प्रक्रम यथार्थ का अन्वेषण कर पाएगा? आप समझ रहे हैं न कि मेरा अभिप्राय क्या है? मैं सुख-चैन चाहता हूं, और भिन्न-भिन्न साधनों-माध्यमों से इसे तलाशता हूं—संपत्ति, प्रतिष्ठा, संपदा, स्त्री, पुरुष या और

जो कुछ भी। सुख-चैन के लिये यह सब विचार की मांग है, है न? तो क्या विचार सुख-चैन पा सकता है?

— 5 —

नवीकरण में मृत्यु नहीं है

तो मेरा प्रश्न है : विचार-प्रक्रिया की निरंतरता द्वारा क्या कोई नवीकरण, नवजीवन, नूतनता संभव है? आखिर यदि नितनूतनता रहेगी तो हम मृत्यु से भयभीत क्यों रहेंगे। आपके लिये यदि प्रतिपल नूतन है तो मृत्यु है ही नहीं। परंतु यदि आप विचार-प्रक्रिया की निरंतरता चाहते हैं तो आपके लिये मृत्यु भी है और उसका भय भी।

— 6 —

विचार-प्रक्रिया के अवसान द्वारा नवीकरण

जब मैं इस सत्य को जान जाता हूं कि निरंतरता द्वारा नवीकरण संभव नहीं है, तभी मुझमें आशा अवतरित होती है। अब, जब मैं इसे जान जाता हूं तब क्या होता है? तब विचार-प्रक्रम का पल प्रति पल अवसान कर देने से ही मेरा सरोकार रहता है—और यह मानसिक अस्वस्थता बिल्कुल नहीं है।

— 7 —

प्रेम स्वयं अपनी नित्यता है

और यदि प्रेम है तो मृत्यु नहीं है, मृत्यु तभी है जब विचार-प्रक्रिया आरंभ हो जाती है। यदि प्रेम है तो मृत्यु नहीं है, क्योंकि तब कोई भय नहीं रहता, और प्रेम कोई निरंतरता की अवस्था नहीं है, क्योंकि वह तो पुनः विचार-प्रक्रिया ही होगी। प्रेम है केवल पल प्रति पल जीना। अतः प्रेम स्वयं अपनी नित्यता है।

— 8 —

मरण व अमरता

मृत्यु में हम अमरता तलाशते हैं, जन्म और मरण के चलते चक्र में हम स्थायित्व चाहते हैं, समय के प्रवाह में उलझे हुए हम शाश्वतता की लालसा करते हैं। मृत्यु अमरत्व की ओर नहीं ले जाती, अमरत्व तो मृत्युविहीन जीवन में है। चूंकि हम जीवन को कस कर थामे रहते हैं, इसीलिए जीवन में हमें मृत्यु दिखने लगती है। हम संग्रह करते हैं, हम कुछ बन जाते हैं, और चूंकि हम संग्रह कर लेते हैं अतः मृत्यु के चंगुल में आ जाते हैं, और मृत्यु का भान होते ही हम जीवन को पुनः कसकर थाम लेते हैं।

अमरता में विश्वास करना, उसकी आशा रखना अमरता का अनुभव नहीं है। शाश्वत की विद्यमानता के लिए विश्वास और आशा का अंत होना ज़रूरी है। अमरत्व के लिए आपके विश्वासकर्ता वाले रूप का, इच्छाकर्ता वाले रूप का अवसान हो जाना आवश्यक है। आपके ये विश्वास और आशा ही तो आपके अहं को पुष्ट करते हैं।

— 9 —

शाश्वत केवल वर्तमान है

हम जीवन को, वर्तमान को समझ नहीं पाते, इसीलिये हमारी दृष्टि भविष्य पर, मृत्यु पर लगी रहती है।

वर्तमान ही शाश्वत है। समय के माध्यम से समयातीत को अनुभूत नहीं किया जा सकता। वर्तमान की विद्यमानता सदैव रहती है—भले ही आप भविष्य में पलायन करते रहें, परंतु वर्तमान तो विद्यमान रहता ही है।

— 10 —

क्या कोई आनंद चिरस्थायी होता है?

क्या कोई चिरस्थायी आनंद पा लेने की संभावना है? है तो, परंतु उसे अनुभूत

करने के लिए स्वतंत्रता होनी चाहिए । स्वतंत्रता के बिना सत्य का अन्वेषण संभव नहीं है, स्वतंत्रता के बिना वास्तविकता का अनुभव संभव नहीं है। स्वतंत्रता की खोज ज़रूरी है—उद्धारकों से स्वतंत्रता, गुरुओं से, नेताओं से स्वतंत्रता, अच्छे-बुरे की स्वनिर्मित चारदीवारी से स्वतंत्रता, द्वंद्व और दुख के कारक अहं से स्वतंत्रता...

यथार्थ के आनंद में अनुभव तथा अनुभवकर्ता, दोनों का अवसान हो जाता है। अतीत की स्मृति से बोझिल दिलो-दिमाग वर्तमान की शाश्वतता में सांस नहीं ले पाते। शाश्वत में जीने के लिए इनका प्रतिदिन अवसान हो जाना एकदम ज़रूरी है...

अपने अनुभव और अपनी स्मृति के लिए आप मरे समान हो जाइए और, अपने पूर्वाग्रह के लिए भी, चाहे वह प्रिय हो या अप्रिय। इनके प्रति जब आप मनोवैज्ञानिक रूप से मृत हो जाएंगे तब उस निर्दोष अवस्था का आविर्भाव होगा—यह अवस्था शून्यता की नहीं बल्कि सर्जनात्मकता की होगी। यदि यह अवस्था घटित होने दी जाए, तो यह नवीकरण की अवस्था होगी और यह हमारी समस्याओं और व्यथाओं को तिरोहित कर देगी—चाहे वे कितनी ही जटिल व पीड़ादायी क्यों न हों। केवल अहं के, स्व के अवसान में ही जीवन विद्यमान रहता है ।

— 11 —

ज्ञात के खो जाने का भय ही मृत्युभय है

अब, अहं हमारी स्मृतियों के जमघट के अतिरिक्त कुछ और नहीं है। कोई आध्यात्मिक अस्तित्व न तो अहं के रूप में रहता है और न इससे पृथक किसी रूप में, क्योंकि जब आप कहते हैं कि मुझसे पृथक कोई आध्यात्मिक अस्तित्व है तो वह भी विचारों की ही उपज होगा और इसकी स्थिति विचारों की परिधि में ही होगी—और, विचार तो स्मृति ही होता है। तो 'आप', 'मैं', स्व—उच्च या निम्न, आप इसे चाहे जो स्थान दें—यह होता स्मृति ही है...

मृत्यु से हमारा क्या तात्पर्य है? निश्चय ही, जिस वस्तु का अनवरत प्रयोग किया जाएगा, उसका अंत भी आएगा। कोई भी मशीन यदि अनवरत प्रयुक्त होती रहे तो घिस-घिसाकर वह समाप्त हो जाएगी। इसी प्रकार अनवरत प्रयुक्त होने के कारण प्रत्येक शरीर का रोग, दुर्घटना या आयु-प्रभाव द्वारा अंत हो जाता है।

यह अपरिहार्य है—चाहे यह शरीर सौ वर्ष चले या सिर्फ दस वर्ष, परंतु प्रयुक्त होते-होते इसका क्षय होता ही है। हम इसे जान रहे हैं और स्वीकार करते हैं, क्योंकि ऐसा होता हुआ हम निरंतर देख रहे हैं।

— 12 —

ज्ञात

तो आप का अज्ञात से कोई सीधा संबंध नहीं है और इसीलिए आप मृत्यु से घबराते हैं।

आप जीवन के बारे में क्या जानते हैं? बहुत थोड़ा। अपनी संपत्ति से, अपने पड़ोसी से, अपनी पत्नी से, अपनी धारणाओं से अपने संबंध को आप कहां जानते हैं? आप केवल सतही चीज़ों को जानते हैं और इन्हीं की निरंतरता चाहते हैं। बाखुदा, कैसी बदहाल कर डाली है यह ज़िंदगी! निरंतरता क्या कोई अक्लमंदी की बात है?

— 13 —

मृत्यु और जीवन एक हैं

वह मूर्ख है जो निरंतरता चाहता है—जिसने जीवन का सार समझ लिया है, वह निरंतरता नहीं चाहेगा। आप जब जीवन को समझ लेते हैं तो आपको अज्ञात का दर्शन हो जाता है क्योंकि जीवन ही वह अज्ञात है। और, मृत्यु व जीवन एक ही हैं। जीवन और मृत्यु के बीच जिन्होंने विभाजन खड़ा किया है वे मूर्ख हैं, अज्ञानी हैं और वे अपने शरीर और अपनी संकीर्ण निरंतरता से ही सरोकार रखते हैं। ऐसे ही लोग, अपने भय को ढांपने के लिए, अपनी मूर्खतापूर्ण तुच्छ निरंतरता की गारंटी के लिए पुनर्जन्म के सिद्धांत का उल्लेख करते हैं। यह बात तो साफ है कि विचार की निरंतरता बनी रहती है, परंतु यह भी निश्चित बात है कि जो व्यक्ति सत्य की खोज में हो, उसका सरोकार विचार के इर्द-गिर्द नहीं रहता क्योंकि विचार सत्य तक नहीं ले जा सकता। पुनर्जन्म के माध्यम से 'अपनी' निरंतरता द्वारा सत्य की ओर जाने का सिद्धांत मिथ्या है, असत्य है। यह 'मैं'

तो स्मृतियों का पुलिंदा है, और स्मृति है समय, अतः केवल समय की निरंतरता आपको उस शाश्वतता तक नहीं ले जा सकती जो समय से परे है। मृत्यु का भय आपके हृदय से तभी जा पाएगा जब उसमें अज्ञात का प्रवेश हो जाएगा। जीवन वह अज्ञात है, जैसे मृत्यु अज्ञात है, जैसे सत्य अज्ञात है।

— 14 —

क्या हम अहं को जाने दे सकते हैं?
जीवन की अद्भुत समग्रता से वंचित न रहें

महोदय, जीवन अज्ञात है, परंतु जीवन की एक छोटी सी झांकी से ही हम चिपके रहते हैं, और जिससे हम चिपके रहते हैं, वह है स्मृति जो कि एक आधा-अधूरा विचार ही है। इस प्रकार हम जिससे चिपके रहते हैं, वह अयथार्थ है, अप्रामाणिक है। मन इस स्मृति नामक खोखली चीज़ से चिपका रहता है, और, यह स्मृति है मन अर्थात स्व—अब चाहे इस अहं या स्व को किसी भी स्तर पर बैठा दिया गया हो। ज्ञात की परिधि में स्थित इस मन में अज्ञात का कभी प्रवेश नहीं हो सकता। भय के अवसान की अवस्था और साथ ही यथार्थ की दृष्टि तभी आ सकती है जब अज्ञात की, पूर्ण अनिश्चितता की अवस्था आ जाए।

— 15 —

ईश्वर क्या है?

आप यह कैसे जान पाएंगे? क्या आप किसी अन्य व्यक्ति की सूचना को सत्य रूप में स्वीकार कर लेंगे? अथवा, आप स्वयं इसका अन्वेषण करेंगे कि ईश्वर क्या है?

अवधान ही ध्यान है

— 1 —

ध्यान का अर्थ है अवधान, तवज्जो

किसी भी प्रकार की मनोवैज्ञानिक सुरक्षा की, किसी भी तरह के तुष्टीकरण की चाहना न हो, इसके लिए दरकार होती है मन कैसे काम करता है इसका गहन अवलोकन करने की, सतत सजगता की; और निश्चित ही यही ध्यान है, है न? ध्यान किसी सूत्र का अभ्यास करना अथवा किसी सूक्ति की मानसिक माला फेरना नहीं होता—यह सब तो हास्यास्पद है, बचकाना है। चेतन मन के, और अचेतन मन के भी, संपूर्ण प्रक्रम को जाने बिना किसी भी प्रकार का ध्यान वास्तव में बाधा है, पलायन है, बचकानी हरकत है, एक आत्म-सम्मोहन की क्रिया मात्र है। परंतु अपनी विचार-प्रक्रिया के प्रति सजग रहना, अपनी पूरी चेतना के साथ सावधानीपूर्वक कदम-दर-कदम इसकी गहराई में जाना और अपने अहं के तौर-तरीकों का अनावरण करते रहना—यह होता है ध्यान। केवल आत्म परिचय, स्वबोध के

ज़रिये ही मन स्वतंत्र हो पाता है यह खोजने-जानने के लिए कि सत्य क्या है, ईश्वर क्या है, मृत्यु क्या है और वह क्या है जिसे हम जीवन कहते हैं।

2
ध्यान दैनिक जीवन से पृथक कुछ और नहीं है

कोई आलस्यमय क्यों होता है? हो सकता है वह समुचित आहार न ले रहा हो, अथवा उसने अत्यधिक परिश्रम किया हो, वह बहुत अधिक चला हो, अधिक बातें की हों, बहुत सारे कार्य किये हों, तो स्वाभाविक है कि प्रातः जब वह जागेगा तो उसका शरीर आलस्यमय होगा। चूंकि आप कोई भी दिन प्रज्ञापूर्वक व्यतीत नहीं करते हैं, अतः अगले दिन शरीर क्लांत रहता है। और, इस शरीर को अनुशासित करने से कुछ नहीं होने वाला। इस दृष्टि से, यदि बात करते समय, या आप जब कार्यालय में हों उस समय, यदि आप अवधान में रहते हैं—भले ही पांच मिनट के लिए—तो यही पर्याप्त है। जब आप भोजन कर रहे हों, तब आप अवधानपूर्वक रहें। जल्दी-जल्दी न खाएं, और हर तरह का भोजन अपने पेट में न ठूंस लें। तब आप पाएंगे कि आपका शरीर स्वतः समझदार हो गया है, इसे समझदार बनाने के लिये आपको ज़ोर जबरदस्ती नहीं करनी होगी। यह समझदार हो जाता है और यह समझ उसे बताती रहेगी कि बिस्तर छोड़ना है या नहीं छोड़ना है। इस प्रकार, आप यह देख पाना शुरू कर सकेंगे कि कार्यालय जाने या अन्य कार्यों के दौरान जीवन में निरंतर चलने वाली कोई दुविधा नहीं रह गयी है, क्योंकि आपने अपनी ऊर्जा गंवायी नहीं है बल्कि उसका हर समय पूरी तरह उपयोग किया है—और यही ध्यान है।

— 3 —
संबंध की समस्त गतिशीलता का अवधान है ध्यान का आरंभ

आप समझे न? ध्यान वह नहीं है जो सारे संसार में किया जा रहा है—शब्दों का जाप, किसी विशेष मुद्रा में बैठना, किसी विशेष प्रकार से श्वास लेना, किसी श्लोक या मंत्र की मानसिक माला फेरना—यह सब ध्यान नहीं है। यह मस्तिष्क

को जड़ और मंद कर देता है। इस जड़ता व मंदता के कारण मन शांत हो जाता है, और आप समझते हैं कि आपको शांति मिल गयी। यह ध्यान कदापि नहीं है। यह ध्यान की सबसे अधिक विनाशकारी विधि है। परंतु एक ध्यान और भी होता है जिसमें अवधान की आवश्यकता होती है। आपको इस ओर तवज्जो देनी होगी कि आप अपनी पत्नी से क्या कह रहे हैं, या अपने बच्चों व पति से क्या बोला जा रहा है, आप अपने सेवक से कैसे बात कर रहे हैं और अपने अधिकारी से कैसे बात कर रहे हैं—उस पल पूरा होश रहे, ध्यान केंद्रित करने की बात नहीं है क्योंकि ध्यान केंद्रित करना तो एक बेहूदा बात है। स्कूल का बच्चा भी यह कर सकता है, क्योंकि इसे करने के लिये उस पर दबाव डाला जाता है, और आप समझते हैं कि ध्यान केंद्रित करने के लिए स्वयं पर दबाव डाल कर आपको शांति मिल सकती है। इससे आपको शांति नहीं मिल सकती। जिसे आप 'मन की शांति' समझ रहे हैं वह तो मन की भ्रांति है—मन की शांति नहीं है। ध्यान केंद्रित करना बहिष्कार की, प्रतिरोध की प्रक्रिया है, इसमें आप उन चीज़ों का सामना करने से बच रहे होते हैं जिन्हें आप नहीं चाहते। इसके विपरीत, अवधान में आप प्रत्येक वस्तु को प्रत्येक पल देख सकते हैं, तब कुछ भी ऐसा नहीं रह जाता जिसे आप चित्त-विक्षेप मानें, और तब आप ध्यान में हो सकते हैं।

— 4 —
ध्यान है स्पष्टता

तब ऐसा ध्यान बहुत अद्भुत होता है क्योंकि इससे स्पष्टता आती है। ध्यान स्पष्टता है। ध्यान तब शांति है, और यही शांति जीवन की अनुशासन प्रक्रिया हो जाती है, न कि शांति प्राप्त करने के लिये स्वयं को अनुशासित करते रहना। जब आप अपने प्रत्येक शब्द पर, प्रत्येक भाव-भंगिमा पर, जो कुछ आप कह या महसूस कर रहे हैं उस पर, अपने प्रयोजनों पर कोई सुधार-संशोधन किये बिना, इन पर ध्यान देते हैं तब इस सब से शांति का, मौन का उद्भव होता है, और इस शांति से अनुशासन आ जाता है। इस सब में तब कुछ भी प्रयास नहीं होता और एक ऐसी गतिशीलता होती है जो समय के दायरे में नहीं है। ऐसा व्यक्ति आनंदित रहता है, वह शत्रुता नहीं करता, वह उदासी, बेज़ारी नहीं लाता।

5

विचारों के जमावड़े के ज़रिये नहीं बल्कि ध्यान में जीवन को समझना होता है : अपनी मशाल लेकर स्वयं चलें

सत्य एक ऐसी चीज़ है जो आपको दी नहीं जा सकती। इसे आपको खुद खोजना-जानना होगा। और स्वयं में से इसे खोज निकालने के लिए आप को अपना विधि-विधान स्वयं बनना होगा, अपना पथ-प्रदर्शक स्वयं बनना होगा—संसार को बचाने वाले किसी राजनीतिज्ञ को, साम्यवादी को, किसी भी नेता को, किसी पंडित-पादरी को, किसी संन्यासी को, किसी ग्रंथ को अपना पथ-प्रदर्शक न बनाकर अपना पथ-प्रदर्शक स्वयं बनना होगा, अपना नियंता स्वयं बनना होगा। इसमें कोई भी प्रामाण्य आपके के लिये अमान्य होगा—अर्थात पूर्णतया एकाकी होना होगा, केवल बाह्यतः ही नहीं, बल्कि अंतरतः भी पूर्णतया एकाकी होना होगा, जिसका अर्थ है निर्भीक होना। मन जब भय की, मृत्यु की और उस अद्भुत स्थिति की जिसे प्रेम कहते हैं, इन सब की प्रकृति समझ जाता है, तब ही समझिए कि वह समझ गया है—शाब्दिक व वैचारिक स्तर पर नहीं, बल्कि वह वस्तुतः इसे जी रहा है। तब इस समझ से एक ऐसे मन का प्रादुर्भाव होता है जो ऊर्जावान है, सक्रिय है, परंतु सर्वथा निश्चल है। किसी भविष्य में नहीं बल्कि तत्काल ही जीवन को समझने के, स्वयं को समस्त संघर्षों से मुक्त करने के पूरे प्रक्रम को अपनी पूरी तवज्जो देना—यह सब ध्यान है, न कि किसी कोने में बैठ जाना, अपनी नासिका पकड़कर कुछ निरर्थक शब्दों को दोहराते रहना, स्वयं को सम्मोहित करना। यह ध्यान कदापि नहीं है, यह तो आत्म-सम्मोहन है। जीवन को समझ कर, दुख से मुक्त होने पर—शब्द भर नहीं, सिद्धांत भर नहीं बल्कि वस्तुतः भय और मृत्यु से मुक्त होने पर मन में पूर्ण मौन आ ठहरता है, और यही सब ध्यान है।

– 6 –

ध्यान है स्वबोध

ध्यान है आत्म परिचय क्योंकि बिना आत्म परिचय के ध्यान हो नहीं सकता। यदि आप अपनी समस्त प्रतिक्रियाओं के प्रति हर पल सजग-सचेत नहीं हैं, यदि आप अपने दैनिक कार्यकलापों के प्रति पूर्णतया सजग, पूर्णतया सचेत नहीं हैं

तो स्वयं को एक कमरे में बंद करके अपने गुरु या अपने स्वामी जी के चित्र के समक्ष बैठकर ध्यान लगाना तो एक पलायन ही है, क्योंकि स्वबोध के बिना सम्यक विचारणा नहीं आ सकती, और सम्यक विचारणा के बिना आप जो कुछ करते हैं उसका कोई अर्थ नहीं होता, चाहे आपका उद्देश्य कितना भी उत्कृष्ट क्यों न हो। इसी प्रकार स्वबोध के बिना प्रार्थना का कोई महत्त्व नहीं रह जाता। परंतु स्वबोध होने पर सम्यक विचारणा आ जाती है और इसी से होती है सम्यक क्रिया।

— 7 —

ध्यान है मन को अतीत से रिक्त कर देना

तो ध्यान होता है, मन को अतीत से रिक्त करना—किसी धारणा के रूप में नहीं, किसी ऐसी कोरी सिद्धांतवादिता के रूप में भी नहीं जिसका अभ्यास आप प्रतिदिन करते हों—मन को बस अतीत से खाली कर देना। चूंकि वह व्यक्ति या वह तत्त्व जो मन को अतीत से मुक्त करता है अतीत का ही परिणाम होता है, अतः अतीत से उत्पन्न इस मन की संपूर्ण संरचना को समझने के लिए गहन सजगता चाहिए—अपने तमाम संस्कारों के प्रति, अपने वाद-संवाद, अपने लहज़े के प्रति, अपनी भाव-भंगिमाओं के प्रति, अपनी निष्ठुरता, क्रूरता और हिंसा के प्रति। इनकी निंदा किये बिना इनके प्रति केवल सजग रहना होता है। तब इस सजगता में मन की ऐसी अवस्था का उदय होता है जो पूर्णतया शांत होती है। मन के इस मौन को, मन की इस खामोशी को समझने के लिए आपको दुख को समझना होगा, क्योंकि हममें से अधिकांश लोग दुख में जीते हैं, भले ही इस बात से अवगत न रहते हों। हम दुख का अंत कभी नहीं कर पाए हैं। यह हमारी परछाई की तरह रहता है, दिन-रात हमारे साथ रहता है।

— 8 —

स्थिर व शांत मन में होता है आनंद

दुख में आत्म-दया यानी खुद पर तरस की भावना, और अपने अकेलेपन व

खोखलेपन की चिंता विपुल रूप से रहती है। जब कोई अपने अकेलेपन और खोखलेपन से अवगत हो जाता है तब उसमें आत्म-दया उपजती है और इस आत्म-दया को हम दुख कहते हैं। इसीलिए, जब तक मन में सचेतन या अचेतन रूप से दुख की विद्यमानता रहती है, तब तक मन में लेशमात्र भी शांति या स्थिरता नहीं रह पाती। मन में शांति व स्थिरता तभी आ पाती है, जब सुंदरता का एहसास हो, प्रेम हो—आप सौंदर्य को प्रेम से अलग नहीं कर सकते। सौंदर्य न तो अलंकार होता है, और न ही सलीका। यह पर्वत-शृंखलाओं की रेखाओं में नहीं है और न ही यह है स्थापत्य कला में। इसका आगमन तब होता है जब आप यह जान लेते हैं कि प्रेम क्या है, परंतु प्रेम को जान पाने की संभावना तब तक नहीं होती है जब तक आपमें प्रज्ञा, सरलता, सादगी और सुव्यवस्था न हो। और यह सब आपको कोई नहीं दे सकता, न कोई संत, न कोई देवता, न कोई महात्मा—कोई भी नहीं। संसार का कोई कितना भी माना हुआ व्यक्ति क्यों न हो, आपको यह दे नहीं पाएगा। एक इंसान की तरह आपको ही इस संपूर्ण संरचना को समझना होगा, अपने दैनिक जीवन की संरचना और प्रकृति को समझना होगा। आप क्या-क्या करते हैं, क्या-क्या सोचते हैं, आपके प्रयोजन क्या-क्या रहते हैं, आप व्यवहार कैसा करते हैं, अपने ही निष्कर्षों और पूर्वप्रभावों के मकड़जाल में आप किस तरह फंसे हुए हैं, आपको शुरुआत यहीं से करनी होगी, अर्थात अपने दैनिक जीवन से। और यदि आप इसी में पूर्णतः और समग्ररूप से परिवर्तन नहीं ला पाते हैं, स्वयं में एक संपूर्ण क्रांति नहीं ला पाते हैं तो स्थिर व शांत मन को आप कभी नहीं जान पाएंगे, क्योंकि यह स्थिर, शांत मन ही है जो अन्वेषण कर सकता है, यह शांत मन ही है जो जानता है कि सत्य क्या है। चूंकि इसमें कोई कल्पना नहीं होती अतः इसमें इच्छाएं भी सिर नहीं उठाती। ऐसा मन शांत होता है और केवल तभी एक ऐसा आनंद अवतरित होता है जो शब्दों में वर्णित नहीं हो सकता।

— 9 —

भोजन करते समय, भोजन ही कीजिए

प्रश्नकर्ता : मैं महसूस करता हूं कि मेरा दैनिक जीवन महत्त्वहीन है और मुझे लगता है कि मुझे कुछ और करना चाहिए।

कृष्णमूर्ति : भोजन करते समय आप भोजन ही कीजिए। टहलते समय केवल

टहलिए । यह मत कहिए, ''मुझे कुछ और करना था'' । जब आप पढ़ रहे हों तब अपना सारा ध्यान पढ़ने में ही लगाइए, चाहे वह जासूसी उपन्यास हो, कोई पत्रिका हो, बाइबिल हो या कुछ और । संपूर्ण अवधान ही संपूर्ण कर्म है । इसीलिए, ''मुझे कुछ और करना चाहिए '' जैसी बात उसमें पैदा नहीं होगी...

महत्त्वपूर्ण यह नहीं है कि हम क्या कर रहे हैं, महत्त्वपूर्ण यह है कि क्या हम पूरा ध्यान दे पा रहे हैं ।

— 10 —

निश्चलता में समस्याओं का समापन हो जाता है : प्याला तभी
उपयोगी होता है जब वह खाली हो।

प्रश्नकर्ता : आप इस बात की वकालत कर रहे हैं कि परिवेश की सफाई हम अपने भीतर ही करें । आप इस बात की वकालत क्यों करते हैं? इस बात की उपयोगिता क्या है?

कृष्णमूर्ति : मैं किसी बात की वकालत नहीं कर रहा । परंतु आप जानते हैं कि प्याला तभी उपयोगी होता है जब वह रीता हो । हममें से अधिकांश का मन बहुत सारी बातों से भरा पड़ा है—सुखद व दुखद अनुभवों से, ज्ञान से, व्यवहार के नियमों या परिपाटियों से तथा इसी प्रकार की अन्य चीज़ों से । हमारा मन कभी खाली नहीं रहता । जबकि, सृजन उसी मन में हो सकता है जो पूर्णतया रिक्त हो ।

मैं नहीं जानता कि आपने इस बात पर ध्यान दिया है या नहीं कि जब कोई समस्या आपके समक्ष आती है, भले ही वह गणितीय समस्या हो अथवा मनोवैज्ञानिक समस्या—तब कभी-कभी क्या होता है? आप उसके बारे में खूब सोचते हैं, उस विषय पर जुगाली किए चले जाते हैं, परंतु आपको उस समस्या का निदान नहीं मिल पाता । तब आप उसे छोड़ देते हैं, उससे हट जाते हैं, टहलने निकल जाते हैं । और तब उस रिक्तता में से निदान निकल कर आ जाता है । तो, यह कैसे होता है? आपका मन उस समस्या को लेकर अपनी सीमा में बहुत अधिक क्रियारत हो गया था । परंतु, जब आपको निदान नहीं मिला तब आपने उस समस्या को उठाकर एक ओर रख दिया । इससे आपका मन काफी हद तक शांत हो गया, काफी हद तक रिक्त हो गया । और तब, उस मौन में, उस रिक्तता

में समस्या का समाधान संभव हो पाया । इसी प्रकार जब कोई पल-पल अपने भीतरी परिवेश के प्रति, भीतरी प्रतिक्रियाओं के प्रति, भीतरी स्मृतियों, गोपनीयताओं तथा व्यग्रताओं के प्रति मृत हो पाता है, तब उसमें एक रिक्तता आ जाती है, और केवल उस रिक्तता में ही कुछ नवीन घटित हो सकता है।

— 11 —

शांत व स्थिर मन

अनुशासनबद्ध मन नहीं बल्कि केवल शांत मन ही समझ पाता है, और इसीलिए वह मुक्त हो रहता है। केवल ऐसा शांत मन ही जान सकता है कि सृजन क्या होता है, क्योंकि 'ईश्वर' शब्द तो विकृत किया जा चुका है।

परंतु किसी ऐसे तत्त्व को जान लेने के लिए जो समय से परे है, आपको एक बहुत शांत व स्थिर मन की आवश्यकता होती है। और ऐसा शांत व स्थिर मन कोई मृत या निष्क्रिय मन नहीं होता, बल्कि वह तो प्रबल रूप से सक्रिय होता है। कोई भी चीज़ अपनी अधिकतम गति पर रहते हुए क्रियाशील हो तो उसमें कोई शोर नहीं होता। यह तो केवल मंद मन है जो चिंता करता रहता है तथा व्यग्र व भयग्रस्त रहता है। ऐसा मन कभी स्थिर, मौन नहीं रह पाता है। और जो मन मौन रहता है, वही मन धार्मिक मन होता है। और केवल धार्मिक मन ही अन्वेषण कर सकता है या सृजनशील स्थिति में हो सकता है। केवल ऐसा मन ही संसार में शांति ला सकता है। और यह शांति लाना आपकी ज़िम्मेदारी है, आप में से हरएक की ज़िम्मेदारी है—राजनेताओं की नहीं, सैनिकों की नहीं, वकीलों की नहीं, व्यापारियों की नहीं और न ही साम्यवादियों या समाजवादियों की—किसी अन्य की नहीं। इस बात के लिये आप जिम्मेदार हैं कि आप अपना जीवन कैसे जीते हैं, अपना दैनिक जीवन किस तरह व्यतीत करते हैं। यदि आप संसार में शांति चाहते हैं तो स्वयं आपको शांतिपूर्वक रहना होगा, परस्पर घृणा को, ईर्ष्या को, शक्ति-अधिकार प्राप्ति की लालसा को तिलांजलि देनी होगी, स्पर्धा की दौड़ को नकारना होगा, क्योंकि इनसे मुक्त होने पर ही आप में प्रेम अवतरित होगा। जो प्रेम कर पाता है, केवल वही मन जानता है कि शांतिपूर्वक कैसे रहा जाता है।

❏ ❏ ❏

अनुवाद-संदर्भ

अनुवाद में पूरी सावधानी बरतने के बाद भी इसमें कुछ त्रुटियां रह सकती हैं; इसे बेहतर बनाने की गुंजाइश तो हमेशा बनी रहती है। इस संबंध में किसी भी आलोचना या सुझाव का हम स्वागत करेंगे और आगामी संस्करणों में अपेक्षित परिवर्तन किये जा सकेंगे। आपकी बहुमूल्य टिप्पणियों की हमें प्रतीक्षा रहेगी।

अनुवादक

पत्र-व्यवहार का पता :

अनुवाद एवम् प्रकाशन प्रकोष्ठ
कृष्णमूर्ति स्टडी सेंटर, के.एफ.आई.
राजघाट फोर्ट, वाराणसी-221 001
E-mail : tpcrajghat@gmail.com

Recommended Readings

- ★ The First and Last Freedom
  (प्रथम और अंतिम मुक्ति)
- ★ Freedom from the Known
  (ज्ञात से मुक्ति)
- ★ Krishnamurti on Education
  (शिक्षा संवाद)
- ★ This matter of Culture
  (संस्कृति का प्रश्न)
- ★ Beyond Violence
  (हिंसा से परे)
- ★ You are the World
- ★ Total Freedom : The Essential Krishnamurti
- ★ A Timeless Spring
- ★ On Relationship
- ★ Life Ahead
- ★ Questioning Krishnamurti
- ★ A Wholly Different Way of Living

जे. कृष्णमूर्ति की अन्य पठनीय पुस्तकें

ध्यान

महान दार्शनिक जे. कृष्णमूर्ति की वार्ताओं तथा लेखन से संकलित संक्षिप्त उद्धरणों का यह क्लासिक संग्रह 'ध्यान' के संदर्भ में उनकी शिक्षा का सार प्रस्तुत करता है—अवधान की, होश की वह अवस्था जो विचार से परे है, जो समस्त द्वंद्व, भय व दुःख से पूर्णतः मुक्ति लाती है जिनसे मनुष्य-चेतना की अंतर्वस्तु निर्मित है। इस परिवर्द्धित संस्करण में मूल संकलन की अपेक्षा कृष्णमूर्ति के और अधिक वचन संगृहीत हैं, जिनमें कुछ अब तक अप्रकाशित सामग्री भी सम्मिलित है।

ईश्वर क्या है?

जे. कृष्णमूर्ति की चर्चित और लोकप्रिय पुस्तकों में एक पुस्तक है। यह पुस्तक उस पावन परमात्मा के लिए हमारी खोज को केन्द्र में रखती है।

कठिनाइयों, विपत्तियों, दुःख, कष्ट और असमंजस में घिरा व्यक्ति जब किसी परमसत्ता से मार्गदर्शन और सहायता की आशा करता हुआ आस्था की ओर लौटता है तो उस 'रहस्यमय परमसत्ता' की वास्तविकता और खोज भी करता है। यही से प्रश्न उठते हैं 'मैं क्या हूँ'–'ईश्वर क्या है?'

जे. कृष्णमूर्ति व्यापक विवेचन करते हुए स्पष्ट करते हैं कि जब हम अपनी वैचारिकता के माध्यम से खोजना बंद कर दें तभी हम यथार्थ, सत्य अथवा आनंद की अनुभूति कर पाएंगे।

शिक्षा क्या है?

क्या आप स्वयं से यह नहीं पूछते कि आप क्यों पढ़-लिख रहे हैं? क्या आप जानते हैं कि आपको शिक्षा क्यों दी जा रही है और इस तरह की शिक्षा का क्या अर्थ है? इस पुस्तक में जीवन से संबंधित युवा मन के ऐसे अनेक पूछे-अनपूछे प्रश्न हैं और जे. कृष्णमूर्ति की दूरदर्शी दृष्टि इन प्रश्नों को मानो भीतर से आलोकित कर देती है, पूरा समाधान कर देती है। ये प्रश्न शिक्षा के बारे में हैं, किंतु सब एक-दूसरे से जुड़े हैं।

जे. कृष्णमूर्ति की अन्य पठनीय पुस्तकें

आपको अपने जीवन में क्या करना है?

जीवन से जुड़े जीवंत प्रश्नों का गहन अन्वेषण जे. कृष्णमूर्ति का बीसवीं सदी के मनोवैज्ञानिक व शैक्षिक विचार में मौलिक तथा प्रामाणिक योगदान है। यह पुस्तक उनकी विभिन्न पुस्तकों से संकलित अपने प्रकार का पहला संग्रह है, जिसमें विशेषकर युवा वर्ग को शिक्षा तथा जीवन के विषय में कृष्णमूर्ति की विशद दृष्टि का व्यवस्थित एवं क्रमबद्ध परिचय प्राप्त होता है।

सोच क्या है?

सोचने-विचारने से अपनी समस्याएं हल हो जाएंगी ऐसा मनुष्य का विश्वास रहा है, परंतु वास्तविकता यह है कि विचार पहले तो स्वयं समस्याएं पैदा करता है, और फिर अपनी ही पैदा की गई समस्याओं को हल करने में उलझ जाता है। एक बात और, विचार करना एक भौतिक प्रक्रिया है। कृष्णमूर्ति स्पष्ट करते हैं कि स्वतंत्रता का, मुक्ति का तात्पर्य है व्यक्ति के मस्तिष्क पर आरोपित इस 'नियोजन' से, इस 'प्रोग्राम' से मुक्त होना। इसके मायने हैं अपनी सोच का, विचार करने की प्रक्रिया का विशुद्ध अवलोकन; इसके मायने हैं निर्विचार अवलोकन—सोच की दखलंदाज़ी के बिना देखना। *अवलोकन अपने आप में ही एक कर्म है*, यही वह प्रज्ञा है जो समस्त भ्रांति तथा भय से मुक्त कर देती है।

प्रथम और अंतिम मुक्ति

इस पुस्तक में जे. कृष्णमूर्ति की अंतर्दृष्टियों का व्यापक व सारगर्भित परिचय तथा उनमें सहभागिता का चुनौती-भरा निमंत्रण प्राप्त होता है। कृष्णमूर्ति की शिक्षाओं के विविध सरोकारों का समावेश इस एक पुस्तक में उपलब्ध है जो अंग्रेज़ी पुस्तक *'द फर्स्ट एंड लास्ट फ्रीडम'* का अनुवाद है। इस पुस्तक का प्रकाशन 1954 में हुआ था लेकिन आज भी यह पुस्तक कृष्णमूर्ति की सर्वाधिक पढ़ी जाने वाली पुस्तकों में से एक है।